Stephanie Kleiner / Robert Suter (Hrsg.)

# Guter Rat
## Glück und Erfolg in der Ratgeberliteratur 1900–1940

Glück und Erfolg

Band 1

Stephanie Kleiner / Robert Suter (Hrsg.)

# Guter Rat

## Glück und Erfolg in der Ratgeberliteratur 1900–1940

Neofelis Verlag

Dieses Buch wurde gefördert mit Mitteln des im Rahmen der Exzellenzinitiative des Bundes und der Länder eingerichteten Exzellenzclusters der Universität Konstanz „Kulturelle Grundlagen von Integration".

**Bibliografische Information der Deutschen Nationalbibliothek**
Die Deutsche Nationalbibliothek verzeichnet diese Publikation in der Deutschen Nationalbibliografie; detaillierte bibliografische Daten sind im Internet über http://dnb.d-nb.de abrufbar.



Umschlaggestaltung: Marija Skara
Druck: PRESSEL Digitaler Produktionsdruck, Remshalden
Gedruckt auf FSC-zertifiziertem Papier.

ISBN (Print): 978-3-943414-50-9
ISBN (PDF): 978-3-943414-75-2

# Inhalt

# Vorwort

Die Idee, gemeinsam eine Reihe von Workshops und Tagungsbänden zum Themenfeld *Glück und Erfolg im 20. Jahrhundert* zu erarbeiten, entstand im Herbst 2011. Sie war begünstigt durch die Ähnlichkeit der Forschungsanliegen und Fragestellungen der Herausgeber sowie die thematische Nähe unserer Habilitationsprojekte – Robert Suter hat sich mit dem Thema *„Erfolgreiche Versager". Erfolg und Scheitern als literarische Subjektivierungsformen (1918–1989)* beschäftigt, ich mit dem *Glückswissen* als Reflexionsform gelingender Integration im 20. Jahrhundert. Darüber hinaus ist diese gemeinsame Arbeit Resultat von Roberts außerordentlichem Einfallsreichtum, seinem wachen Intellekt und mitreißenden Enthusiasmus gewesen, die mitzuerleben ich als Kollegin wie auch als Freundin immer als Privileg empfunden habe.
Im April 2013 fand das erste von drei geplanten Arbeitstreffen an der Universität Konstanz statt, das sich mit der Frühphase der Ratgeberliteratur zwischen 1900 und 1940 beschäftigt hat und aus dem der vorliegende erste Band unserer Reihe hervorgegangen ist. Im Frühsommer desselben Jahres wurde bei Robert Suter ein Krebsleiden diagnostiziert, dem er am 11. September 2014 erlegen ist. Der zweite Workshop der Reihe, der das Thema *Stress und Unbehagen. Glücks- und Erfolgspathologien in der zweiten Hälfte des 20. Jahrhunderts* untersucht hat, musste im März 2015 ohne ihn stattfinden und war seinem Andenken gewidmet.

Ohne die Hilfe und Unterstützung von Freunden und Freundinnen, Kolleginnen und Kollegen wäre die Fertigstellung des vorliegenden Buchs kaum möglich gewesen. Namentlich möchte ich mich ganz besonders bei Bernhard Kleeberg, Christopher Möllmann und Alexander Schmitz bedanken, deren Beitrag weit über kritische Lektüren und wichtige Hinweise hinausgeht. Mein besonderer Dank gilt auch Simone Warta und Frank Schlöffel für das sorgsame Lektorat. Die Fertigstellung des Bandes hat sich lange hinausgezögert; daher möchte ich den Beiträgerinnen und Beiträgern des Bandes auch für ihre Geduld sehr herzlich danken.

Konstanz, im Juli 2015
Stephanie Kleiner

# Konzepte von Glück und Erfolg in der Ratgeberliteratur (1900–1940)

## Eine Einleitung

Stephanie Kleiner / Robert Suter

Glück und Erfolg sind regulative Leitideen für Lebensläufe im 20. Jahrhundert. Im Schnittpunkt von Gegenwartsgestaltung und Zukunftsplanung, Psychologie und Lebensphilosophie, von kollektiven Ansprüchen und individuellen Wünschen, ökonomischer Realität und phantasmatischer Anspruchshaltung hat sich dabei die Ratgeberliteratur etabliert. Sie trägt dafür Sorge, dass Glück und Erfolg bis heute als Verdienst, als Resultat unausgesetzter Arbeit am Selbst gelten: *Find your Strongest Life*[1], das *Glücks-Workout*[2], *Perfekt! Der überlegene Weg zum Erfolg*[3] oder *Happier. Learn the Secrets to Daily Joy and Lasting Fulfillment*[4] – so lauten die Titel gegenwärtiger Glücks- und Erfolgsratgeber, die sich explizit als Trainingsprogramme eines „unternehmerischen Selbst" (Ulrich Bröckling) entwerfen und eine gleichermaßen „rationale wie charismatische Form der Selbstbeherrschung" propagieren.[5]

1 Marcus Buckingham: *Find Your Strongest Life. What the Happiest and Most Successful Women do Differently*. Nashville / Dallas / Mexico City et al.: Nelson 2009.

2 Nina Winkler: *Mein Glücks-Workout: In vier Wochen fitter, gesünder und zufriedener*. Bielefeld: Delius Klasing 2015.

3 Robert Greene: *Perfekt! Der überlegene Weg zum Erfolg*, München: Hanser 2013.

4 Tal Ben-Shahar: *Happier. Learn the Secrets to Daily Joy and Lasting Fulfillment*. New York: McGraw Hill 2007.

5 Ulrich Bröckling: Das unternehmerische Selbst und seine Geschlechter. Gender-Konstruktionen in Erfolgsratgebern. In: *Leviathan* 30,2 (2002), S. 175–194, hier S. 192.

Die Analyse von Ratgeberliteratur ermöglicht die Rekonstruktion konkreter alltäglicher Praktiken, die Glück und Erfolg mit spezifischen Subjektivierungsformen kombinieren und dadurch in eine symbolische Ordnung überführen. Obgleich bereits die frühneuzeitlichen Klugheitslehren als Vorläufer des modernen Ratgebers gelesen werden können, setzt dessen eigentliche Genese im 18. Jahrhundert an, als die Psyche des modernen Subjekts zunehmend zum Interventionsfeld beratender, therapeutischer Eingriffe wurde.[6] Zusammen mit der Vorstellung eines therapiebedürftigen Selbst konstituierten sich im Verlauf des 19. Jahrhunderts sowohl spezifische soziale Institutionen – etwa die therapeutische Praxis – als auch spezialisierte Medienformate wie der Ratgeber, um die individuelle Suche nach Glück und Erfolg zu begleiten.[7]
Seit einiger Zeit hat sich die kulturwissenschaftliche Forschung intensiver mit dem Ratgebergenre beschäftigt.[8] Hierbei steht zumeist die zweite Hälfte des 20. Jahrhunderts im Mittelpunkt, äußert sich doch hier der „Widerspruch von grundsätzlicher Ratlosigkeit und den vielen gedruckten Ratgebern" am eklatantesten und erforderte die „Lebenswirklichkeit" immer weiterer Bevölkerungskreise verstärkt neue Fähig- und Fertigkeiten, die durch eine Flut thematisch ausdifferenzierter Lebens- und Alltagsratgeber vermittelt werden sollten.[9]

6 Vgl. hierzu Boris Traue: *Das Subjekt der Beratung. Zur Soziologie einer Psycho-Technik.* Bielefeld: Transcript 2010, S. 9–10.

7 Siehe hierzu auch Alfred Messerli: Zur Geschichte der Medien des Rates. In: Peter-Paul Bänziger / Stefanie Duttweiler / Philipp Sarasin / Annika Wellmann (Hrsg.): *Fragen Sie Dr. Sex! Ratgeberkommunikation und die mediale Konstruktion des Sexuellen.* Berlin: Suhrkamp 2010, S. 30–57.

8 Siehe exemplarisch vor allem Rudolf Helmstetter: Guter Rat ist (un-)modern. Die Ratlosigkeit der Moderne und ihre Ratgeber. In: Gerhart von Graevenitz (Hrsg.): *Konzepte der Moderne (DFG-Symposion 1997).* Stuttgart / Weimar: Metzler 1999, S. 147–172; Stefanie Duttweiler: *Sein Glück machen. Arbeit am Glück als neoliberale Regierungstechnologie.* Konstanz: UVK 2007; Thomas Macho: Was tun? Skizzen zur Wissensgeschichte der Beratung. In: Thomas Brandstetter / Claus Pias / Sebastian Vehlken (Hrsg.): *Think Tanks. Die Beratung der Gesellschaft.* Zürich / Berlin: Diaphanes 2010; Traue: *Das Subjekt der Beratung*; *Non Fiktion. Arsenal der anderen Gattungen* 1,2 (2012): Ratgeber; Stefan Niehaus / Wim Peeters (Hrsg.): *Rat geben. Zu Theorie und Analyse des Beratungshandelns.* Bielefeld: Transcript 2014.

9 David Oels / Michael Schikowski: Editorial. In: *Non Fiktion* 1,2 (2012), S. 7–12, hier S. 8.

Die wichtige Phase um 1900 bis etwa 1940, in der sich das Ratgebergenre in seiner uns heute geläufigen Form zu konstituieren beginnt, ist dabei nur selten in den Fokus systematischer Forschung gerückt worden.[10] Der vorliegende Band möchte dazu beitragen, die Kluft zwischen der Popularität des Ratgebergenres in dieser Zeit einerseits und ihrer fehlenden systematischen Bearbeitung durch die Forschung andererseits zu schließen.

Im Zeitraum zwischen 1900 und 1940 entstanden vor allem im europäischen und US-amerikanischen Raum Klassiker des Genres, die zum Teil bis heute in immer neuen Auflagen publiziert werden: Franz Jungs Essays über *Glückstechniken* (1921–1923), Emile Coués *La maîtrise de soi-même par l'autosuggestion consciente* (1922), Gustav Großmanns *Sich selbst rationalisieren* (1927), Napoleon Hills *The Law of Success* (1928) sowie die weit über den angloamerikanischen Raum hinaus erfolgreichen Ratgeber von Dale Carnegie (etwa der 1936 publizierte Band *How to Win Friends and Influence People*) oder von Herbert N. Casson (*Glück durch Dich selbst* von 1927)[11] fallen in diese ‚Sattelzeit' der Ratgeberliteratur des 20. Jahrhunderts. Zudem traten nun auch zusehends Autorinnen auf den Plan, die sich mit ihren Verhaltensregeln an ein spezifisch weibliches Lesepublikum wandten.[12] Die erstaunliche Konjunktur des Ratgebergenres steht somit in unmittelbarem Zusammenhang mit der soziokulturellen Ausdifferenzierung jener Gesellschaften, die sich seit dem ausgehenden 19. Jahrhundert zusehends als modern

10 Zahlreiche Arbeiten, die sich mit der Genese der Beratungs- und Therapiegesellschaft des zwanzigsten Jahrhunderts auseinandersetzen, wählen einen zeitgeschichtlichen Schwerpunkt und fokussieren auf die unmittelbare Vorgeschichte der Gegenwart, so etwa Traue: *Das Subjekt der Beratung*; Sabine Maasen / Jens Elberfeld / Pascal Eitler / Maik Tändler (Hrsg.): *Das beratene Selbst. Zur Genealogie der Therapeutisierung in den ‚langen' Siebzigern.* Bielefeld: Transcript 2011. Auch in Studien, die einen literatur- und kulturgeschichtlichen Ansatz wählen, finden sich wenige Hinweise zu einer systematischen Berücksichtigung der Jahrzehnte zwischen 1900 und 1940. Siehe hierzu ausführlicher *Non Fiktion* 1,2 (2012); Niehaus / Peeters (Hrsg.): *Rat geben.*

11 Vgl. hierzu ausführlich den Beitrag von Stefanie Duttweiler in diesem Band.

12 Siehe exemplarisch die Texte der amerikanischen Journalistin Marjorie Hillis, die als Redakteurin der amerikanischen *Vogue* tätig war und eine Reihe von Ratgebern verfasste, die sich explizit an berufstätige, alleinstehende Frauen wandten; so etwa Marjorie Hillis: *Live Alone and Like It. A Guide for the Extra Woman.* Indianapolis / New York: Bobbs-Merrill 1936; dies.: *Orchids on your Budget. Live Smartly on What You Have.* Indianapolis / New York: Bobbs-Merrill 1937.

wahrnahmen und in den „Experimentierfelder[n] konkurrierender Ordnungsentwürfe" nach Orientierung suchten.[13]
Zugleich reagierten Ratgeber seismographisch auf die Einführung und Rezeption der Psychoanalyse sowie zeitgleich entstehender Konzepte und therapeutischer Praktiken – etwa der von Émile Coué eingeführten Autosuggestion. Mittels normativ aufgeladener Verhaltenslehren und Selbsttechniken sollte so das weit verbreitete Empfinden von Verunsicherung und Unbehagen – wie es Freud 1930 programmatisch artikuliert hat – bekämpft werden.[14] Anders als in der späteren Ratgeberliteratur stand in diesen Ratgebern nicht das Phantasma einer direkten Interaktion, wie sie durch die therapeutische Szene vorgegeben ist, im Mittelpunkt, sondern die indirekte suggestive Einflussnahme in Schriftform, die sich in Rezeptionsanweisungen, etwa in der Empfehlung bestimmter Aufschreibe- und Aneignungspraktiken, niederschlug. Der Ratgeber stellte somit akkurate und – wie etwa Stefan Riegers Beitrag zur „Physik des Glücks" aufzeigt – um wissenschaftliche Validität bemühte Regeln der Selbstaffizierung und -anleitung in Aussicht, mit deren Hilfe ein in den Jahrzehnten nach 1900 sich zunehmend radikalisierendes ‚Kontingenzbewusstsein' bewältigt werden sollte.[15] Die Ratgeber stellten hier die Möglichkeit in Aussicht, korrigierend in die eigene Biographie eingreifen und den vielfach diagnostizierten „Orientierungsdefizite[n]" und „Verhaltensunsicherheiten" entgegenwirken zu können.[16]
Der vorliegende Band, der aus einem interdisziplinären Workshop an der Universität Konstanz im April 2013 hervorgegangen ist, verfolgt

13 Vgl. zu gesellschaftlichen Erfahrungswelten, Selbstbeschreibungen und Ordnungsvorstellungen um 1900 exemplarisch Lutz Raphael: Vorwort. In: Ders. (Hrsg.): *Theorien und Experimente der Moderne. Europas Gesellschaften im 20. Jahrhundert.* Weimar / Wien: Böhlau 2012, S. 6; Alexa Geisthövel / Habbo Knoch (Hrsg.): *Orte der Moderne. Erfahrungswelten des 19. und 20. Jahrhunderts.* Frankfurt am Main: Campus 2005; Marshall Berman: *All that is Solid Melts into Air. The Experience of Modernity.* London: Penguin 1988.

14 Siehe exemplarisch Sigmund Freud: Das Unbehagen in der Kultur (1930). In: Ders.: *Das Unbehagen in der Kultur (Und andere kulturtheoretische Schriften).* Frankfurt am Main: Fischer 1994, S. 29–108.

15 Siehe zum Konnex von Anleitungen zur Lebenskunst und dem steigendem Kontingenzbewusstsein der Moderne Günter Gödde / Jörg Zirfas: Biographische Erfahrung, theoretische Erkenntnis und künstlerische Gestaltung. Eine Einführung in die Konzeptionen der Lebenskunst. In: Dies. (Hrsg.): *Lebenskunst im 20. Jahrhundert. Stimmen von Philosophem, Künstlern und Therapeuten.* München: Fink 2014, S. 9–27, hier S. 15.

16 Ebd.

daher primär zwei Erkenntnisinteressen: Erstens richtet sich die Aufmerksamkeit auf die den Ratgebern eigene Mediologie, d.h. auf jene medialen Settings, die sie entwerfen, und Selbstvermarktungsstrategien, mit denen sie ihr Publikum in einem sich ausdifferenzierenden, zunehmend multimedialen Markt binden wollten. Die in Zeitschriften, Seminaren, Lehrbriefen und in Buchform vermittelten Ratschläge adressierten Rezipientenkreise, die sich immer weiter ausdifferenzierten. Insofern erlaubt die Vielfalt der publizierten Ratgeber Rückschlüsse auf die sozialen Transformationsprozesse zwischen 1900 und 1940, etwa den Aufstieg der Angestellten oder die zunehmende Präsenz von Frauen im öffentlichen Raum.

Diese sozial- wie medienhistorisch folgenreichen Implikationen gedruckter Ratgeber, die sich an zerstreute Rezipientenkollektive richteten und die unmittelbare mündliche Kommunikation durch spezifische Strategien der Belehrung und Beglaubigung, der Emphase und der Expertise substituieren mussten, wird in den folgenden Analysen also mitreflektiert. Dass die offerierten Ratschläge schriftlich vermittelt und im Druckmedium verbreitet wurden, beließ den Adressierten die Freiheit, jeweils situativ auszuwählen, welche Empfehlungen wann und wie bedacht bzw. angewendet werden sollten. Dergestalt mussten gedruckte Ratgeberformate – scheinbar paradoxerweise – mit einem zusehends eigenwilligen Lesepublikum rechnen, das „je eigenen Gebrauch von den angebotenen Ratschlägen zu machen" wusste.[17] Sie mussten ihr Ratgeben mit wenigstens impliziten Anweisungen unterlegen, wie der angebotene Rat denn angemessen anzueignen ist, eine Balance wahren zwischen der Inszenierung eigener epistemischer Autorität und den wachsenden Selbstbestimmungsansprüchen ihrer Rezipientinnen und Rezipienten.

Dabei wird, da die Ratgeberliteratur im Gegensatz zur poetischen Literatur keinem Autonomieprinzip gehorcht, sondern sich unmittelbar auf den Markt ausrichtet (wodurch sie, wie schon zeitgenössisch bemerkt wurde, der Unterhaltungsliteratur verwandt ist), insbesondere den Interaktionen von Autorinnen/Autoren und Publikum nachzugehen sein. Gerade der expandierende anonyme Markt für Ratgeberliteratur machte dabei, wenigstens auf Seiten der Produzierenden, Strategien attraktiv, die eine persönliche Bindung des Publikums

17 Ebd.

an bestimmte Methoden oder Autoren versprachen. Einige Verfasser, darunter Gustav Großmann, bauten daher ausgedehnte Netzwerke auf, indem sie mit ihren Leserinnen und Lesern, ähnlich wie etwa der Unterhaltungsschriftsteller Karl May, in schriftliche Korrespondenz traten. Zudem lassen sich frühzeitig Strategien der Standardisierung und Formalisierung beobachten, durch die sich einzelne Autoren öffentlichkeitswirksam auf dem expandierenden Ratgebermarkt etablieren konnten: Dale Carnegie etwa konzipierte bereits zwischen 1910 und 1919 in New York und Philadelphia einen Lehrgang, in dem öffentliches Reden, Selbstvertrauen und der Umgang mit Menschen vermittelt und trainiert werden sollten. Nach dem überwältigenden Erfolg seines Buches *How to Win Friends and Influence People* wurde Carnegie nicht nur mitten in der Weltwirtschaftskrise zum Millionär, sondern er gründete sein eigenes Institut; Assistenten bildete er zu Kursleitern aus, die sein Programm in den gesamten USA, bald aber auch international unterrichteten. Grundlage der Kurse blieben seine Bücher.[18]

Ein anderes Mittel, um auf dem volatilen Ratgebermarkt persönliche Bindungen herzustellen und ein möglichst großes Publikum zu erreichen, waren charismatische Selbstinszenierungen.[19] Eine weitere Strategie bestand darin, die Rezipientinnen und Rezipienten für die kontinuierliche Anwendung der empfohlenen Methoden haftbar zu machen, indem der Erfolg auf ihr Verhalten zurückgeführt wurde. Im Besonderen der Couéismus, der sich ab 1920 um den gelernten Apotheker Emile Coué und den von Hyppolite Bernheim übernommenen Begriff der Autosuggestion gruppierte, machte das Gelingen seiner Methode, die gleichermaßen Glück und Erfolg versprach, von der Festigkeit des Glaubens und der Überzeugung der Ratsuchenden abhängig. Solche Methoden, die den Adressaten ‚guten Rates' eine aktive Rolle zuschrieben, lassen sich auch als Reflex auf die Ausrichtung auf zerstreute Rezipientenkollektive interpretieren. Der Figur des Ratgebers kam hierbei die Rolle eines Coaches zu, der sein Leben

18 Siehe zum sogenannten „Dale Carnegie-Lehrgang" ausführlich Giles Kemp / Edward Claflin: *Dale Carnegie. Der Mann, der zeigt, wie man Millionen Freunde gewinnt.* Hamburg: Goldmann 1989, bes. S. 96–99, 147; sowie zu Carnegie als Erfolgsautor ebd., S. 172–176, hier bes. S. 174

19 Vgl. zur „Psychoanalyse als charismatisches Unternehmen" besonders Eva Illouz: *Die Errettung der modernen Seele.* Frankfurt am Main: Suhrkamp 2011, S. 48–52.

als Exempel für die Erreichbarkeit jenes künftigen Glücks- und/oder Erfolgszustandes vorführte, den seine Methode versprach.
Zudem erlaubt die Ratgeber-Analyse die Rekonstruktion eines zeitgenössischen Wissens über Glück und Erfolg. Institutionelle Kontexte und Aneignungspraktiken erschließen sich auf diese Weise ebenso wie geschlechts- und schichtenspezifische Idealvorstellungen eines glücklichen und erfolgreichen Lebens. Neben der Berücksichtigung der massenmedialen Zurichtung der Glücks- und Erfolgsratgeber geht es dem vorliegenden Band somit zweitens um eine Geschichte von mit der Ratgeberliteratur verbundenen Sozialpraktiken und Subjektivierungsformen im Sinne einer praxeologischen Annäherung.
Einige Hinweise zur Geschichte von Erfolg und Glück in der Ratgeberliteratur von 1900 und 1940 sollen die folgenden Ausführungen geben. Zugleich werden sie anhand zentraler Begrifflichkeiten und thematischer Schwerpunkte einen Überblick über den Aufbau und Inhalt des Bandes liefern.

## Exempel. Zur Rezeptionssituation von Erfolgsratgebern

> Weg – weg mit den Menschen, ich will nichts mehr mit ihnen zu tun haben. Sie sollen mich nicht mehr modeln und formen, ich will mich auch nicht mit jedem auseinandersetzen, denn schließlich ist es ja mein Leben, das ich lebe, nicht das der anderen.[20]

Diese Sätze, die dezidiert ein Nichtwollen zum Ausdruck bringen, spricht in einem *Der Kandidat des Lebens* betitelten Roman dessen Protagonist zu sich selbst. 1918 erschienen, stellt der Roman des Berliner Unterhaltungsschriftstellers Erdmann Graeser einen Abgesang auf die wilhelminische Willensmetaphysik dar, indem er sie mit ihren eigenen Mitteln zerlegt. Der Roman soll im Folgenden den Ausgangspunkt bilden, um eine Geschichte der Erfolgsratgeber von 1900 bis 1940 zu skizzieren.
Als in die Erzählung eingearbeitete Kontrastfolie fungiert bei Graeser der Ratgeber *Männer eigener Kraft*, den Felix Weidner, vaterloser Antiheld des Romans, von seinem Vormund geschenkt bekommt. Dafür werden die Märchen von „Andersen und Tausendundeiner Nacht“ aus dem Buchregal aussortiert.[21] Onkel Eißner, sein späterer

20 Erdmann Graeser: *Der Kandidat des Lebens*. Berlin: Ullstein 1918, S. 186.
21 Ebd., S. 61.

Vormund, hegt die besten Absichten, empfiehlt „das Dasein eines Beamten […], da dieser sein regelmäßiges Gehalt und nachher seine Pension bekomme".[22] Und Felix, dessen früh verstorbene Eltern ihn zum Theologiestudium ausersehen hatten, „las das Buch gewissenhaft durch, in der Hoffnung, einen Helden zu finden, dem er aus Herzenslust nacheifern könnte".[23] Doch wie der Buchtitel ankündigt, bleibt Felix, der das Theologieexamen in verschiedenen Anläufen entweder „versäumt"[24] oder nicht besteht, ein Kandidat des Lebens, ein verbummelter Student, der „die Zeit vertrödel[t]",[25] ein ewiger Junggeselle, der sein Leben als kauziger Sonderling beschließt. Was Graeser vorführt, ist ein stagnierendes, aber auch widerständiges Leben, das in Differenz zu dem der „selbstsicheren, erfolgreichen Menschen" verläuft.[26] Gerade dies macht Felix, dem wiederholt „Unsicherheit, Schwanken, Verzagtheit" vorgeworfen werden,[27] zum ständigen Adressaten des guten Rats von Verwandten, Lehrern, Freunden, Geliebten oder Kollegen. Der Roman liefert deshalb auch nicht zufällig eines der raren Beispiele für eine anschaulich beschriebene Rezeptionssituation von Erfolgsratgebern. Der von Franz Otto herausgegebene Ratgeber *Männer eigener Kraft* enthält dem Untertitel zufolge „Lebensbilder verdienstvoller, durch Thatkraft und Selbsthülfe emporgekommener Männer" und ist seit 1875 in immer neuen, erweiterten Auflagen erschienen: „Der Jugend und dem Volke […] zur Aneiferung vorgeführt", wie es auf dem Titelblatt heißt.[28] Dieses Geschenk erreicht nun den jugendlichen Felix Weidner, denn Alter, Geschlecht und sozialer Status bestimmen ihn zum prototypischen Adressaten solcher Ratgeber: An der Schwelle zum Erwachsenenalter zu stehen, bedeutet für einen jungen Mann zugleich, unter einer Vielzahl beruflicher Optionen wählen zu müssen, und da er Waise ist, supplementiert der schriftliche Ratgeber den elterlichen Beistand. Mit seinem Geschenk, dem Ratgeber in Buchform, der Hilfe zur

22 Graeser: *Der Kandidat des Lebens*, S. 60.

23 Ebd., S. 61.

24 Ebd., S. 247.

25 Ebd., S. 286.

26 Ebd., S. 282.

27 Ebd., S. 284.

28 Franz Otto: *Männer eigener Kraft. Lebensbilder verdienstvoller, durch Thatkraft und Selbsthülfe emporgekommener Männer*. Leipzig: Spamer 1875.

Selbsthilfe, kompensiert der Onkel damit nicht zuletzt den Wegfall der elterlichen Institution.[29]

Typisch für die Situation des Ratgebens um 1900 ist der Glaube an die Kraft des guten Exempels. *Männer eigener Kraft* versammelt, wie der Herausgeber in der Einführung schreibt, Lebensläufe von Männern, die vom „Geist der Selbsthilfe" beseelt waren.[30] Solche Biographien erfolgreicher Männer sollen Felix den Weg weisen, indes lassen sie ihn eher ratlos zurück. Dennoch zeigt sich hier, wie sich die ältere Selbsthilfeliteratur, als deren Begründer der Engländer Samuel Smiles gilt, sukzessive in Erfolgsratgeber verwandelt. Explizit vollzieht diesen Übergang Hugo Schramm-Macdonald in *Der Weg zum Erfolg durch eigene Kraft* (1889), einer ständig erweiterten Übersetzung von Smiles' Selbsthilfebuch, die als erster Erfolgsratgeber deutscher Sprache gelten kann. Der Glaube an die mimetische Sogwirkung exemplarischer Lebensläufe war, wie Wim Peeters in seinem Beitrag über die Narratologie solcher Beispielerzählungen ausführt, so prägend wie charakteristisch für diese frühe Phase des Ratgebergenres. Diese Exempel verkörpern zugleich das Gegenstück zur Geschichte von Felix, der über sich selbst sagt: „Ich taste mich ja wie ein Blinder vorwärts, gehöre nicht zu denen, die sicher und bestimmt eine Richtung einschlagen und verfolgen können."[31]

Auf diese Erfahrung der Unbestimmtheit und Ziellosigkeit reagiert nach 1900 auch die Ratgeberliteratur. Den biographischen Exempeln rücken nun zusehends Anleitungen an die Seite, die erklären, durch welche mimetischen Praktiken und Selbsttechniken der Erfolg nun genau zu erreichen sei. Die Selbstevidenz von „Lebensbilder[n]" allein scheint sich erschöpft zu haben, ohne dass die Vorbilderzählungen allerdings gänzlich substituiert würden. Dieser Übergang von der biographischen Exempelliteratur zum Ratgeber lässt sich am Beispiel einzelner Autoren detailliert nachvollziehen: Dale Carnegie (1888–1955) etwa, der in erster Linie durch seine Ratgeber zu öffentlicher Popularität gelangte, hatte bereits 1932 eine Biographie Abraham Lincolns vorgelegt, in der er die „most interesting facts" über Lincolns Leben und politische Karriere „for the average busy

29 Zum Verhältnis von Ratgebern und Institutionen vgl. den Beitrag von Wim Peeters in diesem Band.

30 Otto: *Männer eigener Kraft*, S. VIII.

31 Graeser: *Der Kandidat des Lebens*, S. 212.

and hurried citizen of to-day" aufbereitete, stellte diese doch ohne Zweifel „one of the most fascinating tales in all the annals of mankind" dar.[32] Dieser Biographie folgten zwar noch vereinzelte Exkurse ins Genre historischer Sachbuchliteratur; vor allem aber publizierte Carnegie in der Folgezeit mit überragendem Erfolg Ratgeber – allein *How to Win Friends and Influence People* hat sich bis heute weit über 15 Millionen Mal verkauft.[33] Zudem hatte Carnegie seit 1912 seinen „Dale Carnegie-Lehrgang für öffentliches Reden" konzipiert, mit dem er gewissermaßen zu einer öffentlichen Kapazität avancierte.[34] In seine Unterweisungsliteratur flocht Carnegie weiterhin Beispielerzählungen über die beruflichen Erfolgs- und Karrierestrategien ‚großer Männer' ein[35], die er in die Sphäre alltäglicher beruflicher Kommunikation überführte und zur direkten Nachahmung empfahl:

> Franklin D. Roosevelt knew that one of the simplest, most obvious and most important ways of gaining good will was by remembering names and making people feel important – yet how many of us do it? Half the time we are introduced to a stranger, we chat a few minutes and can't even remember his or her name by the time we say goodbye. One of the first lessons a politician learns is this: 'To recall a voter's name is statesmanship. To forget is oblivion.' And the ability to remember names is almost as important in business and social contacts as it is in politics.[36]

In seinem Beitrag zum vorliegenden Band macht Rudolf Helmstetter überdies auf den Umstand aufmerksam, dass ‚Erfolg' erst um 1900, als Übersetzung des amerikanischen *success*, zum „emphatischen Leitbegriff" im deutschsprachigen Raum aufsteigt.[37] Dabei lässt sich die Karriere des neuen Kollektivsingulars ‚Erfolg' sozialhistorisch als Ausdruck der neuen Möglichkeiten vertikaler sozialer

32 Dale Carnegie: *Lincoln, the Unknown* [1932]. New York / London: Appleton-Century 1938, S. VII–VIII.

33 Vgl. zur Biographie und dem öffentlichen Wirken Carnegies ausführlich Kemp / Claflin: *Dale Carnegie*, S. 12.

34 Vgl. hierzu ebd., S. 13.

35 Vgl. zum Phänomen des ‚großen Mannes', seiner medialen Inszenierungs- und Rezeptionsgeschichte vor allem Michael Gamper / Ingrid Kleeberg (Hrsg.): *Grösse. Zur Medien- und Konzeptgeschichte personaler Macht im langen 19. Jahrhundert*. Zürich: Chronos 2015.

36 Dale Carnegie: *How to Win Friends and Influence People* (1936). London: Random House 2006, S. 85.

37 Vgl. hierzu ausführlich den Beitrag von Rudolf Helmstetter in diesem Band sowie ders.: Viel Erfolg. Eine Obsession der Moderne. In: *Merkur. Deutsche Zeitschrift für europäisches Denken* 67,8 (2013), S. 706–719.

Mobilität deuten; sie ist jedoch, wie Helmstetter betont, ebenso Ausdruck einer „Erfolgspropaganda", welche die von ihr vorausgesetzte soziale Mobilisierung erst richtig ins Werk setzt, ihre Bedingungen also mithin selbst herzustellen unternimmt und sie in dem Zuge auch zugleich immer wieder als gegeben suggerieren muss. Erfolgsratgeber fungieren sowohl als Symptom wie als Motor sozialer Mobilisierung. Sie kanalisieren das ungerichtete Begehren ihrer Leserinnen und Leser, lenken es auf eine Vorstellung, die suggeriert, allen stünde der Weg ganz nach oben offen, sofern sie nur den rechten Willen an den Tag legten. Damit eröffnet sich ein Feld, in dem das Verhältnis zwischen Erfolgsdiskurs und Erfolgsreklame einer systematischen Unklarheit unterliegt. Schon Zola berichtet im Börsenroman *L'argent* (1891), dass Banken heimlich Zeitungen herausgäben, bei denen „unter dem Vorwand, die Börsenkurse, die gezogenen Nummern der Lotterieanleihe und alle dem kleinen Rentier nützlichen technischen Hinweise zu veröffentlichen, […] in Form von Empfehlungen und Ratschlägen allmählich Werbung eingeschoben" würde.[38] Die Grenze zwischen Rat und Selbstreklame, zwischen dem Konstatieren und der Performanz verwischt.

## (Erfolgs-)Methoden

Mehr noch als die Exempel erfahren die Erfolgsmethoden eine Vervielfältigung. Wie Ingo Stöckmann am Beispiel der naturalistischen Literatur vorgeführt hat, in deren Spektrum sich noch der Roman Graesers – als epigonaler Nachfolger der Erzählungen Raabes, aber auch als Vorläufer von Gustav Sacks *Ein verbummelter Student* (1917) – einordnen lässt, wird diese von einer Willenssemantik durchdrungen, die auch zunehmend die Selbsthilfeliteratur und vollends die Erfolgsratgeber überformt.[39] „[W]as schwach, hilflos und arm ist, glaubt an mich, die übrige Welt nicht […], aber nun will ich zeigen, daß ich auch einen Willen habe, will meinem Dämon folgen", nimmt sich Felix Weidner vor, um als geborener Pechvogel, der er ist, mit dem Brief, den er im Anschluss an diesen Entschluss an den Vater seiner

38 Emile Zola: *Das Geld.* Berlin: Rütten & Loening 1983, S. 132.

39 Vgl. spezifisch zu Willensratgebern Ingo Stöckmann: Willensschwäche oder von der Selbstbemeisterung durch Gewohnheit. Kommentar zu Josef Clemens Kreibig und Reinhold Gerling. In: Bernhard Kleeberg (Hrsg.): *Schlechte Angewohnheiten. Eine Anthologie 1750–1900.* Berlin: Suhrkamp 2012, S. 336–345.

Geliebten schreibt, die Option auf eine bürgerliche Heirat sogleich endgültig zu verspielen.[40] Den narrativen Rahmen von Roman und Ratgeber bilden demnach Biographien, denen, ob sie Exempel des Gelingens oder Scheiterns darstellen, eine strukturierte Karriere (die „Zwangsjacke […] Beruf“[41]) entspricht, die von den Akteuren, ausschließlich Männern, bestimmte subjektive Beharrungskräfte verlangt.

Insgesamt lässt sich für den Zeitraum von 1900 bis 1940 die Tendenz konstatieren, dass die biographischen Exempel immer häufiger um Anleitungen ergänzt werden, die sowohl in Bezug auf die Anzahl wie in Bezug auf ihre proklamierte Wirkmächtigkeit die Oberhand gewinnen, ohne die Vorbilderzählungen allerdings jemals gänzlich zu substituieren. Das führt zu einer Differenzierung im Feld der Erfolgsanleitungen: Auf der einen Seite existiert ein Programm des großen Erfolgs, das für das soziale Imaginäre des Erfolgs steht und das Ziel der Erfolgshungrigen verkörpert, eine umfangreiche Machtfülle und ein großes Vermögen zu erwerben, um ein ‚großer Mann‘ zu werden; ihm gegenüber steht das Programm der kleinen Erfolge, der steinige Weg zum Triumph, die Optimierung in kleinen Schritten, eine unablässige Arbeit an sich selbst zur Steigerung der eigenen Erfolgstüchtigkeit und zur Annäherung an den großen Erfolg. So klar das Ziel vor Augen steht, so labyrinthisch verschlungen gestalten sich hingegen die Wege zu ihm. Beide Programme sind eng verschränkt: Stellt das Programm des großen Erfolgs doch eine offenbar schier unerschöpfliche Motivationsquelle dar, ohne die die Selbstverständlichkeit, mit der die Programme des kleinen Erfolgs auf die Hartnäckigkeit und Ausdauer ihrer Befolger setzen, nicht zu erklären ist.

Die zunehmende Differenzierung zwischen Leistung und Erfolg, die sich seit 1900 vollzog, lässt leicht übersehen, dass der Leistungsgedanke in den Erfolgsmethoden hinterrücks wiederkehrt. Wenn Soziologen, wie schon früh Gustav Ichheiser in seiner *Kritik des Erfolgs* (1930), betonen, dass nicht die Erbringung einer Leistung, sondern ihre gelungene Inszenierung zählt, dass daher von der „Leistungstüchtigkeit“ die „Erfolgstüchtigkeit“ zu unterscheiden sei, so übergehen sie, dass die Arbeit an sich selbst, die solchen Inszenierungen zugrunde liegt, durchaus auch als Leistung verhandelt wird.

40 Graeser: *Der Kandidat des Lebens*, S. 298.

41 Ebd.

Der Glaube, dass Erfolg haben müsse, wer nur ausreichend an seiner Erfolgstüchtigkeit arbeite, bildet die Grundlage der Anleitungen zum Erfolg. Der ‚große Coup', diese andere Leitlinie des Erfolgsdenkens, tritt in den Erfolgsratgebern gegenüber dem Gedanken einer permanenten Erfolgsoptimierung in den Hintergrund.

‚Erfolg' scheint gerade in Deutschland ab den 1920er Jahren als Leitvokabel allgegenwärtig zu sein. Die Zahl und Art der Erfolgsratschläge wurde immer unübersichtlicher. Über die Gründe dieser Konjunktur lassen sich unterschiedliche Hypothesen aufstellen. Sicherlich liegt ihr unter anderem der in der Zeit virulente Philoamerikanismus zugrunde, etwa die Bewunderung für die Figur des *self-made man*: Neben skeptisch-ablehnenden Amerika-Stereotypen lässt sich auch ein zeitgenössisch wirksamer Amerika-Mythos konstatieren, der auf der Vorstellung aufruhte, „das eigene Leben", aber auch das der „Gesellschaft insgesamt lasse sich in die ‚eigene Hand nehmen'", Zukunft sei „ganz aus eigenen Kräften" plan- und formbar.[42] Nicht von ungefähr erfuhr die Genese des Ratgebergenres zentrale Impulse von amerikanischen Autoren wie Herbert N. Casson, Walter B. Pitkin oder Dale Carnegie, die in ihren Publikationen ein mitunter phantasmatisch aufgeladenes Ideal kämpferisch-pragmatischer Individualisierung und erfolgreicher Selbstbemeisterung propagierten.

Zugleich kann man die Konjunktur der Lebens- und Erfolgsratgeber nach 1900 aber auch als Krisenerscheinung deuten, als Konsequenz des Zerfalls sozialer Institutionen, welche nun durch die Ratgeber supplementiert werden. Nicht zufällig stehen viele der Erfolgsratgeber in der Tradition von Anleitungen zum guten Benehmen. Unter dem Vorzeichen, der Förderung des individuellen Erfolgsstrebens zu dienen, widmen sie sich tatsächlich vor allem seiner Zähmung und Hegung, schreiben Motive und Anliegen elementar ansetzender Zivilisierungsprogramme fort. Hinzu kommt der bereits angemerkte Aufstieg der sozialen Gruppe der Angestellten, in der soziale Beziehungen

42 Vgl. zum Amerika-Bild im Deutschland des 20. Jahrhunderts ausführlich Alf Lüdtke / Inge Marßolek / Adelheid von Saldern: Einleitung. Amerikanisierung: Traum und Alptraum im Deutschland des 20. Jahrhunderts. In: Dies. (Hrsg.): *Amerikanisierung: Traum und Alptraum im Deutschland des 20. Jahrhunderts*. Stuttgart: Steiner 1996, S. 7–33, hier S. 10. Siehe außerdem Frank Becker: Amerikabild und „Amerikanisierung" im Deutschland des 20. Jahrhunderts – ein Überblick. In: Ders. (Hrsg.): *Mythos USA. „Amerikanisierung" in Deutschland seit 1900*. Frankfurt am Main: Campus 2006, S. 19–47; Adelheid von Saldern: *Amerikanismus. Kulturelle Abgrenzung von Europa und US-Nationalismus im frühen zwanzigsten Jahrhundert*. Stuttgart: Steiner 2013.

einen Schlüssel für Aufstiegsoptionen in die Hand geben und damit weit wichtiger sind als in der Industriegesellschaft. So ist der institutionelle Ort der bei Ichheiser ausführlich als Mittel zum Erfolg verhandelten Intrige nicht die Fabrik, sondern eher schon das Büro. Und in diesen Zusammenhang steht auch das Phänomen, dass sich Frauen nicht länger aus der Sphäre des Erfolgs ausschließen ließen und ‚Karriere' nicht länger ausschließlich das Vorrecht von Männern blieb.[43] Daneben findet man aber auch eine zunehmende Spezialisierung von Erfolgsdiskursen. In der Zeitschrift *Der Erfolg* (1927–1936), einem Produkt des Medienimperiums von Herbert N. Casson, des selbsterklärten Effizienzsteigerungsgurus,[44] existiert etwa eine Rubrik, die Ratschläge an Firmen zum richtigen Umgang mit ihren Handelsvertretern enthält. Diese Berufsgruppe, deren Überleben und Dienlichkeit fundamental vom Gelingen sozialer Kommunikation abhängt, bietet sich als besonderer Gegenstand und Adressat von Erfolgsratschlägen natürlich an. Ein solcher ‚Wildwuchs' von Erfolgsratschlägen schrie förmlich danach, eine geheime Ordnung des Diskurses zu entdecken. Es ist daher nicht verwunderlich, dass gerade um 1930 die Erfolgssoziologien von Gustav Ichheiser und Karl Mannheim erschienen und dem Ratgeberdiskurs den Spiegel vorhielten. Neben diesen Metadiskursen stellt das von Ludwig Lewin herausgegebene voluminöse dreibändige Sammelwerk *Der erfolgreiche Mensch* (1928) den vielleicht interessantesten Versuch dar, Ordnung im Feld der Erfolgsdiskurse zu schaffen. Der Beitrag von Heiko Stoff in diesem Band führt erstmals detailliert die Genese dieses Projekts vor und legt dar, wie Lewin unterschiedliche Ordnungsentwürfe durchdachte und verwarf, bis das Projekt seine endgültige Gestalt fand. Noch diese ist allerdings, wenn sie auch sicher einen liberalen Grundzug aufweist, durchaus hybrid. Das schlägt sich schon in der Versammlung sehr verschiedener Wissensformen nieder: Lebensphilosophie, Psychotechnik, Pädagogik, Autosuggestion. Insgesamt lief das Projekt auf eine Anthropologie des Erfolgs hinaus. Stoff liefert so einen Hinweis, dass die Ausgänge aus der Erfolgseuphorie der zwanziger Jahre durchaus vielfältig waren.

43 Vgl. programmatisch Vicki Baums Frauenromane aus den 1920er und 1930er Jahren, in denen sie die beruflichen Aufstiege weiblicher Protagonistinnen schildert, so etwa in *Stud. chem. Helene Willfüer* (1928) oder in *Die Karriere der Doris Hart* (1936).

44 Zu Casson vgl. den Beitrag von Stefanie Duttweiler in diesem Band.

## Glücksprogramme – klein und groß

Nicht nur das Genre der Erfolgsratgeber erlebte in den 1920er Jahren eine außerordentliche Konjunktur; ebenso lässt sich die Zwischenkriegszeit als Blütezeit der Glücksratgeber beschreiben. Zum enormen publizistischen Erfolg der Glücksanleitungen trug – darauf weist Stefanie Duttweiler in ihrem Beitrag hin – die umfassende Krisenerfahrung der Nachkriegsjahre bei. Die allseits gegenwärtige, tiefgreifende Verunsicherung weiter Bevölkerungsschichten, der bereits angemerkte soziale Aufstieg neuer sozialer Gruppen – etwa der Angestellten – sowie die Erosion verbindlicher Institutionen und Traditionen verlangten nach einer grundlegenden Stärkung des Subjekts, wie Duttweiler hervorhebt. Schlüsselbegriffe wie ‚Kraft' und ‚Tat' spielten deshalb im Kontext der Erfolgs- und der Glücksratgeber eine zentrale Rolle. Sie waren Teil einer „Ästhetik der Existenz", die für das ‚tragische Lebensgefühl' der Zwischenkriegsjahre charakteristisch war.[45] Ähnlich wie im Falle der Erfolgsratgeber besetzten die in Medienverbänden organisierten Glücksanleitungen den durch den Zerfall sozialer Institutionen leer gewordenen Ort des Lehrmeisters, des Beistands und des im persönlichen Nahbereich Ratgebenden. Auf die Erfahrung umfassender Verunsicherung, die sowohl für das Deutschland der 1920er Jahre wie für das Amerika der Depressionszeit kennzeichnend war, reagierte die Ratgeberliteratur mit eindeutigen Handlungsanweisungen. Ihre immense Popularität war somit symptomatisch für den von Helmut Lethen diagnostizierten Siegeszug neusachlicher Verhaltenslehren, die den Zerfall stabiler Institutionen, Konventionen und Normen mit einem „klirrenden Schematismus" parierten, der „allen Gestalten auf dem Feld des Sozialen" Konturen zu verleihen versprach.[46]

Gleichwohl regt die Beschäftigung mit dem Genre der Erfolgs- und Glücksratgeber dazu an, diesem im Kern pessimistischen Befund eine Deutung zur Seite zu stellen, die auf einer Neubewertung der Zwischenkriegszeit aufbauen kann. Die Jahre zwischen den Weltkriegen werden seit einiger Zeit nicht nur auf ihr katastrophisches Ende hin betrachtet und als Phase von soziokulturellem Ordnungsverlust

45 Darauf weist Stefanie Duttweiler im Rekurs auf Hans Ulrich Gumbrecht hin. Siehe dazu ausführlich Hans Ulrich Gumbrecht: *1926. Ein Jahr am Rand der Zeit.* Frankfurt am Main: Suhrkamp 2001, S. 270.

46 Helmut Lethen: *Verhaltenslehren der Kälte. Lebensversuche zwischen den Kriegen.* Frankfurt am Main: Suhrkamp 1994, S. 10–11.

gedeutet, dem mit unterschiedlichen Formen der Stabilisierung allenfalls entgegengearbeitet wurde. Statt des Moments einer negativ interpretierten Krisenhaftigkeit werden die hohe soziale und kulturelle Optionalität und die innovatorischen Potentiale – etwa im Hinblick auf neuartige „Informations- und Kommunikationsmedien", die „künstlerischen Neuerungen" oder „wissenschaftliche[n] Durchbrüche"[47] – betont und als epochale Signatur der Zwischenkriegszeit ausgemacht.[48] Entsprechend wird auch die internationale Nachkriegsordnung nicht länger ausschließlich als eine „Geschichte des Scheiterns", sondern auch als eine der „Stabilität" und des Ringens um „Normalität" erzählt; es geht dann nicht mehr um eine „Geschichte der Unordnung, sondern der Etablierung einer neuen globalen Ordnung, an die sich die Sympathien und Hoffnungen der Zeitgenossen knüpften, auch vieler, die sich im Krieg noch bekämpft hatten".[49] Ziel und Aufgabe historischer Detailstudien ist es deswegen, zeitgenössisches Handeln auch mit Blick auf die leitenden Zufälle, auf seine Kontingenz hin zu analysieren und damit tatsächlich vorhandene Alternativen aufzuzeigen.[50]

Beherzigt man diesen Einwand, so können die neusachlichen Verhaltenslehren, die für die „Lebensversuche zwischen den Kriegen" charakteristisch waren und von Helmut Lethen pointiert als Reaktion

47 Siehe exemplarisch Gerhart von Graevenitz: Einleitung. In: Ders. (Hrsg.): *Konzepte der Moderne. DFG-Symposion 1997.* Stuttgart / Weimar: Metzler 1999, S. 2–16, hier S. 7.

48 Zentral sind hier insbesondere die Arbeiten von Moritz Föllmer und Rüdiger Graf. Siehe vor allem Moritz Föllmer / Rüdiger Graf / Per Leo: Einleitung. Die Kultur der Krise in der Weimarer Republik. In: Moritz Föllmer / Rüdiger Graf (Hrsg.): *Die „Krise" der Weimarer Republik. Zur Kritik eines Deutungsmusters.* Frankfurt am Main: Campus 2005, S. 9–41; Rüdiger Graf: *Die Zukunft der Weimarer Republik. Krisen und Zukunftsaneignungen in Deutschland 1918–1933.* München: Oldenbourg 2008. Siehe außerdem Peter Fritzsche: Historical Time and Future Experience in Postwar Germany. In: Wolfgang Hardtwig (Hrsg.): *Ordnungen in der Krise. Zur politischen Kulturgeschichte Deutschlands 1900–1933.* München: Oldenbourg 2007, S. 141–164; John Alexander Williams: Forword. In: Ders. (Hrsg.): *Weimar Culture Revisited.* New York: Palgrave Macmillan 2011, S. 12.

49 Siehe zur Neubewertung der Zwischenkriegsjahre besonders Tim B. Müller: Die Ordnung der Krise. Zur Revision der deutschen Geschichte im 20. Jahrhundert. In: *Zeitschrift für Ideengeschichte* 8,4 (2014), S. 119–126, hier S. 124. Siehe außerdem Adam Tooze: *The Deluge: The Great War and the Remaking of Global Order 1916–1931.* London: Lane 2014.

50 Siehe dazu die bedenkenswerten Überlegungen von Tim B. Müller: *Nach dem Ersten Weltkrieg. Lebensversuche moderner Demokratien.* Hamburg: Hamburger Edition 2014, S. 18.

auf den „Verlust gesellschaftlicher Instanzen von unumstrittener Geltung" beschrieben worden sind,[51] als „symbolische Zaubermittel", die den Zeitgenossen einen „angstfreien Zugang zum Prozeß der Modernisierung" erschließen sollten,[52] in einem Kontext situiert werden, in dem neben der Erfahrung von Unsicherheit und Orientierungslosigkeit die „Bereitschaft zum Experimentieren und Ausprobieren" vorherrschte.[53] Der Niedergang überkommener Normbestände und Institutionen bot zugleich die Chance, vergangene Erfahrungen zu überschreiben und neuartige Formen der Vergesellschaftung zu erproben. Wenn Alfred Döblin die Weimarer Republik so etwa als eine „Republik ohne Gebrauchsanweisung" charakterisierte,[54] lässt sich diese Äußerung einerseits zwar als Zeugnis tief greifender Ungewissheit interpretieren; zugleich aber manifestiert sich hier ein Bekenntnis zur konstitutiven Gestaltungsoffenheit der Nachkriegsjahre. Glücks- und Erfolgsratgeber – so argumentieren wir – waren dabei das Medium der Stunde, generierten sie doch Praktiken subjektiver Handlungsmacht, die dem Einzelnen einen kreativen Umgang mit den vielfältigen Krisenszenarien der Zwischenkriegsjahre in Aussicht stellten und Wege zu Glück und Erfolg ausflaggten.

Einer Sichtweise, die die Notwendigkeit stabilisierender Mechanismen zur Bekämpfung eines grassierenden Ordnungsverlustes hervorhebt und dabei vor allem die reaktive Perspektive betont, ist demnach eine Deutung gegenüberzustellen, die die genuine Optionalität und Variabilität menschlicher Handlungen stark macht. Ratgeber lassen sich als Angebot zur Gestaltbarkeit individueller Lebensvollzüge charakterisieren, die nicht so sehr auf das Empfinden drohenden Verlustes abhoben, sondern die pragmatische Lösungsansätze jenseits rigider kultureller Programmierungen in Aussicht stellten. Sie fußten auf einer temporalen Logik, die der Zeitform der neu zu gestaltenden Gegenwart besonderes Gewicht beimaß und damit die „Entdeckung von Gegenwärtigkeit als Möglichkeitszeitraum" einschloss.[55]

51 Lethen: *Verhaltenslehren der Kälte*, S. 36.

52 Ebd., S. 43.

53 Siehe Müller: *Nach dem Ersten Weltkrieg*, S. 19.

54 Zit. n. Lethen: *Verhaltenslehren der Kälte*, S. 64.

55 Achim Landwehrs Beobachtungen zu einer im 17. Jahrhundert einsetzenden Neubewertung der Gegenwart als einem temporalen Möglichkeitsraum sind für die Analyse des Ratgebergenres zwischen 1900 und 1940 außerordentlich bedenkenswert; denn die allmähliche Substituierung der auf Tradition aufruhenden Exempel-Literatur durch den auf mimetische Praktiken abzielenden Ratgeber ging mit der

Sie initiierten eine zeitliche Dynamik, die zwischen der „Positivität des Faktischen und der Kontingenz des Möglichen" oszillierte[56] und Zeit- und Kulturkritik mit dem Zutrauen in ein neuartiges Zeit- und Selbstmanagement kombinierte: Propagiert wurde eine pragmatische Selbstbemeisterung *in der* Gegenwart, die auf der Korrektur der je individuellen Einstellungen aufruhte. Die Autorin Marjorie Hillis schreibt:

> An astonishing number of the people you know, probably including yourself, insist that they have to do a lot of economizing. They not only believe this is true, they *know* it is, and what's more, they're positive they have to do more economizing than the next person. […] They have a dream of the way they'd like to live, but it's always just ahead of them, and by the time they've covered the distance, it's moved a little farther on. Their ships are eternally on the horizon and never come in. […][57]

Und weiter rät sie:

> The trick is to have the right attitude, as it is with most things in life. […] Whatever your lot in life, it's merely a challenge to your resourcefulness, a set of materials with which to work.[58]

Strukturelle Faktoren und gesellschaftliche Problemlagen wurden in den Glücksratgebern zumeist nur indirekt thematisiert, vielmehr fokussierten sie auf individuelle Strategien der Lebensbewältigung im Hier und Jetzt. Die hierzu notwendigen Praktiken wurden den Leserinnen und Lesern in den Ratgebern nicht nur durch das anschauliche Beispiel repräsentativer Heilungsgeschichten nahegelegt; zugleich stellten Glücksanleitungen eine nahezu therapeutische Konstellation her, indem sie einen unmittelbaren Kontakt zwischen Ratgebenden und -suchenden suggerierten. Dieser Eindruck jedenfalls stellt sich ein, wenn man die ausgesprochen präzisen Hinweise bezüglich der optimalen Ausübung spezifischer Psychotechniken liest, die selbst zu Intonation und körperlicher Haltung konkrete Anweisungen bzw.

Neubewertung der Gegenwart „als zeitlichem Möglichkeitsraum" Hand in Hand. Siehe hierzu ausführlich Achim Landwehr: *Geburt der Gegenwart. Eine Geschichte der Zeit im 17. Jahrhundert.* Frankfurt am Main: Fischer 2014, S. 18.

56 Thomas Brandstetter / Claus Pias / Sebastian Vehlken: Think-Tank-Denken. Zur Epistemologie der Beratung. In: Dies.: *Die Beratung der Gesellschaft*, S. 17–57, hier S. 18.

57 Marjorie Hillis: *Orchids on Your Budget or Live Smartly on What You Have* [1937]. London: Virago 2009, S. 1.

58 Ebd., S. 7–10.

Empfehlungen aussprachen. Glück wurde somit zusehends auf die Ebene der individuellen Deutung und Bearbeitung der eigenen Biographie verschoben, es wurde als ein von sozialen und umweltbedingten Einflüssen/Tatsachen unabhängiger Faktor dargestellt. Es brauchte also – um es zugespitzt zu formulieren – nur noch die Präsenz des Ratgebers, um neuartiges Glücksempfinden und Erfolgshandeln hervorzubringen. Ratgeber sind mithin eine besonders geeignete Textquelle für die seit einiger Zeit forcierte praxeologische Wende in den Geisteswissenschaften.

Die enorme mediale Ausdifferenzierung der Glücksratgeber – die Bandbreite reichte von Ratgebern in klassischer Buchform über Lehrbriefe, Breviers, Radio- und Zeitschriftenkolumnen sowie Vorträge bis hin zu brieflichen Korrespondenzen zwischen Ratsuchenden und Experten – weist dabei auf ihren gesellschaftlichen Erfolg und ihre rasche institutionelle Verankerung hin.[59] Im Zuge dessen – so weist Stefanie Duttweiler in diesem Band nach – bildeten sich zum Teil sehr unterschiedliche, eigenständige Formate von Glücksratgebern aus, die sich an jeweils spezifische Adressatenkreise richteten: Neben der Erbauungsliteratur, die das vernunftbegabte, sich an ethischen Normen orientierende und sich selbst erziehende Subjekt zu erreichen suchte, formierte sich die Trainingsliteratur, die sich der Kräftigung und Stärkung des individuellen Wollens verschrieb und konkrete Willens- und Konzentrationsübungen vermittelte. Schließlich etablierte sich die Managementliteratur, die ein sich selbst transparent gewordenes Subjekt ansprechen wollte; sie bot ihren Leserinnen und Lesern ein komplettes System der Selbstoptimierung an und propagierte, dass die individuelle Lebenszufriedenheit exakt plan- und realisierbar sei. Duttweiler kann mit dieser Systematisierung eines zeitgenössischen Glückswissens aufzeigen, auf welchem Weg glücksbezogene Normen und Wissensbestände in je konkrete, alltagsbezogene Praktiken und Subjektivierungsweisen überführt wurden. Glücks- wie Erfolgsratgeber schufen mithin Möglichkeiten konsequenter Selbstveränderung; sie lassen sich als Ausdruck spezifischer Konstellationen von Macht, Wissen und Selbstbezug verstehen.[60] Als Konsumgüter lieferten sie zugleich – so formuliert es Duttweiler

59 Siehe hierzu ebenfalls den Beitrag von Stefanie Duttweiler in diesem Band.

60 Vgl. hierzu auch ausführlich Stefanie Duttweilers Analyse von Lebensratgebern als Instrumente neoliberaler Herrschaftstechnologie in Duttweiler: *Sein Glück machen.*

in ihrem Beitrag pointiert – ein Versprechen, eine „Traumvorlage“, mit deren Hilfe die Imagination eines glücklicheren Lebens in Gang gesetzt werden konnte. Die Frage nach der konkreten Implementierung im Alltag muss bei der Analyse von Ratgebern also um die Frage nach ihrem imaginären Möglichkeitsraum ergänzt werden, der ein „Wissen von dem, was möglich ist“, versprach.[61]

Die Flucht in Traumsphären gelingender Selbstoptimierung ebnete mitunter freilich der Stabilisierung bestehender gesellschaftlicher Machtverhältnisse den Weg, wie Astrid Ackermann in ihrem Beitrag kritisch hervorhebt. Mit der zunehmenden Ausdifferenzierung des Genres der Glücksratgeber in den Jahren zwischen 1900 und 1940 ging einher, dass sich das Programm eines ‚kleinen Glücks‘ formierte, das dem Programm des ‚kleinen Erfolgs‘ komplementär zur Seite gestellt werden kann: Beispielsweise präsentierten speziell an Frauen gerichtete Publikationen Ratschläge zur Mädchenerziehung oder zur Haushaltsführung. Erziehungs-, Haushalts- oder Schönheitsratgeber zementierten auf diesem Weg oftmals eine traditionelle, polare Geschlechterordnung, so Ackermann, indem sie ihren Leserinnen nahelegten, sich auf Familie und Heim zu konzentrieren. Die Frage weiblicher Erwerbstätigkeit oder der Frauenemanzipation wurde in den Ratgebern meist konsequent ausgeblendet. Dem ‚kleinen Glück‘ entsprach somit ein im Wesentlichen konservatives Geschlechter- und Gesellschaftsbild, das traditionelle Familienkonzeptionen und Geschlechterbilder fortschrieb und stereotype Elemente einer zeitgenössischen Kultur- und Gesellschaftskritik aufgriff: Großstadt- und Technikkritik gingen mit Warnungen vor der Verflachung und „Entseelung des Lebens“ Hand in Hand, der zahlreiche Ratgeber eine Rückbesinnung auf das vermeintlich Wesentlich-Authentische eines einfachen Lebens entgegenstellten, wie Ackermann darlegen kann.[62]

Im Programm eines auf den privaten Nahbereich abzielenden ‚kleinen Glücks‘ werden auf diesem Weg Versuche erkennbar, das individuelle Glücksstreben zu kontrollieren, es in bestimmte Bahnen zu leiten, die mit gesellschaftlich erwünschten Normbeständen und Lebensformen – wie etwa Ehe und Familie – konvergierten.[63]

61 Brandstetter / Pias / Vehlken: Think-Tank-Denken, S. 19.

62 Vgl. so etwa den Band von Adolf Matthias: *Wie werden wir Kinder des Glücks?*, München: Beck 1900, der in der Folgezeit in zahlreichen Auflagen erschien.

63 Vgl. zur Engführung populärer Glückskonzepte und gesellschaftlich akzeptierter Normbestände vor allem die kritischen Einwände von Sara Ahmed: *The Promise of Happiness*. Durham / London: Duke UP 2010, v. a. S. 5–20.

Nicht nur ein allzu forsch proklamiertes Erfolgsstreben bedurfte der Einhegung; offenbar wurde auch spezifischen Glückskonzepten ein radikaler Zug attestiert, der den gesellschaftlichen Status quo herausforderte.

Allerdings lassen sich demgegenüber auch Glücksrezepte ausmachen, die über ein weiblich konnotiertes ‚Glück der kleinen Dinge' deutlich hinausgingen: Die bereits um 1900, vor allem aber nach dem Ersten Weltkrieg rasant anwachsende Gruppe weiblicher und lediger junger Frauen geriet als Zielgruppe zusehends in den Blick der Ratgeber und Zeitschriftenkolumnen.[64] Diese Medienformate schildern denn auch eindringlich den eigenwilligen Lebensstil und das charakteristische Konsumverhalten der zumeist urbanen weiblichen Angestellten und halfen ihnen, eine „technique about living alone successfully" zu trainieren: [65]

> The beginning is your attitude – your approach, so to speak. For the basis of successful living alone is determination to make it successful. Whether you belong to the conservative school that calls it will-power, or the modern school that calls it guts, the necessity is there. You have got to decide what kind of life you want and then make it for yourself.[66]

Ratgeber befeuerten damit den Versuch, klar markierte und sozial akzeptierte Pfade individuellen Glücksstrebens zu verlassen. Das hier verhandelte Glückswissen verweist zurück auf jene semantischen Verschiebungen, denen die Glückskonzepte der Zwischenkriegszeit unterlagen. Die Handlungsanweisungen, die Autorinnen wie Marjorie Hillis oder Vicki Baum einem weiblichen Lesepublikum in ihren Ratgebern und Zeitschriftenkolumnen unterbreiteten, richteten sich

64 Sowohl im US-amerikanischen als auch im europäischen Raum nahm die Anzahl erwerbstätiger Frauen seit 1900 enorm zu, „employment" wurde schnell „part of many American women's lives. One out of five women worked for wages in 1900, and women represented 18 percent of the American labor force. Cities saw even greater concentrations of female workers. [...] [M]any needy women found employment helping to produce the goods and services demanded by an increasingly urban and industrialized American society." (Lindy Sondik Aron: Introduction. In: Dorothy Richardson: *The Long Day. The Story of a New York Working Girl.* Charlottesville / London: The University Press of Virginia 1990, S. IX–XXVII, hier S. XI–XII.) Vgl. auch Lynn Y. Weiner: *From Working Girl to Working Mother: The Female Labor Force in the United States, 1820–1980.* Chapel Hill: The University of North Carolina Press 1985; Virginia Nicholson: *Singled Out: How Two Million Women Survived Without Men After the First World War.* London: Penguin 2007.

65 Hillis: *Live Alone and Like It*, S. 16.

66 Ebd., S. 17.

an jenen inzwischen ikonischen Typus der „Neuen Frau“, die zur mitunter stereotypen Verkörperung von Modernität und Fortschritt, von lässiger Urbanität und kühler Sachlichkeit wurde.[67] Somit kann für den Untersuchungszeitraum nicht nur eine Ausdifferenzierung der Erfolgsmethoden und -vorstellungen konstatiert werden; auch die zeitgenössischen Glücksvorstellungen wurden zusehends komplexer, indem sie auf die Segmentierung der Gesellschaft reagierten und sie zugleich beförderten.

Gemeinsam aber war den hier skizzierten Modellen individuellen Glücks, so argumentiert auch Astrid Ackermann, dass sie nur in beständiger täglicher „Selbstbewährung“ zu erlernen waren.[68] Das ‚kleine Glück‘, so viel wird schnell klar, war nur durch entsprechenden Selbstzwang und durch individuelle Aufopferungsbereitschaft, mithin durch Leistung zu erreichen. Gerade diese konstitutive innere Widersprüchlichkeit macht abermals plausibel, dass Glücksratgeber imaginäre Möglichkeitsräume aufspannten; bei aller pragmatischen Applizierbarkeit bedienten sie oftmals diffuse Sehnsüchte und Wünsche und erforderten eine eigenwillige Rezeptionshaltung, die in Rechnung stellt, dass das entworfene Ziel letztlich unerreichbar bleibt. Indem die Ratgeber ein Glück in Aussicht stellten, das selbst in kleinen Schritten kaum je zu fassen war, setzten sie eine Spirale konstanter Anstrengung in Gang, um dem angestrebten Zustand der Harmonisierung und Optimierung näher zu kommen.

Damit ist zugleich die Frage nach der Spezifik jener energetischen Logik angesprochen, die den in Ratgebern vermittelten Leistungsimperativen und -bemühungen zu Grunde lag. Dieser Frage nach der „Physik des Glücks“ spürt Stefan Rieger in seinem Beitrag nach. Die Dynamik einer unablässigen Selbstintervention und -verbesserung beruht auf der Idee, vorhandene Energien und Kräfte effizienter zu

67 Siehe hierzu neben den bereits erwähnten Publikationen der amerikanischen *Vogue*-Redakteurin Marjorie Willis die Kolumnen der Erfolgsschriftstellerin Vicki Baum, in dies: *Pariser Platz 13. Eine Komödie aus dem Schönheitssalon und andere Texte über Kosmetik, Alter und Mode*, hrsg. u. mit einem Nachw. v. Julia Bertschik. Berlin: Aviva 2012. Aus der Fülle der Literatur zum Phänomen der ‚Neuen Frau‘ in den 1920er Jahren ist zu erwähnen Ute Frevert: Kunstseidener Glanz. Weibliche Angestellte. In: Kristine von Soden / Maruta Schmidt: *Neue Frauen. Die zwanziger Jahre*. Berlin: Elefanten 1988, S. 25–30, hier S. 25.

68 Wolfgang Schumann: *Lebenskunst und Lebensglück. Eine Lehre vom glückhaften Leben*. Leipzig: Dürr 1929, S. 9.

nutzen bzw. neu zu erschließen. Suggestive Praktiken der Selbstaffizierung sind ebenso wie ihre medialen Vermittlungsinstanzen – vom Glückstagebuch bis zu Trainingsanleitungen – stets mit Vorstellungen einer spezifischen Psychoenergetik verbunden, deren Handhabung fortwährend trainiert und erprobt werden muss. Das Bild des Hamsterrades, das so unausgesetzt wie ziellos Energie umsetzt, kann Rieger somit treffend als „Paradigma der Selbstbewirtschaftung" beschreiben, das den „Tretmühlen" der alltäglichen Glückssuche nicht unähnlich ist.[69] Neben der gezielten Ausnutzung vorhandener Energien durch Praktiken der (Auto-)Suggestion geht es hierbei auch – wie Rieger exemplarisch darlegt – um ein großes Glücksprogramm von nahezu kosmischem Ausmaß: Im Zug einer Esoterisierung des Glückswissens, die in den Jahren zwischen 1900 und 1940 im deutschsprachigen Raum etwa mit Zeitschriftenformaten wie *Kosmobiologie* oder dem ersten, 1928 publizierten *Jahrbuch für angewandte kosmobiologische Forschung* für Aufsehen sorgte, ging es um nichts Geringeres als um die „Erschließung kosmischer Energieströme", so Rieger; den Verdacht pseudowissenschaftlichen Dilettierens streng zurückweisende Disziplinen wie die Kosmobiologie oder die Parapsychophysik boten Handhabungen zur gelingenden Lebensführung wie zur Lebenshilfe an, indem sie etwa astrologische Wissensbestände in Anschlag brachten.[70] Dem Glück im Kleinen kann somit – wiederum in Entsprechung zum Programm des ‚großen Erfolgs' – die Vorstellung eines ‚großen', eben eines ‚kosmischen' Glücks zur Seite gestellt werden, das im Grenzbereich zwischen Wissenschaft, Okkultismus, Aberglaube und Medizin, Physik und Spiritismus angesiedelt werden kann und für die Ausdifferenzierung bzw. Entgrenzung eines zeitgenössischen Glückswissens zwischen 1900 und 1940 charakteristisch ist.

Eine gleichfalls sehr spezifische Variante des Glückswissens stellt Lu Seegers in ihrem Beitrag vor, in dem sie anhand der überaus populären Lebens- und Eheratgeber Walther von Hollanders deren Funktion und soziale Wirksamkeit in den Jahren der nationalsozialistischen Herrschaft untersucht. Der als Publizist und Romanautor tätige Hollander zählte bereits in den 1940er Jahren zu den prägendsten Figuren

69 Vgl. hierzu ausführlich den Beitrag von Stefan Rieger in diesem Band.

70 Ebd.

auf dem Feld der Lebensratgeber; mit seinen zahlreichen Publikationen sowie seit den 1950er Jahren mit einer eigenen Radiosendung besetzte er den Markt zeitgenössischen Ratgeberhandelns und nutzte virtuos die diversen medialen Formate – von der Zeitschriftenkolumne bis hin zur Radiosendung –, um als Experte in Ehe- und Familienangelegenheiten von sich reden zu machen. Seegers untersucht hierbei vor allem Hollanders ambivalente Rolle während der Zeit des Nationalsozialismus und zeichnet ein differenziertes Bild seiner Positionierung gegenüber der NS-Ideologie. Auch wenn Hollander kein Mitglied der NSDAP war und seine Ratgeber kein geschlossenes ideologisches Weltbild reproduzieren, finden sich Euphemismen und Kompatibilitäten, zum Teil auch offenkundige Bejahungen von NS-Ideologemen. In seinen Ehe- und Lebensratgebern übernahm er so etwa eugenische Vorstellungen einer völkischen Rassereinheit, die er explizit begrüßte. Auch sein Eintreten für die Erwerbstätigkeit der Frauen sowie für eine weitgehend partnerschaftliche Geschlechterordnung war durchaus mit der nationalsozialistischen Familienpolitik vereinbar. Dass seine Publikationen allerdings die individuelle Lebensführung ins Zentrum rückten und auf Psychotechniken der Selbstdisziplin und -erziehung abzielten, wirkte einer allzu einseitigen Vereinnahmung durch die nationalsozialistische Propaganda entgegen und wird von Seegers als Teil von Hollanders Versuch beschrieben, Polyvalenzen zu produzieren und in seinen Ratgebern individuellen Spielräumen das Wort zu reden.

Die Beiträge dieses Bandes widmen sich somit einer zentralen Phase der Konstituierung und Institutionalisierung des Ratgebergenres. Diese lässt sich – darauf weisen die einzelnen Beiträge immer wieder hin –, nicht nur durch die Vervielfältigung medialer Formate charakterisieren, sondern zudem durch die verschiedenartigen Strategien, mit denen die Autoren es verstanden, sich an unterschiedliche Rezipientenkreise zu wenden. Den genrespezifischen Logiken wie auch den diversifizierten Aneignungsmöglichkeiten gehen die hier versammelten Beiträge nach, indem sie repräsentative Glücks- und Erfolgsratgeber aus literaturwissenschaftlicher, soziologischer, historischer und medienwissenschaftlicher Sicht untersuchen. Glücks- und Erfolgsratgeber in ihrem Wandel zwischen 1900 und 1940 zu rekonstruieren, heißt somit, ihre Ausdifferenzierung in ‚große' bzw. ‚kleine' Programme von Glück und Erfolg nachzuzeichnen: Während der ‚große' Erfolg und das ‚große' Glück das soziale Imaginäre eines glücklich-erfolgreichen Lebens umschrieben und damit einen Horizont nahezu phantasmatischer Erwartung aufspannten, rekurrierten die ‚kleinen' Glücks- und Erfolgsprogramme auf alltägliche Praktiken der Selbsttransformation. Hierbei lassen sich einige maßgebliche Unterschiede zwischen den beiden Leiterzählungen ausmachen: Beide wurden zwar zusehends in die individuelle Verantwortung des Subjekts gelegt, doch waren Vorstellungen individuellen Glücks mit der Sphäre des privaten Nahbereichs assoziiert, während Erfolg im öffentlich-sichtbaren Radius der Berufswelt angesiedelt war. Erfolgstüchtigkeit zu trainieren, war damit nach wie vor in erster Linie Pflicht und Privileg eines vorwiegend männlichen Adressatenkreises, wenngleich – die Präsenz der ‚Neuen Frau' im öffentlichen Raum macht dies deutlich – Frauen zunehmend Adressatinnen eines durch Ratgeber vermittelten Erfolgswissens wurden. Die deutlich wahrnehmbare genderspezifische Ausdifferenzierung der Ratgeber spiegelte den soziokulturellen Wandlungsprozess der Jahrzehnte nach 1900 somit nicht nur wider, sondern trieb ihn zugleich voran. Autorinnen waren dennoch die Ausnahme; männliche Protagonisten beherrschten den Ratgebermarkt bis in die Nachkriegszeit hinein. Neben genderspezifischen Ausdifferenzierungen lassen sich zudem Unterschiede in Bezug auf die programmatische Ausdeutung von Glück und Erfolg festhalten: Erfolgsratgeber stuften Glück oftmals als Begleiterscheinung, gewissermaßen als ‚side-kick', einer erfolgreichen beruflichen Karriere ein. Ihre Techniken waren demnach für einen Kreis von Leserinnen und Lesern bestimmt, die sich in der kompetitiven Berufswelt zurechtfinden und behaupten mussten. Glücksratgeber thematisierten genderspezifische Aspekte zumeist nicht explizit; sie richteten sich mehrheitlich sowohl an ein männliches wie an ein weibliches Lesepublikum, verorteten ein glückliches Leben allerdings nach wie vor zumeist im privaten Nahbereich von Haus und Familie.

Die in Ratgebern dargebotenen Leiterzählungen von Glück und Erfolg waren charakteristisch für die tiefgreifenden soziokulturellen Wandlungsprozesse der ersten Jahrzehnte des 20. Jahrhunderts, die das gesamtgesellschaftliche Bedürfnis nach Rat und Beratung sprunghaft ansteigen ließen. In dem Maß, in dem sich die Vorbildhaftigkeit der großen Exempel erschöpfte, wuchs das Bedürfnis nach einem neuartigen Beratungswissen, das den Einzelnen gegen die Anforderungen

„unserer bitteren Welt“ vorzubereiten versprach.[71] Zu Glück und Erfolg konnte nämlich nur der gelangen, der sich durch eigene Leistung selbst dazu zu erziehen imstande war, wie es Max Blattner, der in Hermann Kestens 1931 publiziertem Roman *Glückliche Menschen* aus kleinen Angestellten-Verhältnissen stammende Emporkömmling und (Anti-)Held des Romans, in einem Gespräch mit seiner jungen Ehefrau Ella auf den Punkt bringt:

> Unglückliche Menschen – glückliche Menschen, es ist die gleiche Gattung. Das Schicksal ist eine Erfindung der Trägen! [...] Wer ein Bettler ist, verdient es [...]. Und der Unglückliche hat sein Unglück sich selber zuzuschreiben. Glück ist nichts anderes als der Lohn deines Mühens. Unglück ist Talentlosigkeit, ist ein Charakterfehler, ist der Ruin der Menschheit.
> Und Glück? fragte sie.
> Glück, sagte Herr Max Blattner und umarmte sein Weib, Glück ist Verdienst![72]

## Vom ‚Beratenen Selbst‘ zum ‚Quantified Self‘: Medien der Selbstverbesserung im Wandel

Mit diesem Zitat aus Kestens Roman schließt sich gewissermaßen der Kreis zu den rezenten Glücks- und Erfolgsratgebern und ihren Trainingsprogrammen für ein „unternehmerischen Selbst“:

> Auf der einen Seite soll das unternehmerische Selbst ein rechenhafter Buchhalter und Kosten wie Nutzen kalkulierender Betriebswirt des eigenen Lebens sein, auf der anderen Seite ein Motivationsgenie, das unablässig nach neuen Höchstleistungen strebt und ein Dauerfeuerwerk kreativer Ideen abbrennt. Selbstdisziplinierung und Selbstenthusiasmierung laufen parallel, was auch die offensichtliche Inkohärenz der Programme erklärt, die stets beide Optimierungsmodi fordern.[73]

Nach wie vor – so legen exemplarische soziologische Analysen des Ratgeberhandelns seit den 1970er dar[74] – rufen Ratgeber jene ambivalente Logik der Subjektkonstitution auf, die das Genre bereits in der Phase seiner Konstituierung und Institutionalisierung gekennzeichnet hatte. Die in diesem Band zusammengeführten Beiträge legen dar, in welcher Weise Ratgeber zeitspezifische Wissensformen,

71 Hermann Kesten: *Glückliche Menschen* [1931]. Göttingen: Steidl 2000, S. 122.

72 Ebd., S. 233.

73 Ulrich Bröckling: Das unternehmerische Selbst und seine Geschlechter. Gender-Konstruktionen in Erfolgsratgebern. In: *Leviathan* 30,2 (2002), S. 175–194, hier S. 192.

74 Siehe hierzu exemplarisch Maasen / Elberfeld / Eitler / Tändler (Hrsg.): *Das beratene Selbst*; Traue: *Das Subjekt der Beratung*.

gouvernementale Praktiken der Selbstführung und Modi des Selbstverhältnisses miteinander verknüpften; auf diesem Weg dokumentieren sie das für die Ratgeberliteratur charakteristische Ineinandergreifen einer disziplinierenden Zurichtung des Subjekts auf der einen Seite und seiner permanenten Hervorbringung auf der anderen.[75]
Beide Bewegungen bezeichnen dabei einen unabschließbaren Prozess, der spätestens in der Phase „nach dem Boom"[76] eine besondere Dynamisierung erfahren hat und bis heute anhält. Die temporale Ordnung des Ratgebers richtet sich an Subjekte, die als „Projektmanager in eigener Sache nie mit irgendetwas fertig" werden.[77] Zugleich operieren Ratgeber auf der Grundlage von „Selbstoptimierungsimperative[n]", die den Einzelnen dazu anhalten, unausgesetzt an der eigenen Selbstverbesserung zu arbeiten.[78] Glück und Erfolg sind

75 Vgl. zur binären Struktur der ‚Arbeit am Selbst' exemplarisch Ulrich Bröckling / Susanne Krasmann / Thomas Lemke: Gouvernementalität, Neoliberalismus und Selbsttechnologien. Eine Einleitung. In: Dies. (Hrsg.): *Gouvernementalität der Gegenwart. Studien zur Ökonomisierung des Sozialen.* Frankfurt am Main: Suhrkamp 2012, S. 7–40, hier bes. S. 25–32; siehe außerdem Bröckling: Das unternehmerische Selbst und seine Geschlechter, S. 177; Christoph Menke: Zweierlei Übung. Zum Verhältnis von sozialer Disziplinierung und ästhetischer Existenz. In: Axel Honneth / Martin Saar (Hrsg.): *Michel Foucault. Zwischenbilanz einer Rezeption. Frankfurter Foucault-Konferenz 2001.* Frankfurt am Main: Suhrkamp 2003, S. 283–299; Ralf Mayer / Christiane Thompson: Inszenierung und Optimierung des Selbst. Eine Einführung. In: Dies. / Michael Wimmer (Hrsg.): *Inszenierung und Optimierung des Selbst. Zur Analyse gegenwärtiger Selbsttechnologien.* Wiesbaden: Springer VS 2013, S. 7–28.

76 Im Narrativ der Umbruchphase „nach dem Boom" werden die vielfältigen soziokulturellen, ökonomischen und politischen Transformationsprozesse, die die vergleichsweise stabile Aufschwungsperiode der Jahrzehnte nach dem Ende des Zweiten Weltkrieges beendeten, eindringlich auf den Punkt gebracht und als „Strukturbruch" respektive als „soziale[r] Wandel von revolutionärer Qualität" kenntlich gemacht. Als relevante Faktoren des Wandels gelten dabei neben anderem die Herausbildung eines digitalen Finanzmarkt-Kapitalismus sowie der Siegeszug neuartiger Informations- und Kommunikationstechnologien; beide Entwicklungen bewirkten eine tiefgreifende Veränderung des Arbeitsmarktes und eine Flexibilisierung von Arbeitsprozessen. Die Emanzipationsbewegung und die zunehmende Erwerbstätigkeit von Frauen, aber auch die Formierung eigenständiger Jugend- und Subkulturen erschütterten etablierte gesellschaftliche Ordnungsvorstellungen. Zudem trug die allmähliche Genese eines Gesellschaftsmodells, das individuelle Eigenverantwortlichkeit und Kreativität in den Mittelpunkt rückte, dazu bei, dass sich die Beziehungen zwischen „Politik und Ökonomie, zwischen Individuum und Gesellschaft" nachdrücklich veränderten. Siehe ausführlich Lutz Raphael / Anselm Doering-Manteuffel: *Nach dem Boom. Perspektiven auf die Zeitgeschichte seit 1970.* 3., erg. Aufl. Göttingen: Vandenhoeck & Ruprecht 2012, S. 8–23, hier S. 9, 12–13.

77 Bröckling: Das unternehmerische Selbst und seine Geschlechter, S. 183.

78 Ebd.

mithin nurmehr im Modus komparativer Steigerung denkbar, wie dies im Titel des immens populären Glücksprogramms des Harvard-Dozenten Tal Ben-Shahar anklingt: Nicht mehr das glückliche, sondern das glücklich*ere*, nicht das erfolgreiche, sondern das erfolgreich*ere* Leben werden zum biographischen Telos.[79] Auf diesem Weg wird eine Spirale steter Defizienzerfahrung durch den Ratgeber in Gang gesetzt, die er zugleich mithilfe seiner Methode erfolgreicher Selbstanleitung stillzustellen verspricht. Analog zu seiner temporalen Logik begünstigt das Optimierungsprogramm des Ratgebers somit einen Modus konstanter Selbstüberschreitung; er adressiert ein „beratenes Selbst", das imstande ist, eine fluide, für stete Veränderbarkeit offene Identität auszubilden.[80]

Im Hinblick auf eine genealogisch-historisierende Untersuchung der Ratgeberliteratur lässt sich diese Entwicklung zunächst als eine Dynamisierung jener Selbstführungsdispositive charakterisieren, die sich in den Jahren und Jahrzehnten um 1900 ausgeformt hatten. Besonders im Zug der neoliberalen Wende der 1980er Jahre, die markante soziokulturelle und -ökonomische Wandlungsprozesse mit sich brachte und eine mitunter polemisch eingefärbte Kulturkritik an der „pauschale[n] Ausdehnung der Marktgesellschaft"[81] evozierte, vervielfältigte und verfeinerte sich das Ensemble jener Selbsttechnologien, die das autonome und flexible Subjekt als soziokulturelles Idealbild entwarfen und eine Form der Selbstführung postulierten, die nahtlos mit marktförmigen Effizienzkalkülen in Einklang gebracht werden konnte:

> Im Rahmen neoliberaler Gouvernementalität signalisieren Selbstbestimmung, Verantwortung und Wahlfreiheit nicht die Grenze des Regierungshandelns,

79 Im Frühjahr des Jahres 2006 machte der Psychologe Tal Ben-Shahar mit seinem Kurs zur Positiven Psychologie auf sich aufmerksam; dem Harvard-Dozenten, der seine Studierenden unterwies, „how to be happy", gelang hierbei „Harvard's most popular course" des Jahres 2006, wie die Unternehmerin und Juristin Marelisa Fabrega in ihrem Blog *Daring to live fully* anmerkte. Siehe dazu ausführlich http://daringtolivefully.com/happier-tal-ben-shahar (Zugriff am 10.07.2015). Den Erfolg seiner Seminarreihe wiederholte Ben-Shahar mit seinen Bestsellern *Happier* sowie mit *The Pursuit of Perfect. How to Stop Chasing Perfection and Start Living a Richer, Happier Life* (New York: McGraw-Hill 2009), die ihn bei einem Massenpublikum bekannt machten.

80 Vgl. Maasen / Elberfeld / Eitler / Tändler (Hrsg.): *Das beratene Selbst.* Zum Identitätskonzept des Ratgebers siehe auch exemplarisch Bröckling, Das unternehmerische Selbst und seine Geschlechter, S. 180–184, bes. S. 183.

81 Anthony Giddens: *Jenseits von Links und Rechts*, zit. n. Lemke / Krasmann / Bröckling: Gouvernementalität, Neoliberalismus und Selbsttechnologien, S. 19.

> sondern sind selbst ein Instrument und Vehikel, um das Verhältnis der Subjekte zu sich selbst und zu den anderen zu verändern. [...] Wer es an Initiative, Anpassungsfähigkeit, Dynamik, Mobilität und Flexibilität fehlen lässt, zeigt objektiv seine oder ihre Unfähigkeit, ein freies und rationales Subjekt zu sein.[82]

Darüber hinaus ist dieser Transformationsprozess gerade in Bezug auf eine Mediologie des Ratgebens folgenreich gewesen. Je umfassender der therapeutisch-beratende Diskurs als ein „informelles, amorphes und diffuses kulturelles System" wirksam wurde, das das Selbstverhältnis der Subjekte durch eine Fülle strategischer Selbstführungstechnologien neu definierte, desto mehr differenzierten sich die medialen Arenen und kommunikativen Settings aus, in denen es wirksam werden konnte. Die Bandbreite reicht(e) dabei von der therapeutischen Praxis zur Selbsthilfegruppe, von der Selbsthilfe-Cassette zur Talkshow, vom Internet-Blog zur mobilen Self-help-App.[83] Ein vorläufiger Höhe- und Endpunkt dieser Entwicklung dürfte mit der 2007 von den US-Journalisten Gary Wolf und Kevin Kelly ins Leben gerufenen ‚Quantified Self'-Bewegung erreicht sein, die sich ausdrücklich als Versuch einer „kollektiven Optimierung menschlichen Verhaltens" versteht:[84]

> In 2007 we began looking at some new practices that seemed, loosely, to belong together: life logging, personal genomics, location tracking, biometrics. These new tools were being developed for many different reasons, but all of them had something in common: they added a computational dimension to ordinary existence. Some of this was coming from "outside," as marketers and planners tried to find new ways to understand and influence us. But some of it was coming from "inside" as our friends and acquaintances tried to learn new things about themselves. We saw a parallel to the way computers, originally developed to serve military and corporate requirements, became a tool of communication. Could something similar happen with personal data? We hoped so.[85]

82 Ebd., S. 30.

83 Bei der Unterscheidung einer formellen bzw. informellen Reichweite des therapeutischen Diskurses folgen wir Eva Illouz, die diesen „zugleich als ein formales und spezialisiertes Wissenskorpus und als ein kulturelles Bezugssystem" deutet, „an dem sich unsere Selbstwahrnehmungen und die Vorstellungen, die wir uns von anderen machen, ausrichten und das darüber hinaus bestimmte emotionale Praktiken hervorbringt." (Illouz: *Die Errettung der modernen Seele*, S. 25–28.)

84 Vgl. hierzu auch Jan Willmroth: Regieraum des Lebens. http://www.sueddeutsche.de/digital/quantified-self-regieraum-des-lebens-1.2058004 (Zugriff am 09.07.2015).

85 Gary Wolf: What is The Quantified Self?, 03.03.2011. http://quantifiedself.com/2011/03/what-is-the-quantified-self/ (Zugriff am 10.07.2015).

Mit Hilfe digitaler *gadgets* – mit Armbändern und Uhren, die jede Bewegung aufzeichnen oder mit Sensoren, die Körperfunktionen wie Stresslevels und Blutdruck erfassen – werden umfassende Datensätze erhoben, die es dem Einzelnen ermöglichen, „seinen Alltag besser zu strukturieren und gesünder zu leben."[86] Im Zuge der fortschreitenden Digitalisierung und Technisierung der Lebenswelt tritt damit auch das Beratungshandeln in eine neue Phase ein, indem die auf Selbstoptimierung abstellenden Medien des Rates unmittelbar in Praktiken körperlicher Zurichtung und Kontrolle überführt, ja buchstäblich inkorporiert werden.[87] Die konstitutive Verschränkung von Herrschaftstechnologien und Praktiken biotechnologischer Selbstführung ist evident, nutzen doch zahlreiche Firmen wie etwa der Ölkonzern BP Tracking-Geräte, um das Verhalten ihrer Mitarbeiterinnen und Mitarbeiter effizienter zu gestalten.[88] Diese neuartigen „Strukturen des Selbstverhältnisses" lassen sich demnach als „Effekte von Daten-Machtstrukturen" deuten, die „das Subjekt steuern", in denen sich Subjekte zugleich „aber auch selbst produzieren und führen".[89] Zudem verbinden sich mit der ‚Quantified-Self'-Bewegung nahezu existenzielle Hoffnungen. Leistung und Erfolg, Gesundheit und Glück werden als Effekt einer passgenauen Erhebung und Auswertung somatischer wie neurotechnologischer Daten ausgegeben, wodurch das Phantasma einer optimalen Steuerung menschlichen Verhaltens nochmals befeuert wird.[90] Zugleich spornen die ermittelten Daten – etwa die Anzahl der zurückgelegten Schritte pro Tag – zu

86 Die ‚Quantified Self'-Bewegung hat sich inzwischen zu einem globalen Netzwerk entwickelt, zu dem neben Anwendern auch App-Entwickler und Programmierer sowie Megakonzerne wie Apple oder Nike gehören. Die Bewegung ist mithin ein äußerst lukrativer Absatzmarkt geworden: 2018 – so schätzen US-Marktforscher – wird das weltweite Marktvolumen der so bezeichneten Wearable Technologies auf rund 60 Milliarden US-Dollar zu beziffern sein (siehe Wilmroth: Regieraum des Lebens).

87 Vgl. zum Konnex von Selbstoptimierungsimperativen und neurotechnologischen Zugriffsmöglichkeiten auf das Subjekt ausführlich Oliver Müller: *Zwischen Mensch und Maschine. Vom Glück und Unglück des Homo faber.* Berlin: Suhrkamp 2010.

88 Siehe Willmroth: Regieraum des Lebens.

89 Siehe hierzu ausführlich Hannelore Bublitz: Vermessung und Modi der Sichtbarmachung des Subjekts in Medien-Datenlandschaften. In: *Nebulosa. Zeitschrift für Sichtbarkeit und Sozialität* 4 (2013), S. 21–32, hier S. 26.

90 Alina Schadwinkel: Quantified Self: Die 10.000 Fragezeichen. http://www.zeit.de/wissen/gesundheit/2015-04/quantified-self-fitness-gesundheit-wissenschaft (Zugriff am 10.07.2015).

weiteren Anstrengungen an, indem sie ihren Anwenderinnen und Anwendern stets vor Augen führen, wie viel noch zu leisten ist, um das Tagesoptimum zu erreichen.

Angesichts einer solchen Entwicklung erstaunt es nicht, dass das für westliche Leitungs- und Konsumgesellschaften des 20. Jahrhunderts charakteristische Anspruchsprofil einer unausgesetzten Selbstoptimierung, das den privaten wie den öffentlichen Raum durchdringt, seine Schattenseiten zeigt:

> Die Arbeitsabläufe, die Motivation, der Lebenslauf: Alles muss besser, schneller, effizienter werden. Der Drang zur Nutzenmaximierung ist überall zu spüren. […] Der Aufruf zur Selbstoptimierung findet sich an jeder Ecke. Ratgeber suggerieren uns: Wenn wir nur regelmäßig unseren Schreibtisch aufräumen, unsere Aufgaben priorisieren, uns zur besseren, schnelleren Leistung motivieren und uns Pausen gönnen, dann schaffen wir das alles schon. Wer dem Druck nicht standhält, muss an sich arbeiten. Oder ist eben ein Verlierer.[91]

Diese kritischen Einschätzungen legen nahe, dass veränderte Arbeitsbedingungen und damit korrespondierende Techniken der Selbstkontrolle zusehends als problematisch, ja als potentiell pathologisch wahrgenommen werden: Nicht mehr ein allzu angepasst-standardisierter Alltag, sondern einer, der dem Einzelnen den Willen zu permanenter Flexibilisierung und Optimierung abverlangt, wird als krankmachend eingestuft.[92]

Im zweiten Band der Reihe ‚Glück und Erfolg im 20. Jahrhundert' soll daher unmittelbar an die Frage angeknüpft werden, inwiefern individuelle Dispositionen und phantasmatische Anspruchshaltungen, aber auch die veränderten Anforderungen in der Arbeitswelt in der zweiten Hälfte des 20. Jahrhunderts eine Spirale der Selbstüberforderung in Gang setzten, die – etwa im Fall von Burnout – als Krankheitsgrund identifiziert werden kann. Stress, Depression und Burnout lassen sich als pathologische emotionale Dispositionen und Verhaltensformen beschreiben, die nicht nur Aufschluss geben

91 Siehe dazu ausführlich Nicole Thurn: Wir optimieren uns kaputt. In: *Kurier*, 08.06.2015. http://kurier.at/karrieren/berufsleben/wir-optimieren-uns-kaputt-schneller-besser-mitarbeiter-sind-zunehmend-unter-druck-und-gestresst-anforderungen-von-aussen-und-die-inneren-ansprueche-fuehren-dazu-optimierung-kann-ein-segen-sein-und-auch-fluch/134.922.887 (Zugriff am 10.07.2015).

92 Siehe zu einer kritischen Perspektivierung von Arbeitsverhältnissen im postfordistischen Zeitalter ausführlich Lutz Eichler: *System und Selbst. Arbeit und Subjektivität im Zeitalter ihrer strategischen Anerkennung*. Bielefeld: Transcript 2013, hier bes. S. 9–10.

über die Gründe des Scheiterns von Glücks- und Erfolgsprojekten, sondern die vor allem durch ein entsprechendes Angebot an Ratgebern bearbeitbar gemacht werden sollen. Pathologien von Glück und Erfolg sind somit konstitutiv auf ein in Ratgebern zirkulierendes Wissen zu ihrer Einhegung angewiesen. Die Konjunktur der Self-Help-Apps, der Life-Style-Blogs und der publizierten Selbstanleitungen zu einem gelingenden und erfolgreichen Leben wird auch künftig anhalten.

# Glück durch dich Selbst

## Subjektivierungsformen in der Ratgeberliteratur der 1920er–1940er Jahre

Stefanie Duttweiler

> Angenommen, es erschiene eines Tages ein Inserat mit der Ankündigung, dass um 4 Uhr nachmittags ein Aeroplan über den Tiergarten fliegen und während seines Fluges einen Sack Gold herabfallen lassen werde, würden sich dort wahrscheinlich mindestens 300 000 Personen ansammeln. Nun wie groß sind die Chancen für jede einzelne Person, den Sack Gold auch wirklich zu erhaschen? [...] Ich will damit sagen, dass das Glück nicht wahllos zu den Menschen kommt. Es genügt nicht allein, dass man es herbeiwünscht, erhofft und erträumt. Die Göttin des Glücks ist nicht blind wie die Göttin der Gerechtigkeit. Sie sucht ihre Lieblinge. Sie verteilt Preise an alle, die richtig erfassen und verstehen, was Glück heißt.[1]

Mit diesen Worten beginnt Herbert N. Casson seinen Erfolgsratgeber *Glück durch dich selbst* und ist selbst das beste Beispiel seiner Botschaft. Aus einfachen Verhältnissen in Kanada kommend begann er seine Karriere als Journalist in New York mit Interviews bedeutender erfolgreicher Männer seiner Zeit. Nach dem Ersten Weltkrieg gründete er die Zeitschrift *Efficiency* und als er 1951 im Alter von 82 Jahren starb, hatte er 168 Bücher zu den Themen Effizienz, Erfolg und Glück verfasst. Ähnlich lesen sich die Geschichten anderer *selfmade men* wie Dale Carnegie, Napoleon Hill, Gustav Großmann, Heinrich Helmel, Oscar Schellbach, Orison Swatt Marden oder Uve Jens

1 Herbert N. Casson: *Glück durch dich selbst (13 Tips on Luck)*. Berlin: Singer 1928, S. 7. Die englische Originalausgabe *13 Tips on Luck* von 1927 erwies sich als einer von Cassons Bestsellern.

Kruse. Aus der Überwindung einer persönlichen, gesundheitlichen oder beruflichen Krise schöpften sie, so wollen ihre Hagiographien Glauben machen, jene Erfahrung und Berechtigung zu umfassender Lebenshilfe, die sie zu Bestsellerautoren werden ließen.[2] Ihre Bücher zielen auf beruflichen Erfolg[3] und die Schulung des Willens, sie lehren Menschenkenntnis, Graphologie und Charakterkunde, Frohsinn bei der Arbeit oder das Glück durch sich selbst und sind Teil eines Diskurses der allgemeinen Lebens- und Selbstverbesserung. Die Zwischenkriegszeit, in der dieser Diskurs und seine Medien eine ihrer Blütezeiten erlebten, war geprägt von verzweifelter Unsicherheit, Orientierungslosigkeit und dem Wegfall stabiler Außenhalte der Konvention. Entscheidend mitverantwortlich für diese existentielle Verunsicherung waren die Erfahrungen des Ersten Weltkrieges mit seinen Materialschlachten und neuen Waffensystemen, wie etwa dem Maschinengewehr, und dem damit ausgelösten „Gefühl, dass individueller Mut, individuelle Tapferkeit und individuelle Intelligenz nicht einmal mehr die Überlebenschance der Soldaten verbesserten“[4] sowie die Implosion aller ständischen Hierarchien, die die bis dahin garantierte Formen von Autorität auflösten.[5] Dieser Entwertung des Subjekts und seiner Erfahrungen, die Herauslösung aus Traditionen und Konventionen und die grassierende Angst vor Ermüdung[6] und Willensschwäche wurde die umfassende Stärkung des Subjekts,

2 Im Unterschied zu den Erfolgen heutiger Ratgeber nehmen sich die Auflagen der Bestseller in den 1920er Jahren bescheiden aus: 30–40.000 Exemplare bei Uve Jens Kruse, 100–150.000 Exemplare bei Großmanns Buch *Sich selbst rationalisieren.*

3 Der Rat zum Erfolg wurde nicht selten in einzelne Themenbereiche aufgeteilt wie zielbewusstes Arbeiten, das logische Denken, Bewerbungen, Weiterbildung, Verhandlungsführung, Grundlagen der Organisation, Grundzüge der Werbepsychologie oder Briefe schreiben.

4 Hans Ulrich Gumbrecht: *1926. Ein Jahr am Rand der Zeit.* Frankfurt am Main: Suhrkamp 2001, S. 267.

5 Ebd., S. 267.

6 Das Problem der Ermüdung wurde schon um 1890 epidemisch und implizierte die Angst, dass sich Geist und Körper unter der Belastung der Moderne auflösen könnten und dass der Wille, die Einbildungskraft und die Gesundheit der Nation in verantwortungsloser Nichtachtung der physiologischen Gesetze des Körpers vergeudet wurden. Siehe Anson Rabinbach: *Motor Mensch. Kraft, Ermüdung und die Ursprünge der Moderne.* Wien: Turia + Kant 2001, S. 16–17. „Die Begriffe von Kraft und Ermüdung reflektierten dabei das Paradox dieser gesellschaftlichen Moderne, die zugleich die endlose Naturkraft, die dem menschlichen Zweck verfügbar ist, bejahte, während sie eine Grenzangst enthüllte: die Angst, dass der Körper und die Psyche durch Ermüdung eingeschränkt waren und darum den Forderungen der Moderne nicht Widerstand leisten konnten.“ (Ebd., S. 23–24.)

seine Kräftigung und Professionalisierung entgegengestellt. Zentrale Begriffe der zeitgenössischen Ratgeber waren dementsprechend Glück und Erfolg, Kraft und Tat,[7] Wille und Selbstbemeisterung. Adressaten dieser Lebenshilferatgeber waren zum Teil spezifische Gruppen wie Lehrlinge oder junge Frauen, in der Regel jedoch schlicht ‚alle':

> Jeder, aber auch jeder, ob jung oder alt, ob reich oder arm, hat es zu einem gewissen Grade in der Hand, sein Leben, seine wirtschaftlichen und gesundheitlichen Verhältnisse zu bessern, zu erneuern, erfolgreicher zu gestalten, wenn er bemüht ist, seine Möglichkeiten und Fähigkeiten zu schulen, Leib und Geist gesünder und willenstüchtiger zu machen.[8]

Schaut man sich diese Bücher allerdings genauer an, scheinen sie implizit vor allem Männer zu adressieren.[9]
Die institutionalisierten Plätze dieses Diskurses sind die Position des Beraters, des Autors, des Vortragsreisenden oder des Lehrmeisters, ihre Medien und Orte sind entsprechend vielfältig und bilden Medienverbünde: Das Buch verknüpft sich mit Kolumnen in sämtlichen zeitgenössischen Massenmedien, mit Vortrag und Seminar, Ferien-[10] und Fernkursen,[11] mit regelmäßiger brieflicher Korrespondenz mit Lesern sowie der Gründung von Instituten,[12] Vereinen[13] und

7 Gumbrecht hebt die besondere Konnotation der Tat in den 1920er Jahren hervor: „Von Taten sprach man, wenn Handlungen nicht nach dem bewertet wurden, was sie bewirken sollten und vielleicht bewirkten, sondern nach ihrer Zugehörigkeit zu einer Konzeption der Existenz, die sich im Widerstand gegen alles Uneigentliche bewährte. Mit anderen Worten: Der Begriff der Tat war Teil einer Ästhetik der Existenz, wie sie sich unter dem Vorzeichen des ‚tragischen Lebensgefühls' abzeichnete." (Gumbrecht: *1926*, S. 270.)

8 Heinrich Helmel: *Kraft und Tat. Wegweiser zu Wille – Gesundheit – Kraft.* Passau: Wegbereiter 1928, S. 7.

9 Zur geschlechtsspezifischen Adressierung siehe den Beitrag von Astrid Ackermann in diesem Band.

10 Werbung für Vorträge, Beratung, Kurse und Ferienkurse in Passau von Heinrich Helmel in ders.: *Kraft und Tat*, S. 160.

11 So hat beispielsweise Emile Coué einen Fernkurs zu 20 Lektionen bei einem Lehrer in New York absolviert, der der Neugeistbewegung nahestand.

12 Nach dem überwältigenden Erfolg seines Buches *How to Win Friends and Influence People* (1936) wurde Dale Carnegie nicht nur mitten in der Weltwirtschaftskrise zum Millionär, er gründete auch sein eigenes Institut; ehemalige Absolventen bildete er zu Kursleitern aus, die sein Programm in den gesamten USA, bald aber auch international unterrichteten. Siehe Giles Kemp / Edward Claflin: *Dale Carnegie. The Man Who Influenced Millions.* New York: St. Martin's 1989.

13 Aufgrund der großen Zahl der Lizenznehmer richtete Gustav Großmann in allen großen Städten im deutschen Sprachraum Gilden ein: Hier „trafen sich die

Gesellschaften. Diese Medien und Medienverbünde organisieren die Ratgeberkommunikation[14] ebenso wie die spezifischen Bedingungen von Markt und Konkurrenz.[15]

Dieser Aufsatz konzentriert sich auf Ratgeberkommunikation im Medium des Buches, mithin auf ein Genre, dem sich die Sozialwissenschaften erst zögerlich zuwenden.[16] Das ist erstaunlich, denn die Ratgeber machen kulturelle Wissensbestände und soziale Normen explizit, verdichten Vorstellungen über den Menschen und seine Möglichkeiten, die verhandelt und legitimiert werden. Vor allem werden Normen und Wissen hier in alltagsorganisierende Techniken überführt und so für die individuelle Lebensführung konkretisiert. Neben der Verhandlung, Vermittlung und Konkretisierung von Wissen und Normen stellen Ratgeber nicht zuletzt Verfahren bereit, mit denen die Einzelnen in die Lage versetzt werden, ihre Individualität auf neue Weise zu explizieren, neue Wünsche zu kreieren, neue Fähigkeiten zu entdecken und auszubilden. Lebenshilferatgeber,

Ausgewählten, die Schüler, die – nach einer Art brieflicher Aufnahmeprüfung – für reif befunden waren, eine Lizenz zu erwerben. An die 17 000 Schüler sollen es insgesamt gewesen sein, meinte Gustav Grossmann gegen Ende seines Lebens." (Thomas Steinfeld: Pionier der Selbstoptimierung. In: *Süddeutsche Zeitung Magazin* 2 (2012). http://sz-magazin.sueddeutsche.de/texte/anzeigen/36861/ (Zugriff am 19.08.2013). Großmann-Anhänger waren nicht allein mit dem Bestreben zur Versammlung, auch „tatfrohe Leser" des Buches *Psychogymnastik* (Ernst Rothe: *Psychogymnastik*. 8. Auflage. Berlin-Schöneberg: Max Hesses Verlag 1929) „schlossen sich zusammen, gründeten einen Verein, die ‚Gesellschaft für Psychogymnastik'", wie der Verfasser im Vorwort zur 7. Auflage stolz hervorhob.

14 Zu den medienspezifischen Bedingungen und Effekten der Ratgeberkommunikation vgl. Peter-Paul Bänziger / Stefanie Duttweiler / Philip Sarasin / Annika Wellmann (Hrsg.): *Fragen Sie Dr. Sex! Ratgeberkommunikation und die mediale Konstruktion des Sexuellen*. Frankfurt am Main: Suhrkamp 2010.

15 Der Ratgeberautor muss sich mithin ebenso am Markt gegen Konkurrenz behaupten wie die Subjekte, die er adressiert. Dies geschieht nicht zuletzt durch den Versuch, eine persönliche Bindung zwischen Autor und Leser herzustellen sowie sich selbst zu einer wiedererkennbaren Marke zu formatieren. Wie für jedes Genre gilt aber auch für die Ratgeberliteratur, dass es Klassiker produziert, die „außer Konkurrenz sind und durch ihre Klassizität das Konkurrenzgerangel in den Schatten stellen" (Rudolf Helmstetter: Wenn ich Ihnen einen guten Rat geben darf. Experten für erfolgreiches Leben im falschen. In: *Merkur* 66,9/10 (2012): Macht und Ohnmacht der Experten, S. 957–970, hier S. 963).

16 Die Literatur bis 2006 habe ich aufgearbeitet in Stefanie Duttweiler: *Sein Glück machen. Arbeit am Glück als neoliberale Regierungstechnologie*. Konstanz: UVK 2007. Zur aktuellen Diskussion vgl. die Beiträge in *Non Fiktion. Arsenal der anderen Gattungen* 1,2 (2012): Ratgeber.

so habe ich an anderer Stelle ausführlicher dargelegt, erweisen sich mithin als Medien der Subjektivierung. Subjektivierung wird dabei mit Michel Foucault als derjenige Prozess verstanden, in dem sich Macht- und Wissensformationen mit den Praktiken des Selbstbezugs der Einzelnen verschränken. In seinem Spätwerk betont Foucault dabei vor allem den Aspekt der Selbstbestimmung und fragt, „wie sich das Subjekt in der einen oder anderen determinierten Form durch eine gewisse Menge von Praktiken, die Wahrheitsspiele, Machtpraktiken usw. sind, selbst konstituiert".[17] Diese *Selbst*konstitution des Subjekts ist wesentliches Element des Prozesses der Subjektivierung – er stellt keine einfache Internalisierung äußerer Zwänge dar, sondern vollzieht sich im Zusammenspiel von Verstehensformeln, Zurichtungsstrategien und den Weisen des Selbstbezugs. Dabei ist entscheidend: Alle drei Modi der Einwirkung auf das Subjekt werden dann und nur dann wirksam, wenn sie dem Subjekt nicht äußerlich bleiben. Macht muss in und durch die Einzelnen hindurchgehen und Wissen muss die Wahrheit des Selbst betreffen respektive gestalten und von diesem als solche anerkannt werden, sonst kommen Macht und Wissen nicht zu Wirklichkeit und Wirkung.

Ratgeberliteratur trägt dazu bei, die Wahrheit der Subjekte zu gestalten, ihren Selbstbezug zu modifizieren und generiert Machtwirkungen, kurz: Sie trägt dazu bei, Menschen zu Subjekten zu machen und eine historisch je bestimmte Form des Subjekts zu formieren.[18] Denn es gibt „keine universelle Form des Subjekts, die man überall wiederfinden könnte,"[19] das empirisch vielfältige Subjekt ist eine Form, die im historischen Prozess nicht mit sich identisch bleibt, sie entfaltet sich vielmehr in den historisch je spezifischen Weisen des Selbstbezugs. Anders gesagt: Die Form des Subjekts ist ein Effekt historisch und kulturell spezifischer Prozesse der Subjektivierung, in denen sich Wissensformen, Machtpraktiken und die Weisen, sich selbst zu konstituieren, verschränken.

17 Michel Foucault: *Freiheit und Selbstsorge. Interview 1984 und Vorlesung 1982*, hrsg. v. Helmut Becker et al. Frankfurt am Main: Materialis 1985, S. 18.

18 Stefanie Duttweiler: Vom Treppensteigen, Lippennachziehen und anderen alltäglichen Praktiken der Subjektivierung. In: Thomas Alkemeyer / Andreas Gelhard / Norbert Ricken (Hrsg.): *Techniken der Subjektivierung*. München: Fink 2013, S. 247–258.

19 Foucault: *Freiheit und Selbstsorge*, S. 137–138.

Der Aufsatz möchte diese These explizieren und dabei in einem ersten Schritt die Akzeptabilitätsbedingungen der spezifischen Form der Ratgeberkommunikation im Medium des Buches darlegen und deren Effekte auf die Form der Subjektivierung aufzeigen. In einem zweiten Schritt werde ich eine Typologie populärer Ratgeber der 1920er Jahren vorschlagen und die verschiedenen Formen der Subjektivierung aufzeigen, die darin nahegelegt werden. Abschließend werden die Ergebnisse im Hinblick auf den Prozess der Subjektivierung und die Form des Subjekts gebündelt.

## Akzeptabilitätsbedingungen, Lesemotivationen und Effekte

Erkundet man die Akzeptabilitätsbedingungen des Wissens und der Techniken, die in Ratgebern vorgestellt werden, gilt es zunächst, die Konstellation von Macht, Wissen und Selbstbeziehung zu beschreiben, die sich durch die spezifische Form der Kommunikation – die der Beratung – ergibt. Denn Ratgeberkommunikation ist geprägt durch das soziale und temporale Auseinandertreten von Rat und Tat:[20] Einer gibt Rat, ein anderer erhält ihn. Dabei ist es demjenigen, der erbeten oder ungebeten einen Rat erhält, freigestellt, eine Tat folgen zu lassen, denn Beratungskommunikation beruht im Unterschied zu Zwang, Nötigung und Kontrolle auf Freiwilligkeit, Veränderungsbereitschaft und Selbstbestimmung der Ratsuchenden.[21] Damit ergibt sich eine spezifische Adressierung der Lesenden: Vorausgesetzt wird ein vernunftbegabtes, wollendes, zur Selbstmodifikation fähiges Individuum, das nicht vollständig determiniert ist und über sich und seine Handlungen selbst entscheiden kann. Vorausgesetzt ist aber auch eine Welt, die sich durch willentliche Handlungen verändern lässt.

> Dass etwas gewollt ist, hinter einer Handlung ein Wille steckt, etwas durch jemand, der wollen kann, entschieden wird, das sind konventionelle Ausdrücke

20 Diesen Gedanken entfalten ausführlich Peter Fuchs / Enrico Mahler: Form und Funktion von Beratung. In: *Soziale Systeme* 6 (2000), S. 349–368.

21 Näher ausgeführt findet sich dies in Stefanie Duttweiler: Beratung als Ort neoliberaler Subjektivierung. In: Roland Anhorn / Frank Bettinger / Johannes Stehr (Hrsg.): *Foucaults Machtanalytik und Soziale Arbeit. Eine kritische Einführung und Bestandsaufnahme*. Wiesbaden: VS 2007, S. 261–276.

> dafür, dass sich in der Welt Determinationslücken finden, in die hinein Beratene entscheiden können, wofür sie dann Freiheit und Willen benötigen.[22]

Diese diskursive Herstellung von „Determinationslücken" erlaubt die Hoffnung auf Veränderungen aktueller krisenhafter Situationen durch gezielte Interventionen. Kurz: Beratung setzt strukturell auf die Einwirkbarkeit der Welt und der Einzelnen, die zur Selbstveränderung genutzt werden können. Indem die Ratsuchenden als selbstbestimmt handelnde Subjekte adressiert und auf diese Position verpflichtet werden, errichtet, so hat es der Systemtheoretiker Peter Fuchs zugespitzt, die Form der Beratung einen „paradoxen Zwang zur Freiheit".[23] Die Form der Beratung wirkt mithin performativ: Indem Beratung Willen und Selbstbestimmung notwendig voraussetzt und sie zugleich als Resultate von Beratungskommunikation avisiert, arbeitet sie der Herstellung eines selbstbestimmten, eigenmächtigen Subjekts zu.

Die spezifische Eigenlogik des Mediums Buch forciert diese Tendenz zur Selbstbestimmung.[24] Die Beschäftigung mit dem Gelesenen erfolgt freiwillig und selbstbestimmt: Man kann wählen, was und wie man liest und wie man mit den Büchern und deren Ratschlägen umgeht. An die Stelle eines ‚learning by doing' und ‚learning by hearing' tritt das ‚learning by reading' mit folgenreichen Konsequenzen: „[K]onkretes Agieren wird in symbolisches Agieren überführt; Lernprozesse werden entkontextualisiert und abstrakt"[25] und die persönliche Adressierung einer face-to-face-Beratung oder eines Lehrgespräches geschieht nun vermittelt über Einsicht in die Wahrheit und Nützlichkeit der Ratschläge. Während im Bereich der Mündlichkeit Glaubwürdigkeit, Verbindlichkeit und Bedeutsamkeit des Gesagten von Geschlecht, Alter, sozialem Status oder der ‚Persönlichkeit' des ‚Subjekts, dem Wissen unterstellt wird'[26] abhängig sind, entfällt

22 Peter Fuchs: Die magische Welt der Beratung. In: Rainer Schützeichel / Thomas Brüsemeister (Hrsg.): *Die beratene Gesellschaft. Zur gesellschaftlichen Bedeutung von Beratung.* Wiesbaden: VS 2004, S. 239–258, hier S. 246.

23 Ebd., S. 245.

24 Die medialen Bedingungen des Medienformates Buch habe ich in meiner Arbeit über aktuelle Glücksratgeber ausführlich dargestellt: Duttweiler: *Sein Glück machen.*

25 Alfred Messerli: Zur Geschichte der Medien des Rates. In: Bänziger / Duttweiler / Sarasin / Wellmann (Hrsg.): *Fragen Sie Dr. Sex!*, S. 30–57, hier S. 34.

26 Jacques Lacan: *Das Seminar. Buch XI. Die vier Grundbegriffe der Psychoanalyse.* Weinheim / Berlin: Quadriga 1987, S. 245.

dies in der schriftlichen Kommunikation.[27] Daraus ergibt sich für die Leserinnen und Leser eine spezifische Freiheit: Sie können dem Ratgeber und seinen Wissens- und Technikangeboten vertrauen – müssen es aber nicht. Die Form der Beratung und die Eigenlogik des Buches ermöglichen es, Vertrauen mit Misstrauen selbstbestimmt zu kombinieren und so Vertrauen zu dosieren.[28]

Für die Autoren ergibt sich daraus die Notwendigkeit, ihre Expertise schriftlich zu legitimieren und zu inszenieren. Die hier vorgestellten Ratgeberautoren tun dies durch das Anschlagen eines autoritativen Tons, den Gestus der Belehrung und durch den Hinweis auf ihren eigenen beruflichen Erfolg. In einigen Büchern wird die fehlende persönliche Beglaubigung des Wissens durch eine Fotografie und/oder die Unterschrift des Autors im Vorwort ausgeglichen und durch Strategien „inszenierter Mündlichkeit"[29] kompensiert: So sprechen einige Autoren ihre Leserinnen und Leser mit einem vertraulichen ‚Du' an oder greifen zur pathetischer Adressierung: „Darum, mein Freund, Bruder Mensch, wach auf, denke nach: Bekenne dich bei Zeiten zur Kunst am Leben, ehe es zu spät ist."[30] Mit diesen rhetorischen Strategien der Dramatisierung, Moralisierung und Intimisierung versuchen die Ratgeber, die unverbindliche Beziehung zwischen Leser und Autor zu festigen.

Ihre Expertise in allen Belangen der Lebensführung beglaubigen die Autoren vor allem durch den souveränen Aufruf verschiedener Wissensformen wie wissenschaftliches Wissen, Erfahrungs- und Weisheitswissen. Die Wissensbestände selbst sind nicht selten alltäglich

27 Im Unterschied zu heutigen Büchern gibt es in den gebundenen Exemplaren der 1920er Jahren keine Klappentexte, so dass selten weitere Informationen über den Autor in einem Buch zu finden sind. Es ist jedoch zu vermuten, dass die erfolgreichsten unter ihnen durch ihre ausgedehnten Vortragsreisen und Korrespondenzen einem breiten Publikum bekannt waren.

28 Ich habe diese Option des ‚bedingten Vertrauens' im Hinblick auf Internet- und Zwangsberatung ausgeführt in Stefanie Duttweiler: Vertrauen – Überlegungen zu einer sozialpädagogischen Kategorie. In: Bettina Grubenmann / Jürgen Oelkers (Hrsg.): *Das Soziale in der Pädagogik*. Bad Heilbrunn: Klinkhardt 2009, S. 97–113.

29 Messerli: Medien des Rates, S. 32. So ist beispielsweise im 1948 erschienenen Buch von Gustav Großmann *Lebenstage in Glückstage verwandeln* gänzlich in Form eines Gesprächs zwischen dem Autor und einem Skeptiker gehalten. Siehe Gustav Großmann: *Lebenstage in Glückstage verwandeln! Wie? Eine Einführung in das Zeitplanen und das Arbeiten mit dem Glückstagebuch*. Bern: Hug 1948.

30 Helmel: *Kraft und Tat*, S. 45.

und banal, was jedoch wahrscheinlich eher zu deren Akzeptanz als zu deren Abwehr beiträgt. Denn man kann nicht davon ausgehen, Leser suchten in der Ratgeberliteratur vor allem neue Informationen. Mindestens ebenso konsumentscheidend sind die wohltuenden Wirkungen, mit einem Problem nicht alleine gelassen zu werden, das Gefühl, aktiv etwas gegen das bestehende Problem zu tun sowie die (nachträgliche) Selbstvergewisserung.

> Die Ratgebertexte jedoch stellen, so wäre zu vermuten, Argumentationen und Begründungen bereit, um innerhalb dieser je zeittypisch gegebenen Kontexte die getroffenen Alltagsentscheidungen diskursiv abzusichern, vielleicht sogar zu rechtfertigen.[31]

Ratgebern, so ein Ergebnis einer aktuellen kulturwissenschaftlichen Nutzerbefragung, komme darüber hinaus eine „Amulettfunktion" zu: Man hat etwas zur Hand, wenn man es braucht.

> Dies ist ein beruhigendes Gefühl – noch besser ist es jedoch, wenn der Fall nie eintritt. Auch unbenutzte Dinge können also ihren Nutzen haben, nämlich den, ein Gefühl des Schutzes und des Gewappnetseins für den Fall des Falles bereitzuhalten – ähnlich einer Notfallapotheke oder einer Versicherung.[32]

Doch neben den Versicherungs- und Vergewisserungsmotiven werden Ratgeber auch schlicht als Unterhaltung konsumiert, bieten sie doch durch die vielen Beispiele gute Geschichten. Entscheidender dürfte allerdings ein anderes Moment sein: Wie alle Konsumgüter[33] eröffnen Lebenshilferatgeber mit ihren Versprechungen auf umfassende Selbstveränderung Möglichkeitshorizonte, bieten Traumvorlagen und Gelegenheiten, in der Fantasie mit Neuem zu experimentieren, indem sie attraktive Modelle liefern, sich selbst als eine andere – glücklichere, erfolgreichere, redegewandtere, kräftigere oder willensstärkere – Person zu imaginieren. Dieser Effekt ist nicht zu unterschätzen, verwirklichen sich doch so schon im ‚Akt

31 Timo Heimerdinger: Brust oder Flasche? – Säuglingsernährung und die Rolle von Beratungsmedien. In: Michael Simon / Thomas Hengartner / Timo Heimerdinger / Anne-Christin Lux (Hrsg.): *Bilder. Bücher. Bytes. Zur Medialität des Alltags.* Münster: Waxmann 2009, S. 100–110, hier S. 105.

32 Timo Heimerdinger: Wem nützen Ratgeber? Zur alltagskulturellen Dimension einer populären Buchgattung. In: *Non Fiktion* 1,2 (2012), S. 37–48, hier S. 47.

33 Wolfgang Ullrich: *Habenwollen. Wie funktioniert die Konsumkultur?* Frankfurt am Main: Fischer 2012.

des Lesens' (Iser) ein Teil der versprochenen Effekte.[34] Die Frage, ob Leserinnen und Leser von Ratgeberliteratur dem vorgestellten Wissen Glauben schenken und die vorgeschlagenen Ratschläge und Techniken in ihrem Alltag umsetzen, übersieht somit möglicherweise *den* charakteristischen Effekt von Ratgeberliteratur: die imaginäre Auseinandersetzung mit dem Raum der Möglichkeiten. In der imaginären Auseinandersetzung mit den sozial vorgegebenen Modellen eines besseren Ichs vollzieht sich zugleich eine Auseinandersetzung mit dem Raum gesellschaftlich akzeptierter Normen und Werte. Möglicherweise sind die Wirkungen der Ratgeberlektüre also weniger in konkreten Verhaltensänderungen[35] zu suchen als in der Weitung des Möglichkeitshorizontes, dem Begehren nach Selbstveränderung, in der Auseinandersetzung mit gesellschaftlichen Werten und deren individueller Adaption sowie in Beruhigung und Trost. Das Lesen von Ratgeberliteratur generiert somit nur bedingt einen lebenspraktischen Effekt, viel entscheidender scheint ihr emotionaler und imaginativer Mehrwert zu sein.

Durch die Form der Beratung, die die Freiheit des Subjekts und die Einwirkbarkeit der Welt plausibilisiert und performativ herstellt, sowie durch die spezifischen Motive und die emotionalen und imaginativen Effekte ergeben sich die subjektivierenden Wirkungen der Ratgeberliteratur. Sie binden die Lesenden aktiv in den Diskurs der Selbstverbesserung ein und tragen dazu bei, sich im Rahmen des sozial vorgegebenen Möglichkeitshorizontes *selbst* zu konstituieren.

Auch wenn alle Ratgeber der 1920er Jahren[36] diese spezifischen Subjektivierungsbedingungen teilen, lassen sich deutliche Unterschiede im Stil, in der Gestaltung, den Wissensformen, den Adressierungen oder den vorgestellten Zielen und Mitteln der Bücher ausmachen. So lassen sich drei Typen von Ratgebern unterscheiden, die, so meine These, auch verschiedene Weisen der Subjektivierung anregen. Die im Folgenden vorgeschlagene Typologie beschreibt dabei keine historische Reihe, sondern hebt auf die je spezifischen Weisen der (männlichen) Subjektivierung ab.

34 Bei Diätratgebern fühlen sich Käuferinnen schon nach dem Kauf ein Kilo leichter, so die Beobachtung der Verlagsautorin Juliane Wagner des Campusverlages. Siehe Heimerdinger: Ratgeber, S. 45, Anm. 19.

35 Im kleinen Sample von Heimerdinger zeigte sich, dass vor allem die konkreten Tipps (Aufräumen, Zeitmanagement) umgesetzt wurden. Siehe Heimerdinger: Ratgeber, S. 46.

36 Alle diese Bücher sind in den 1920er Jahren auf dem deutschen Buchmarkt, auch wenn einige schon früher verfasst wurden.

## Erbauungsliteratur. Oder: Subjektivierung im Modus der Selbsterziehung

Ich beginne mit den Büchern, die Selbsterziehung profilieren. Dazu zähle ich etwa das Buch des Berner Professors für Neuropathologie Dr. Paul Dubois, *Selbsterziehung,* oder des Neugeist-Autors Orison Swett Marden, *Das Geheimnis des Vollbringens*, die noch vor oder während des Ersten Weltkrieges entstanden und in den 1920ern Neuauflagen erfahren haben, sowie Herbert N. Cassons Buch *Glück durch dich selbst* oder den Weltbestseller von Dale Carnegie *Wie man Freunde gewinnt*, das 1937 auf Englisch und 1938 auf Deutsch erschienen ist. Wie schon in den Titeln anklingt, adressieren die Bücher verschiedene Ziele. So regen die Bücher von Paul Dubois und Orison Swett Marden zu einer umfassenden Selbsterziehung durch die Ausbildung von Tugenden an. Sie betonen den besonderen Wert von Duldsamkeit, Nachsicht, Demut, Geduld, Tapferkeit, Keuschheit, Aufrichtigkeit, Herzensgüte, Idealismus (Dubois) und Selbstbeherrschung, Ehrlichkeit, Mut, Entschlossenheit, Beharrlichkeit, Reinheit und das Führen einer guten Ehe (Marden). Ziel dieser Bücher ist eine Lebenskunst der ethischen Vervollkommnung und die Ausbildung einer sittlichen Persönlichkeit. Die Bücher von Herbert N. Casson und Dale Carnegie zielen dagegen stärker auf ökonomischen und sozialen Erfolg, die aber ebenfalls als Ergebnis einer veränderten Einstellung und der Orientierung an bestimmten Maximen verstanden werden. Was sie eint, ist zunächst einmal der emphatische Ton, ihre Stilmittel sind Pathos, Dramatisierung und Moralisierung.

> Es ist etwas Großes um das Leben! Am Morgen die Augen zu öffnen und hinaus in die Welt zu blicken, die reine Luft zu atmen, den Sonnenschein zu genießen, und sein ganzes Ich gehoben zu fühlen im Bewusstsein der Frische und Kraft, die in jedem Nerv pulsiert.[37]

Auch in ihrer grafischen Gestaltung ähneln sich die Bücher: Ihre Texte sind meist Fließtexte ohne Hervorhebungen, Diagramme, Fotos oder Zeichnungen. Hier wird ein geduldiger Leser vorausgesetzt und konzentriertes Lesen gefordert.

Dementsprechend ähneln sich auch die Plausibilisierungsstrategien der Texte. Neben der Geste der Behauptung ziehen diese Bücher

37 Orison Swett Marden: *Das Geheimnis des Vollbringens.* Stuttgart / Berlin: Kohlhammer o.J., S. 46–47.

ähnlich wie die religiöse Erbauungsliteratur[38] zur Beglaubigung ihres Wissens ausschließlich Metaphern, Anekdoten und Beispielgeschichten aus ihrem persönlichen Umfeld oder der Lebensgeschichte großer Männer (und selten großer Frauen)[39] oder aus der Weisheitsliteratur heran.[40] Sie versuchen zu überzeugen, indem sie appellieren, argumentieren, moralisieren, dramatisieren, motivieren und suggerieren. Einige formulieren knappe Zusammenfassungen in Gestalt von auch grafisch abgesetzten „Lebensregeln" oder „Winke" (Casson).

Spezifische Mittel, wie die umfassenden Verbesserungen herbeizuführen seien, werden in diesen Büchern nicht genannt; sie schlagen etwa – im deutlichen Unterschied zu den anderen Typen – keine Umsetzung in konkrete Techniken, Verfahren oder alltagsorganisierende Tipps vor. Diese Bücher setzen stattdessen vollständig auf die Vernunft der Lesenden, sich an ethischen Maximen und asketischen Praktiken zu orientieren. So ist Martin Fassbender in seinem Buch *Wollen – eine königliche Kunst* der Ansicht, dass eine Anleitung zur Selbsterziehung „im Modus der natürlichen Willensbildung und der christlichen Askese" zu geschehen habe. Die Ignatischen Exercitien etwa gelten als ein nützliches und notwendiges Mittel, um „ein Großer" zu werden.[41]

Um den Typ der Erbauungsliteratur pointierend zusammenzufassen: Der Ort ihrer Lektüre ist der Lesesessel, der konzentriertes, Erkenntnis produzierendes Lesen ermöglicht. Denn das Buch will durch neue Einsichten das Leben seiner Leser verändern und sie so zur Selbsterziehung anregen. Es wird dabei ein vernunftbegabtes, ethisches Subjekt entworfen und vorausgesetzt, das sich über Einsicht in die

38 Rosemarie Zeller: Erbauungsliteratur. In: *Historisches Lexikon der Schweiz*. http://www.hls-dhs-dss.ch/textes/d/D11510.php (Zugriff am 19.08.2013).

39 Zum Status der Beispielgeschichten siehe den Beitrag von Wim Peeters in diesem Band.

40 „Das Buch ist bei aller Wissenschaftlichkeit frisch, anschaulich und allgemein verständlich geschrieben und setzt wissenschaftliche Vorkenntnisse nicht voraus" (Werbung zu Richard Baerwald: *Der Mensch ist größer als das Schicksal*. Leipzig: Verlag der J. C. Heinrichschen Buchhandlung 1921). „Der Verfasser macht hier den Versuch, Grundsätze und Lebensregeln, die uns Altertum, Christentum und Volksweisheit hinterlassen haben, dadurch zu erweitern, zu modernisieren und wirksam zu gestalten, dass er sie mit den Ergebnissen der neueren Psychologie in Verbindung bringt" (ebd.).

41 Martin Fassbender: *Wollen eine königliche Kunst. Gedanken über Ziel und Methode der Willensbildung und Selbsterziehung*. Freiburg i. Br.: Herder 1920, S. 221.

Maximen des sittlichen Lebens selbst in Richtung Vervollkommnung erziehen kann. Wie dies zu tun ist, muss der Leser aus den vorgestellten Idealen und Idolen selbst ableiten. Das sich selbst erziehende Subjekt, das diese Erbauungsliteratur adressiert, ist somit frei in der persönlichen Ausgestaltung seines Lebens und zugleich gebunden an sittliche Normen.

### Trainingsliteratur. Oder: Subjektivierung im Modus der Selbstbemeisterung

Die Bücher der Trainingsliteratur verfolgen ein anderes Ziel – statt Vervollkommnung steht hier die allgemeine Kräftigung des Menschen im Zentrum. Dazu zählen beispielsweise der 1928 erschienene Ratgeber *Kraft und Tat. Wegweiser zu Wille, Gesundheit, Kraft* von Heinrich Helmel, der 1938 unter dem Titel *Der bejahende Mensch. Selbsterziehung zum zielbewussten lebensstarken sonnigen Vollmenschen*[42] neu aufgelegt wurde, die Willensschule von Jens Uve Kruse, die Lehrbriefe mit dem programmatischen Titel *Ich will!* zusammenfasst oder das *Stufenbuch des überlegenen Menschen* der Siemens-Verlagsgesellschaft: *Die Gesetze des Erfolgs*, dessen zweite Auflage 1932 erschienen ist.

Bei diesen Büchern fällt zunächst ihre Systematik in Form und Inhalt auf. Einige gliedern sich in einzelne Lektionen, andere sind als separate Lehrbriefe verfasst und werden in Schubern mit herausnehmbaren Einzelheften vertrieben. Im Zentrum stehen minutiös zu befolgende Übungsabfolgen, die jeweils mit einführenden Texten plausibilisiert werden. So spiegelt sich in der äußeren Gestaltung nicht nur der Anspruch auf Systematik wider, es wird auch das Ideal von Schule und Ausbildung mit ihren Elementen: Einstufung, Pensum, Prüfung und Versetzung und schließlich das Erreichen des Ausbildungszieles mit Zertifikat aufgerufen. Und wie im Schulunterricht der Zeit wird das Wissen regelrecht ‚eingebläut'. Dementsprechend plausibilisieren nicht Anekdoten und Beispiele das Vorgestellte, sondern die Gesten

42 Der Begriff des ‚Vollmenschen' ist in den 1920er Jahren durchaus gebräuchlich. So stellt beispielsweise der armlose Violinvirtuose Carl Hermann Unthan in seiner 1929 erschienenen Biographie *Das Pediskript. Aufzeichnungen aus dem Leben eines Armlosen mit 30 Bildern* den ‚Krüppel' dem ‚Vollmenschen' entgegen, wobei sich der Autor selbst in keiner Weise dem ‚Vollmenschen' unterlegen fühlt. Untahn 1929, S. 307, zit. n. Peter Sloterdijk: *Du musst dein Leben ändern. Über Anthropotechnik*. Frankfurt am Main: Suhrkamp 2009, S. 75.

der Suggestion[43] und des Pathos sowie des Befehls und der Proklamation. Was Rudolf Helmstetter für das Genre im Allgemeinen konstatiert, wird hier auf die Spitze getrieben: „Wer sein Bescheidwissen an den Mann bringen möchte, muss auf die Pauke hauen."[44] Lehrsätze werden dementsprechend zu Paukenschlägen: „Kampf ist Bewegung, Bewegung ist Leben. Bequemlichkeit gibt Erstarrung, Verknöcherung, Rost, Kranksein."[45] Und wie in einem durchgearbeiteten Schulbuch finden sich in einigen Büchern unzählige Anstreichungen und Hervorhebungen – die allerdings von den Autoren selbst vorgenommen wurden.

Im Unterschied zur Erbauungsliteratur gibt die Trainingsliteratur ihren Lesern konkrete Mittel zur Selbstverbesserung an die Hand. So enthalten die Bücher eine breite Palette sogenannter Stimmungs-, Charakter- und Führungsübungen, Willens-[46] und Konzentrationsübungen, Übungen zur Körperertüchtigung (Lungengymnastik) oder zur Willensprägung, die den Lesern in täglich wechselnden Lektionen aufgegeben werden.[47]

Um den Übungserfolg tatsächlich zu erzielen, reicht es nicht aus, das Buch nur zu lesen; es gilt, die Übungen tatsächlich mit Ausdauer und ohne Ausnahmen und Ausreden durchzuführen. „Denn nur das Erlebnis macht das Lehrwerk zu einer Fundgrube lebendigster und nutzbringendster Erfahrung und Anregung, die tatsächlich zu neuem, positivem Leben führen."[48] Gefordert ist ein stetiges und

43 „Der ‚Tatmensch' ist nach amerikanischen Vorbild in Lehrbriefen geschrieben. Die Amerikaner haben den hohen Wert dieser suggestiven Schreibweise zuerst erkannt. Wer selbst noch nicht suggestiv handeln kann, der muss zunächst die Suggestion dieses und der hier genannten Bücher auf sich wirken lassen" (Werbung zu Reinhard Gerling: *Tatmensch. Eine Lebensberatung zu kraftvoller erfolgreicher Lebensgestaltung.* Original-Pappmappe mit 8 Broschüren. Prien: Anthropos 1921).

44 Helmstetter: Wenn ich Ihnen einen guten Rat geben darf, S. 968.

45 Helmel: *Kraft und Tat*, S. 10.

46 So schlägt beispielsweise Jens Uve Kruse in seiner Willensschule Praktiken der „Willenshärtung" vor: Verzicht auf Rauchen, „halbes Schweigen" (Kruse: *Ich will!*, S. 26), „Abbruchsfasten" (ebd., S. 34) oder „auf etwas warten" (ebd., S. 71), denn „frei auf das Mögliche, auf das Erlaubte verzichten, nur das steigert die Willenskraft" (ebd., S. 18) sowie die „Willensbetonung" durch körperliche Gebärden, Mimik. Sie seien imstande „einen schwachen Willen zu beleben und ihm Nachdruck und Spannkraft zu leihen" (ebd., S. 19).

47 Die Übungen, die heute skurril und wirkungslos erscheinen, lassen sich als Vorläufer einer kybernetischen Selbststeuerung begreifen, in der sich Geist, Körper und Emotionen wechselseitig beeinflussen.

48 Helmel: *Kraft und Tat*, S. 7.

fortschreitendes Üben, da man nur so zu einer neuen Gewöhnung gelange: „Je genauer Sie die Übungen durchführen, desto leichter Ihr Fortschritt: denn es verbündet sich Ihnen bald schon die neue Gewöhnung."[49]

Ein beigelegter „Übungsplan" soll die Ausführung kontrollieren, die Disziplin, Drill und Härte gegenüber sich selbst verlangen: „Unser Weg? Ein Weg der Härte, der Überwindung und Selbsterziehung, ein Weg der Arbeit an sich selbst und dann erst ein Weg ins Freie, Weite und Hohe."[50]

Um den Typ der Trainingsliteratur pointierend zusammenzufassen: Der Ort ihrer Lektüre ist ein Gymnastikraum, in dem Neues eingebläut und beharrlich trainiert wird. Es wird ein Subjekt entworfen und vorausgesetzt, das schwach, kraft- und tatenlos und von seinen Gewohnheiten bestimmt ist und so der äußeren Führung bedarf. Es muss wie ein fauler, dummer Schüler getriezt werden, kann sich aber zugleich durch spezifisches Training und durch radikale Selbstdisziplin umgestalten. Der Modus der Veränderung liegt somit nicht in der vernünftigen Ausrichtung an ethischen Maximen, sondern in der beharrlichen Übung und dem exakten Befolgen der Anweisungen. So etabliert die Trainingsliteratur eine Lehrmeister-Schüler-Beziehung, die zunächst zwischen dem Autor und dem Leser aufgebaut wird, die aber in eine Beziehung der Selbstbemeisterung münden soll. Denn es gilt: „Du sollst Führer sein deines Tages! Sei Führer des Tages, aber auch deiner Gedanken, sonst du der Verführte und Geschwächte bist."[51]

### Managementliteratur. Oder: Subjektivierung im Modus der Selbstführung

In einem anderen Ton kommen die Ratgeber daher, die auf Selbstführung zielen. Hierzu zählt der Longseller von Gustav Großmann *Sich selbst rationalisieren. Mit Mindestaufwand persönliche Bestleistungen erzielen* (1927) oder *Mein Erfolgssystem* von Oscar Schellbach (1929). Diese Bücher leben von der Analogie zwischen der Unternehmens- und der Selbstführung: „Jeder Mensch", heißt es in Großmanns Vorwort,

49 Kruse: *Ich will!*, S. 14.

50 Helmel: *Kraft und Tat*, S. 158.

51 Ebd., S. 31.

„kann sich selbst ebenso rationalisieren, wie ein Betrieb rationalisiert wird.“[52] Konkret zeigen sie auf, wie man ein Ziel verfolgt, sich neue Fähigkeiten aneignet, sich selbst motiviert, sich um sich sorgt und sich selbst verkauft. Die Bücher geben sich betont sachlich, ihnen ist ein Sachwortregister angehängt und nur selten wird die direkte Anrede verwendet. Damit grenzen sie sich deutlich von den anderen Büchern ab – wenngleich sich auch hier viele Anekdoten, Beispielgeschichten und Belehrungen finden. Im Unterschied zur Erbauungs- und Trainingsliteratur haben sie einen beeindruckenden Umfang und zeigen auf diese Weise ihren Anspruch, ein komplettes System zur Selbstverbesserung zu bieten. „Nur als System ist das Wissen auch wirkliches und gediegenes Wissen (Hegel), nur in einem System ist ein guter Rat mehr als nur das, sondern Element und Baustein einer Lebenskunde und Erfolgslehre.“[53]

Während die anderen Typen ihre Wissensbestände vor allem mit Behauptungen und/oder Beispielen plausibilisieren, wird hier hauptsächlich die Wissensform des wissenschaftlichen Wissens aufgerufen. Das vorliegende Buch vermittelt daher in erster Linie die Kenntnis vom Wesen des persönlichen Erfolgs und vom Wesen der menschlichen Bewusstseinstätigkeit und der Arbeit, um auf diesen Grundlagen zuerst eine allgemeine, wirtschaftliche Arbeitsmethode festzulegen und dann an Hand dieser eine Reihe bereits erprobter wirtschaftlicher Arbeitsmethoden für die persönliche Arbeit genauer zu behandeln.[54]

Die Bücher sind Kompendien verschiedener Themen der Arbeitsmethodik – ohne allerdings konkrete Übungen oder konkrete Techniken vorzuschlagen. Im Gegenteil, Großmann votiert explizit gegen ein abstraktes Training, denn „Willensübungen, Gedächtnisübungen, Konzentrationsübungen usw. an Objekten, die unserem Wirkungskreis fern liegen, sind ein ebensolcher Humbug wie es die Abrichtung des Elefanten zum Tanzen und des Papageis zum Redner wäre.“[55]

Ziel des Buches von Gustav Großmann ist die Steigerung der persönlichen Leistung. Seine Kernthemen sind die Frage der Zielerreichung,

52 Gustav Großmann: *Sich selbst rationalisieren. Mit Mindestaufwand persönliche Bestleistungen erzeugen*. Stuttgart: Verlag für Wirtschaft und Verkehr 1927, S. 8.

53 Helmstetter: Guten Rat geben, S. 964.

54 Großmann: *Sich selbst rationalisieren*, S. 9.

55 Ebd., S. 164.

die Methode des „Selbstbefehls“ und seine Ausführung, das Fassen eines hohen Ziels, das Unterteilen in Teilziele, der Wille zur Verwirklichung sowie die Selbstbegeisterung. Das vorgeschlagene Mittel ist vor allem der so genannte Werk- und Zeitplan:

> Der Wille zur Verwirklichung eines hohen Zieles, die Begeisterung für dieses Ziel wirkt ähnlich wie der elektrische Flaschenzug, vorausgesetzt, dass der Wollende sich an sein Ziel festbindet. [...] Die Kette, mit der wir uns an das Ziel binden, sind unsere Planungsbücher, unsere Tagebücher, die uns tagtäglich an unsere Aufgabe erinnern, die uns stets diejenigen Handlungen vorschreiben, durch die wir Stufe um Stufe, Glied um Glied der Verwirklichung unserer Aufgabe näher kommen.[56]

Erfolg, so lehrt Großmann, ist die Frucht der Arbeit, er folgt einer kausalen Ursache-Wirkung-Relation und wird so berechen- und planbar. Der Wille hat dabei vor allem die Funktion, zuerst das Ziel zu zeigen, „dann sucht er durch Denken und Verstand alle Mittel zu finden und alle Wege, die zur Verwirklichung dieses Zieles führen, um aus dieser großen Zahl von Mitteln die besten auszusuchen und anzuwenden.“[57] Damit das gelingen kann, rät Großmann zur minutiösen Planung seines Lebens, seines Jahres und seiner Tage mittels Zeit- und Arbeitsplänen. In der Originalausgabe des Bestsellers werden diese Pläne lediglich beispielhaft in einer Abbildung vorgestellt. Im Zuge des kommerziellen Ausbaus seiner Methode gibt Großmann später eigene Arbeitshilfen in Form eines Großmann-Tagesplanbuches, Zeitplan-Formulare und Zeitplan-Mappen heraus.

Um den Typ der Managementliteratur pointierend zusammenzufassen: Der Ort dieser Lektüre ist der Schreibtisch, hier wird jeder einzelne Tag sowie die Zukunft bis ins kleinste Detail hinein geplant und dieser Plan in Tabellen und Formblättern schriftlich fixiert. Es wird ein Subjekt entworfen und vorausgesetzt, das sich selbst transparent geworden ist und ein methodisches Verhältnis zu sich selbst unterhält. Der Modus der Veränderung liegt in der minutiösen Planung und dem Außenhalt durch Verschriftlichung, die Beziehung zu sich selbst ließe sich als Selbstführung beschreiben. Die Freiheit des Subjekts liegt im Fassen und dem erfolgreichen Verfolgen eigener Ziele durch das minutiöse Anwenden von Managementtools.

56 Ebd., S. 171.
57 Ebd., S. 106.

## Schluss

Ob das ratsuchende Subjekt seine Selbstveränderung im Lesesessel, im Gymnastikraum oder am Schreibtisch einleitet, macht, so habe ich zu zeigen versucht, einen Unterschied im Hinblick auf die Formen der Subjektivierung. Die Erbauungsliteratur entwirft ein Subjekt, das sich selbst durch Vernunft und die Ausrichtung an ethischen Maximen erziehen kann, die Trainingsliteratur ein Selbst, das sich durch Härte, Disziplin und neue Gewohnheiten selbst bemeistert und die Managementliteratur schließlich entwirft ein Subjekt, das sich durch Zielsetzung und Planerfüllung selber führt.

Trotz der Unterschiede teilen diese Subjektivierungsformen jedoch auch maßgebliche Gemeinsamkeiten: Sie entwerfen ein Selbst, das sich selbst verändern kann, liefern mannigfaltige Projektionsflächen zur Imagination eines besseren Selbst und tragen durch die vorgeschlagenen Maximen, Übungen und Arbeitspläne wesentlich dazu bei, dass sich *tatsächlich* eine Selbstveränderung ergibt. So erweisen sie sich nicht zuletzt als Individualisierungsagenten, die die Einzelnen dazu anleiten, sich aus dem Vorgegebenen herauszulösen. Denn, so noch einmal der eingangs zitierte Casson: „Nur die Dummen und Faulen glauben an das Schicksal".[58] Für die anderen gilt: „Jeder muss seine persönliche Unabhängigkeitserklärung abgeben."[59]

Sich selbst in den Stand der Mündigkeit zu versetzen, bedarf zwar der expertengestützten Anleitung, der unablässigen Übung und/oder einer systematischen Arbeitsmethode, doch letztlich befreit sie von Abhängigkeit und Unterordnung und führt zu Erfolg: „Die beste persönliche Arbeitsmethode wird den Ausschlag geben, wird den Lebenserfolg bestimmen und nicht Geburt und Erbe und ‚Protektion'. Die nächste Zeit wird die Zeit sein, in der der Mann herrscht, der sich selbst gemacht hat."[60] Denn, so formuliert es Herbert Casson, das „Leben ist kein Abenteuer. Es ist Sache der Bildung, der Geschicklichkeit und der guten Vorbereitungen, ob man in ihm Erfolg hat oder nicht. Mit der Zeit kommt das Glück zu jedem, der es verdient. Täuschen wir uns nicht darüber."[61]

58 Casson: *Glück durch dich selbst*, S. 18.

59 Ebd., S. 94.

60 Großmann: *Sich selbst rationalisieren*, S. 21.

61 Casson: *Glück durch dich selbst*, S. 14.

In einer Zeit, in der panische Angst vor Fremdsuggestion und der Aufgabe der Selbstbestimmung herrschte, in der das Problem der Ermüdung epidemisch und die soziale und wirtschaftliche Einbindung in die Gesellschaft problematisch wurde, versprechen die Bücher probate Gegenmittel: Sie postulierten radikale Selbstverantwortung, rationale Selbstbeherrschung und einen eindeutigen Zusammenhang zwischen Anstrengung, Leistung, Erfolg und Glück und ermächtigen durch ethische Orientierung, Trainingsanweisungen und Rationalisierungsmittel die Einzelnen dazu. Gewissermaßen unter der Hand entsteht damit auch eine spezifische Figuration des Subjekts: Hier wird der Mensch als ein Wesen entworfen, das in der Lage ist, sich selbst bewusst zu gestalten, mehr noch: Es bereitet sich das vor, was man als eine kybernetische Form des Subjekts bezeichnen kann. Insbesondere die Trainingsliteratur entwirft ein Subjekt, das sich aufgrund seiner internen Ausdifferenzierung in Willen, Körperfunktionen, Gebärden und Gefühlen reflexiv auf sich beziehen und aus den gewonnenen Informationen über sich selbst neue Steuerungsmöglichkeiten ableiten kann. Ihre Entfaltung findet diese Form der kybernetischen Selbstbeziehung in gegenwärtigen Anleitungen zur Selbstveränderung, die auch Umwelteinflüsse bewusst und aktiv in die Operationen der Selbststeuerung einbeziehen.[62]

Diese Form des Subjekts, die vor allem auf die Fähigkeit zur Selbststeuerung zielt, impliziert eine Steigerung der Selbstdistanzierung, der Verobjektivierung und der Selbsttechnisierung der Einzelnen. Wohl nicht zufällig konzipiert Helmuth Plessner in der hier zur Diskussion stehenden Zeit eine philosophische Anthropologie, die die Fähigkeiten der Distanz zu sich, der Verfügung über sich selbst sowie die Notwendigkeit, dem Leben eine Form zu geben, als anthropologische Grundgesetze fasst.[63] In den Belehrungen, Regeln, Übungen und Tagesplänen der Ratgeberliteratur verlassen sie die philosophische Gelehrtenstube und schicken sich an, für eine breite Masse praktisch zu werden.

62 Duttweiler: Vom Treppensteigen.

63 Helmuth Plessner: *Die Stufen des Organischen und der Mensch. Einleitung in die philosophische Anthropologie*. Berlin: de Gruyter 1975.

# Wille und Wege zum ‚Erfolg'

## Zu den Anfängen der Erfolg-Propaganda in Deutschland

Rudolf Helmstetter

> Der Weg zum Erfolg liegt oft im Dunkeln (R. Zoozmann)
>
> Meist sterben die Weisen, nachdem sie den Verstand verloren haben; die Narren hingegen ganz voll von gutem Rath (Gracian)
>
> we all know success… (The Who, *Pure and Easy*)
>
> all we want is some success (Morsheeba, *Part of the Process*)

### I.

Die historische Eingrenzung, die der Konstanzer Workshop „Guter Rat. Glück und Erfolg in der Ratgeberliteratur, 1900–1940" vornimmt, mag irritieren und die Indifferenz gegenüber Zäsuren der politischen Geschichte (1918, 1933, 1945) auf den ersten Blick etwas willkürlich anmuten, aber diese Indifferenz korrespondiert durchaus dem irritierend indifferenten Verhältnis zur Geschichte, das für die Ratgeberliteratur selbst bezeichnend ist. Das Jahr 1940 bedeutet kein Ende und markiert keine Epochenwende der Ratgeberliteratur, und mit 1900 wird, zumindest für den deutschsprachigen Raum, nur ungefähr ein Anfang bezeichnet, ein Anfang, der sich nicht mit einem einzelnen oder mit mehreren Buchtiteln konkretisieren lässt. Tatsächlich gibt es Erfolgsratgeber, jedenfalls im Deutschen, erst seit Anfang des zwanzigsten Jahrhunderts, und vorher gibt es hier nicht einmal ‚Erfolg', zumindest nicht in der Bedeutung (oder mit der Bedeutungswolke), die diese Vokabel dann im Lauf des 20. Jahrhunderts angenommen hat. Erfolg ist etwas relativ Neues, ein Parvenu der kulturellen Semantik, und für die affektiv besetzte und stimulierende fixe Idee, die sich mit diesem Begriffsparvenu verbindet, scheint mir ‚Obsession' ein passender und vergleichsweise neutraler Ausdruck zu sein.

Die Vokabel ‚Erfolg' taucht in der deutschen Ratgeberliteratur erst seit Anfang des 20. Jahrhunderts und zunächst nur sehr vereinzelt auf.[1] Bei der Durchsicht solcher Schriften gewinnt man den Eindruck, dass zwar ‚Erfolg' gesagt und geschrieben wird, die Autoren dabei aber nicht so genau wissen, was das ist, oder jedenfalls noch einen anderen Begriff als den heutigen haben. Erfolg ist ein Importprodukt und eine wörtliche Übersetzung des amerikanischen *success*, aber diese Vokabel bedeutet in der Neuen Welt etwas anderes als in der Alten; deutlich wird nur, dass ‚Erfolg' etwas Erstrebens- und Begehrenswertes ist. Da Begehren, auch wenn seine Ziele unklar sind, ansteckende Wirkung haben kann, könnte dies eine Ausgangsplausibilität dafür schaffen, dass Erfolg allmählich zu einem emphatischen Leitbegriff, zu einer Parole oder Losung wird. Bis heute ist Erfolg ja sozusagen ein ‚Fetisch', ein Idol, ein Zentralwert moderner Gesellschaften, und darum lohnt es sich, das Aufkommen, die Anfänge dieser Karriere, zu betrachten. ‚Obsession' soll auch einige andere Begriffe neutralisieren und in sich aufnehmen: Religion, Mythos und Narrativ.

In den im amerikanischen Exil um 1940 geschriebenen *Minima Moralia* von Theodor W. Adorno stößt man auf den Ausdruck „die barbarische Erfolgsreligion von heute".[2] Das ist ein seinerseits ‚barbarischer' Ausdruck, kein seriöser Religionswissenschaftler würde sich erlauben, eine (fremde) Religion ‚barbarisch' zu nennen; das Attribut ist das Symptom einer ungelösten Beobachterproblematik (mit all ihren epistemologischen und normativen Implikationen): Der Blick des ‚ungläubigen' oder andersgläubigen Beobachters auf

1 Ich spreche im Folgenden pauschal von ‚Verhaltens- und Manierenliteratur', gelegentlich auch von ‚Gattung' und ‚Genre', auch wenn es sich genaugenommen nicht um eine Gattung handelt, sondern um ein disperses diskursives und publizistisches Feld, das sich nie allein auf Manieren und ‚Guten Ton' eingrenzen ließ und dessen Grenzen zu populärer Ethik und Moralpädagogik, diätetischen Schriften sowie zu profaner Erbauungs- und Weltanschauungsliteratur fließend sind.

2 „Die barbarische Erfolgsreligion von heute ist demnach nicht einfach widermoralisch, sondern in ihr findet das Abendland heim zu den ehrwürdigen Sitten der Väter." (Theodor W. Adorno: *Minima Moralia. Reflexionen aus dem beschädigten Leben* [1951]. Frankfurt am Main: Suhrkamp 1981, S. 247.)

einen fremden Glauben und dessen Praktiken überfordert seine Alteritätstoleranz, das ‚Barbarische' erregt Widerwillen, Ablehnung, Abwertung. Als ‚barbarisch' bezeichnet man, was den eigenen (zivilisierten) Standards zufolge primitiv, überwunden, überholt, atavistisch ist, also ein Gegenteil von „modern", nicht nur anders-, sondern *vor*-kulturell. Diese Wertungsperspektive führt aber auch in dieser Frage nicht weiter, sie dient nur der Selbstvergewisserung, der ‚kultivierten' Distanzierung; sie übersieht, dass ihre normativen Grundlagen, ihre impliziten Bewertungsstandards derselben Kultur angehören wie der als barbarisch diffamierte Gegenstand. Die folgenden Überlegungen gehen von der Prämisse aus, dass das Phänomen, das Adorno als „Erfolgsreligion" bezeichnet, nicht weniger modern ist denn seine Diffamierung als barbarisch. Modernität ist die Einheit der Differenz (der Widersprüche, Antinomien, Gegenstrebigkeiten, Ungleichzeitigkeiten) von modern und ‚barbarisch'.

Man sollte aber den Ausdruck „die barbarische Erfolgsreligion von heute" auch nicht allzu beckmesserisch behandeln. ‚Religion' wird hier wohl einfach polemisch und metaphorisch verwendet, und irgendwie ist da etwas dran. Man kann dem Fingerzeig folgen und fragen: warum nicht einfach „Kult"[3] (statt gleich ‚Religion')? Ist ‚Erfolg' selbst das, was angebetet wird – eine Art Götze also – oder nur eine Chiffre, in der sich etwas verdichtet, was insgesamt Strukturen und Funktionen übernimmt, die in älteren Gesellschaften von Religion erfüllt wurden – Religion verstanden als kulturelles System, als Ensemble von Glaubenssätzen, Überzeugungen und ethischen Orientierungen, kultischen Handlungen, Verhaltensweisen und Praktiken, das Habitus und Selbstdarstellung, Welt- und Selbstverständnis von Individuen bestimmt.[4] Wenn Erfolg in der Moderne ein Letzthorizont von biographischen Projekten wird, so steht dies im Rahmen eines größeren kulturell verankerten Wertesystems.

Adorno ist nicht der einzige, der in diesem Zusammenhang religioide Züge bemerkt hat. Ein anderer unfreiwilliger Emigrant aus der

3 Merton spricht von „cult of success". Vgl. Robert K. Merton: Social Structure and Anomie (1938). In: Ders.: *Social Theory and Social Structure*, rev. and enlarged ed. Glencoe: Free Press 1963, S. 131–160, hier S. 135, 138 – mit Verweis auf die *doctoral dissertation* von A. W. Griswold: *The American Cult of Success* (1933).

4 Neckel spricht daher treffend von „Erfolgskultur". Vgl. Sighard Neckel: *Flucht nach vorn. Die Erfolgskultur der Marktgesellschaft.* Frankfurt am Main: Campus 2008.

Alten Welt, Ernst Bloch, beobachtet 1939 nach seiner Ankunft in den USA eine dort herrschende „Erfolgsanbetung“.[5] Anbetung ist eine religiöse Praxis, die ein Glaubenssystem voraussetzt oder einem solchen korreliert ist; der Gegenstand der Anbetung mag im Zentrum stehen, aber Gegenstand und Zentrum sind in einem größeren, mehr oder weniger artikulierten System situiert. Der Ausdruck ‚Erfolgsreligion‘ ist eigentlich tautologisch, und es wäre eher nach den kultischen, theologischen, katechetisch-dogmatischen Grundlagen und Rahmen zu fragen, in welchem die ‚Anbetung‘ praktiziert wird, welche Formen diese annimmt und wie sie psychische und soziale Energien bildet, formt und kanalisiert.

Ungeachtet der terminologischen Unschärfen verweisen Adornos und Blochs Beobachtungen auf den zentralen Stellenwert, den Erfolg in der modernen Welt, im modernen Leben und Streben einnimmt, einen Stellenwert, der durchaus mit religiösen Orientierungen vergleichbar ist, dessen Grundlagen aber nicht im gebräuchlichen Sinne religiös sind, sondern ökonomisch: die Marktgesellschaft;[6] in der auf einer Marktwirtschaft beruhenden Gesellschaft nimmt ‚Erfolg‘ allerdings die Stelle von Transzendenz ein.

5 In einem Vortrag für den Schutzverband Deutscher Schriftsteller New York, Juni 1939: „Hier ist das Land der schärfsten und ungezügeltsten Kapitalinteressen, der illegalen und legalen Gangster, der Erfolgsanbetung, der atemlosen Jagd nach Beziehungen, der schrankenlosen Verwandlung alles Daseins zur Ware.“ (Ernst Bloch: Zerstörte Sprache – zerstörte Kultur. In: Ders.: *Viele Kammern im Welthaus. Eine Auswahl aus dem Werk*, hrsg. v. Friedrich Dieckmann / Jürgen Teller. Frankfurt am Main: Suhrkamp 1994, S. 375–396, hier S. 389.)

6 „[…] die Beherrschung des Wirtschaftssystems durch den Markt [ist] von ungeheurer Bedeutung für die Gesamtstruktur der Gesellschaft: sie bedeutet nichts weniger als die Behandlung der Gesellschaft als Anhängsel des Marktes.“ – „normalerweise ist die Wirtschaftsordnung bloß eine Funktion der Gesellschaftsordnung, in der sie eingeschlossen ist“ (Karl Polanyi: *The Great Transformation. Politische und ökonomische Ursprünge von Gesellschaften und Wirtschaftssystemen* [1944]. 3. Aufl. Frankfurt am Main: Suhrkamp 1995, S. 88, 106). Dass das Wirtschaftssystem von *ökonomischen* – und nicht von *sozialen* – Interessen und ‚Bedürfnissen‘ getragen ist, ist eine Besonderheit der europäischen Moderne; in den unterschiedlichen vormodernen Gesellschaften ist der ökonomische Prozess „in den unterschiedlichsten Institutionen eingebettet und verkettet: in der Verwandtschaft, der Politik, der Religion, in Institutionen also, die nicht nur ökonomisch sind […] In exotischen oder antiken Gesellschaften ist es schwierig, ökonomische Institutionen zu entdecken, die von anderen Institutionen getrennt und unterschieden wären“ (ebd., S. 75). Vgl. auch ders.: *Ökonomie und Gesellschaft.* Frankfurt am Main: Suhrkamp 1979, v. a. S. 129–148 (Kap. „Unser obsoletes marktwirtschaftliches Denken“).

Der Erfolg gehört zur Moderne, weil prämoderne, segmentär und stratifikatorisch differenzierte Gesellschaften als solche statisch sind und keine Mobilität vorsehen; hier ist der soziale Ort und ‚Stand' der Einzelnen durch Herkommen und Familienzugehörigkeit definiert. ‚Erfolg' setzt die Freigabe vertikaler Mobilität voraus, die Möglichkeit, ‚aufzusteigen' in einer egalitären Gesellschaft, die bei gleichen Rechten noch immer hierarchisch gegliedert ist (gleiche Rechte bedeuten nicht zugleich gleiche Startbedingungen und Partizipationschancen).

Eine der Parallelen von Erfolg und Religion (zumindest der christlichen und kirchlichen) ist ‚Propaganda'. Der Begriff kommt von der *Congregatio de Propaganda fide*, der 1622 (durch Gregor XV.) gegründeten päpstliche Kongregation für die Missionierung oder Evangelisierung der nichtchristlichen Völker. Nun haben der Erfolg und seine ‚Religion' zwar keine kirchliche Organisation und keine Kurie hinter sich, aber eine ganze Schar von selbsternannten Missionaren, Propheten und laikalen Priestern. Nicht nur die expliziten ‚Philosophien' des Erfolgs, die vielerlei ‚Systeme' und ‚Methoden', ‚Schlüssel', Manuale, Leitfäden offerieren, also Ratgeberbücher im weitesten Sinn, sind hier einschlägig, sondern auch Verhaltensliteratur im engeren Sinn der Manierenbücher.

Propaganda nimmt Anfang des 20. Jahrhunderts mehrere neue Bedeutungen an. Neben der militärischen wird Propaganda auch zum Titel einer „praktischen Gesellschaftslehre" – *praktisch*, weil es um Möglichkeiten und Techniken der „Erteilung sozialer Imperative" oder auch „energetischer Imperative" geht. Johann Plenge, der eine solche Gesellschafslehre kurz nach dem Ersten Weltkrieg konzipiert hat, versteht unter Propaganda: „Soziale Antriebe, die auf den Willen derer wirken sollen, zu denen sie kommen."[7] In der Adressierung des *Willens* mag man den nicht unerheblichen (womöglich hier gar nicht reflektierten) Vorbehalt sehen, dass Wille allein sich nicht zwangsläufig auch in Verhalten und Handeln umsetzt; Propaganda kann nur Handlungs*ziele* aufstellen und attraktiv machen.

Erfolg-Propaganda profitiert von der semantischen Unschärfe, dass ‚Erfolg' sowohl Inbegriff von Handlungszielen ist als auch das Erreichen oder Eintreten gewünschter Handlungsziele bezeichnet.

7 Prof. Dr. Johann Plenge: *Deutsche Propaganda. Die Lehre von der Propaganda als praktische Gesellschaftslehre.* Bremen: Angelsachsen Verlag 1922.

Erfolg-Propaganda verbreitet „energetische Imperative" (Plenge) und damit unterschwellig auch eine Metaphysik des Willens: Wo ein Wille ist, ist auch ein Weg, und wenn nicht, muss der Wille ihn bahnen – das ist in polemischer Zuspitzung die ‚theoretische' Grundlage der meisten Erfolgsphilosophien. Das zugehörige simple, mechanische Kausalitätsmodell kommt der Ideologie moderner Subjektivität entgegen und stützt die Selbstbegründung und Hybris moderner Subjekte: Das Subjekt setzt sich (Fichte), aber es muss sich dann auch durchsetzen, aus eigener Kraft und Willenskraft –, das Subjekt als Projekt, als Macher, als Produzent seiner selbst und seiner Welt. Eine Prämisse der Propaganda, Adressierung, Agitation des *Willens* ist die Annahme, dass dieser motivierend und mobilisierend wirke und sich auch in Verhalten und Handeln umsetze, also Aktivität *bewirke* (und zwar in dem von den ‚Verursachern', den Urhebern der ‚sozialen Antriebe', gewollten Sinn).

Propaganda ist, wie man sagen könnte, die Einheit der Differenz von Information und Desinformation und zugleich von Mitteilung und Appell; Propaganda wirkt nicht nur informativ, sondern auch formativ und kausativ-effektiv. In der Definition von Gregory Bateson ist diese Differenz mitgedacht: Information ist ein Unterschied, der einen Unterschied *macht* (und nicht nur bezeichnet) und dadurch etwas bewirkt, auslöst, mobilisiert. Propaganda im Sinne Plenges ist Proto-Informationstheorie in sozial-pragmatischer Absicht. Es geht weniger um die *Darstellung* kontextreferenzieller ‚Inhalte' als vielmehr um die *Appell*-Funktion (Karl Bühler spricht in diesem Zusammenhang auch von *speech appeal*, in Analogie zu *sex appeal*)[8], um Instruktion, um Direktiven, um Einwirkung. „Verbreitung" und „Erteilung von sozialen Antrieben", so Plenge, „ist also das erste und oberste":

> In was für ein Gebiet gehört das zusammen? Wo kommt es sonst vor, dass soziale Antriebe erteilt werden? Da haben wir einerseits die *Erziehung*. Wir haben den *Befehl* und die *Anweisung*, wir haben die *Bitte* und das Gesuch. Sie alle wirken teils von oben, teils von unten her auf den Willen anderer. […] Wir haben schließlich den Ratschlag.[9]

8 Karl Bühler: *Sprachtheorie. Die Darstellungsfunktion der Sprache* [1934]. Stuttgart / New York: Gustav Fischer 1982, S. 29.

9 Plenge: *Deutsche Propaganda*, S. 15, 16.

Von daher also auch die Nähe von Propaganda und Ratgeberliteratur, an die Plenge selbst gar nicht denkt. Wenn „Propaganda", wie er schreibt, „zwischen Befehl und Bitte steht"[10], verweist das mit diesem „zwischen" umrissene Feld auf mediale Techniken, auf das Arsenal sprachlicher Streitkräfte, wie sie zuerst in der Rhetorik entwickelt und systematisiert wurden, auf Suggestion, Persuasion, Seduktion, auf verbale Kampfkünste, mit denen Aufmerksamkeit und Begehren erregt und kanalisiert, Handlungsbereitschaft geweckt, Handlungs- und Begehrensziele attraktiv gemacht werden können.

Ganz ungeachtet der Grundlagen und der Konsistenz von Erfolgsratgebern und der ‚Brauchbarkeit' ihrer Erfolgsrezepte betreiben solche harmlos oder skurril erscheinenden Schriften Erfolgs*propaganda*. Sie erteilen soziale „energetische Imperative", sie *mobilisieren*, und ihre Wirkungsrichtung ist dabei nicht auf die Vertikale festgelegt, sie wirken nicht nur „teils von oben, teils von unten her" (Plenge). Sie wirken auch lateral und nonlinear (auch wenn Ratgeber zu Zwecken der Selbstautorisierung gern mit dem Habitus von Erziehern und Ärzten, Pastoren und Polizisten auftreten). Selbst wenn sich ihre tatsächliche Wirkung auf erfolgswillige Subjekte empirisch nicht nachweisen lässt, tragen sie dazu bei, dass sich Erfolg als kultureller Wert und schichtenübergreifendes Lebensziel etabliert.

## II.

Die vermutlich erste deutsche Publikation, die den modernen „Weg zum Erfolg" beschreitet, bahnt und weist, liegt noch vor dem Zeitraum 1900–1940: Hugo Schramm-Macdonald: *Smiles-Schramm. Der Weg zum Erfolg durch eigene Kraft. Nach dem Englischen für das deutsche Volk bearbeitet* (Heidelberg 1890) ist in mehrfacher Hinsicht signifikant. Sie legt offen, dass es sich um eine Übersetzung und Bearbeitung handelt, um einen interkulturellen Transfer.[11] Der Titel enthält schon den rhetorischen und theoretischen Quellcode, der nicht allzu viele Variationen zulässt, aber in der Folge emsig abgewandelt wird, gern begleitet von der Behauptung der Präzedenzlosigkeit und Einmaligkeit.

10 Ebd.

11 Hugo Schramm-Macdonald: *Smiles-Schramm. Der Weg zum Erfolg durch eigene Kraft. Nach dem Englischen für das deutsche Volk bearbeitet*. Heidelberg: Weiß 1890. Vgl. zu Schramm-Macdonald auch die Beiträge von Stefanie Duttweiler und Wim Peeters in diesem Band.

Das mag zum Teil Verkaufsrhetorik sein, in vielen Fällen aber auch schlicht Unkenntnis, teils seitens der Autoren und ‚Erfinder' selbst oder seitens der Verlage und Herausgeber, so etwa wenn ein Kompendium zu Cassons *efficiency philosophy* schreibt: „Den Erfolg lehren im beruflichen und eigenen Bereich, das ist es, was Herbert Casson beabsichtigte, das und nichts anderes. Casson war damit einmalig. Es gab damals keine vergleichbaren ‚Erfolgsbücher'".[12]

Der Glaube an die „eigene Kraft" kann auch als Glaube an den *Willen* (also *Willens*kraft) und an den *Geist* oder das *Bewusstsein* auftreten. Mit dem *Weg zum Erfolg* bezeichnen solche Bücher zum einen sich selbst (als Weg-Weiser, Methodenlehre) und zum andern den Weg selbst, den sie ihren Lesern zu weisen versprechen. Die Methode besteht im Wesentlichen darin, den Willen zum Erfolg zu wecken (wo ein Wille ist, ist auch ein Weg).

Ein zentraler Punkt dieser Kunst oder Technik ist die Stimulation und Disziplinierung des Begehrens: Erfolgswillige Subjekte müssen vom bloßen Wünschen und Wunschdenken zum konzentrierten Begehren übergehen. Diese Variante der ‚Willensschulung' findet man eher in der angloamerikanischen Literatur, während deutsche Ratgeber die Vokabel ‚Wille' bevorzugen. Aber was ist Wille anderes als aktiviertes und geschultes Begehren? – „To wish is of slight moment; thou oughtest to desire with earnestness to be successful" – diesen als Ovid-Zitat ausgegebenen Leitspruch stellt Thomas Sharper Knowlson dem ersten Kapitel seines Buches *The Art of Success* als Motto voran.[13]

Auf diesem Axiom bauen dann Methodiken auf, die immer wieder auf anekdotisches Material aus Erfolgsbiographien zurückgreifen – „how some men have succeeded" (so das Kapitel VIII bei Knowlson); dabei werden die Exempel teils nur illustrativ, teils auch argumentativ verwendet, als ‚empirische' Grundlage, die mehr als exemplarisch ist

12 Adolf Wirz: *Efficiency. Herbert Cassons Philosophie des Erfolgs*. Zürich / Schwäbisch Hall: Orell Füssli 1986, S. 56. Auf S. 16 dagegen zitiert Wirz einen anderen Bewunderer, der Casson sehr schön als „Amalgam" aus Peter Drucker, Norman Vincent Peale und Dale Carnegie charakterisiert. Das Buch von Wirz, eine aktualisierende Darstellung der Biographie und der Philosophie von Cassons, entstand im Auftrag des Schweizer Efficiency-Clubs, der bereits 1936 bei einem Besuch des ungemein produktiven und geschäftigen Casson in der Schweiz gegründet wurde.

13 Thomas Sharper Knowlson: *The Art of Success*. London / New York: Warne 1902 [published by Forgotten Books 2012].

und es erlaubt, das „Geheimnis“, die „Prinzipien“, die „Gesetze“ des Erfolgs (*secret, rules, laws*) abzuleiten.[14] Die Argumentation geht also induktiv-deduktiv von einzelnen Fallgeschichten zu Prinzipien, von Prinzipien zu Methoden mit universeller Anwendbarkeit („right principles“ – „sound methods“).[15]

Mit „The Desire for Success“ ist ein Abschnitt in Julia Setons Buch *The Key to Health, Wealth and Love* (1917) überschrieben. Eine terminologische Variante des *Willens* oder Begehrens, die den Weg zum Erfolg bahnen, lautet ‚Bewusstsein‘ oder ‚Geist‘. Seton verkündet in diesem und in anderen Büchern nicht weniger als eine neue Offenbarung:

> The new revelation shows that life is success or failure, happiness or despair, peace or strife, not by external surroundings, but through consciousness, either constructively or destructively posited.[16]

Julia Seton hat ihre Erfolgsphilosophie nicht nur in religiöser Terminologie, als Evangelium und Heilslehre, stilisiert, sondern sich um eine Vereinigung von Religion und Wissenschaft bemüht (sie hat tatsächlich auch eine lebens- und kulturreformerische Kirche oder kirchenähnliche Kongregation gegründet: The Church and School of the New Civilization). Bereits 1914 hat sie eine ‚Wissenschaft‘ des

14 Einer der erfolgreichsten Erfolgsratgeber, Napoleon Hill: *The Law of Success (in 16 Lessons)* von 1928 basiert (nach einer Anregung von Andrew Carnegie) auf Gesprächen mit 100 erfolgreichen Geschäftsmännern, darunter Henry Ford, J. P. Morgan, John D. Rockefeller, aber auch Graham Alexander Bell und Thomas A. Edison; erfolgreicher war allerdings *Think and Grow Rich* (1937), bis zu Hills Tod 1970 mit einer Auflage von 20 Millionen, bis 2011 dann weltweit 70 Millionen!

15 Bei James Allen: *Foundation Stones to Happiness and Success* [1913]. Emptitude 2011, Kindle Pos. 209). Bei Allen – und vielen anderen – sind die *principles* eigentlich *Tugenden* (Pflichtgefühl, Ehrlichkeit usw.), aus denen eine methodische, regulierte Lebensführung, beginnend mit dem Tagesablauf, folgt: „systematize and render logical and smooth the smallest details of his life, proceeding step by step towards the finished accomplishment“ (ebd., Pos. 88) – „method produces that smoothness which goes with strengh and efficiency. Discipline is method applied to the mind. […] Method is *working* by rule; discipline is *living* by rule.“ (ebd., Pos. 98). Stellenweise ist die kontemplative ‚Philosophie‘ von Allen eine interessante, weil abweichende Variante der fast ausschließlich ‚aktivistischen‘ Erfolgsphilosophie; auch setzt er sich von der dominanten Gleichsetzung von Erfolg und Reichwerden ab: „He who orders his life along the moral lines thus briefly enunciated, will attain a state of insight and equilibrium as to render him permanently happy […]; and though he may not become a millionaire as indeed he will have no desire to become such – he will acquire the gift of peace, and true success will wait upon him as its commanding master.“ (Schlussworte.)

16 Julia Seton [Sears]: *The Key to Health, Wealth and Love* [1917]. Kessinger 2010.

Erfolgs entworfen („first success method"). Diese Wissenschaft ist anwendungsorientiert, zielt auf Umsetzung in die ‚Praxis': „THE SCIENCE OF SUCCESS contains a very workable formula for achieving success and fulfillment in all areas of life".[17]

Die amerikanische Synthese von Wissenschaft und Religion des Erfolgs ist bodenständig pragmatisch, was religiöse Motive und Töne, Offenbarungs- und Erweckungsrhetorik nicht ausschließt. Und in gewissem Sinn handelt es sich dabei um eine ‚Säkularisierung' des puritanischen Weltverhältnisses: Der weltliche Erfolg, Wohlstand, Reichtum, Macht, der in der protestantischen Arbeitsethik (zumindest in der radikalen, puritanischen Variante) als *Zeichen* für Auserwähltheit, für Erlösung in der jenseitigen Welt verstanden wird, also nicht zum Genuss hier und jetzt bestimmt ist, wird desymbolisiert und zum Genuss in diesem Leben freigegeben. Das mag erklären, warum das Streben nach materiellem weltlichem Erfolg untergründig von religiösen Energien befeuert erscheint und der Erfolg-Propaganda oft ein sozusagen *kerygmatischer* Kern innewohnt. Erfolg in der Welt ist ohne religiös-transzendenten Überbau oder Fundament eine Form profaner, *sozialer* Transzendenz.

Die Grundgedanken der ‚Neuen Offenbarung' – Erfolg kommt von innen (Bewusstsein, Wille, Charakter), Erfolg ist machbar, man muss nur richtig wollen und es dann auch richtig anstellen, man benötigt eine Methode – werden nach der Jahrhundertwende auch in Deutschland verbreitet.

Wenn alles auf Willen und Kraft ankommt, ist die Frage: *Wie werde ich energisch?* Dr. med. W. Gebhardt stellt sie 1912 im kurzen Titel seiner Broschüre mit dem langen Untertitel *Vollständige Beseitigung körperlicher und seelischer Hemmnisse* […] *Erlangung von Selbstbewußtsein, Schaffensfreude und Erfolg in allen Unternehmungen – durch eigene Willenskraft!*[18] Die eigene

17 Julia Seton: *Science of Success* [1914]. Kessinger 2010; dieses „workable formula" beginnt mit der Delphischen Maxime „Know Yourself" (ebd., S. 3). Vgl. von Seton auch *The Secret of Success*, 2008 überarbeitet, auf den neuesten Stand gebracht („revised and updated") und unter dem Titel *The Ultimate Guide to Success* wieder aufgelegt.

18 Dr. med. W. Gebhardt: *Wie werde ich energisch? Vollständige Beseitigung körperlicher und seelischer Hemmnisse, wie Energielosigkeit, Zerstreutheit, Niedergeschlagenheit, Schwermut, Hoffnungslosigkeit, nervöse Angst- und Furchtzustände, Gedächtnisschwäche, Schlaflosigkeit, Verdauungs- und Darmstörungen, allgemeine Nervenschwäche, sexuelle Verirrungen, Erlangung von Selbstbewußtsein, Schaffensfreude und Erfolg in allen Unternehmungen – durch eigene Willenskraft!* Leipzig: Gloeckner 1912.

Willenskraft ist hier das universelle Heilmittel gegen alles und einige andere Dinge. Als Vorbild für seine „Willensgymnastik"[19], „moralische Orthopädie", „selbsttätige Willensschulung", „Willenserziehung", nennt Gebhardt den Jesuitenorden und dessen „geistliche[s] Exerzierreglement".[20] Diese idealistisch-energetische Mobilmachung lässt sich am besten mit einigen Zitaten veranschaulichen:

> Ungeahnte Kräfte schlummern im wunderbaren Organismus jedes Menschen; eiserner und beharrlicher Wille kann sie erwecken und offenbaren. Der Geist will, der Körper muß![21]
>
> [E]r [der Mensch, R. H.] selbst, von innen heraus, muß sich emporarbeiten![22]

Und aus dem „Schlusswort":

> Den Genossen gemeinsamen Strebens und vereinter Arbeit, die uns bis hierher unter Befolgung aller Vorschriften gefolgt sind, wünschen wir Glück zu dem gehobenen Schatze, einem Schatze, der in der Stählung des Willens, strenger Selbstzucht, unerschütterlicher Energie in Selbstvertrauen, Hoffnungsfreudigkeit, in erarbeiteter Selbstsicherheit besteht. Was auch immer über die Abhängigkeit des Einzelnen von den äußeren, wirtschaftlichen und sozialen Verhältnissen zu sagen ist, der innere Mensch ist und bleibt das maßgebende Element in der Lebensgestaltung, der Leitstern von Lebensglück und Lebensführung! [23]

Schon in dieser Broschüre von 1912 findet sich *in nuce* die ganze Topik der ideologischen Grundlagen, die von der Erfolgpropaganda teilweise bis heute rekapituliert, amplifiziert und variiert werden; zugleich auch schon der typische *sound*, das rhetorische Vibrato von

19 Willensgymnastik ist keine Erfindung Gebhardts. Vgl. auch Reinhard Gerling: *Die Gymnastik des Willens. Praktische Anleitung zur Erhöhung der Energie und Selbstbeherrschung Kräftigung von Gedächtnis und Arbeitslust durch Stärkung der Willenskraft ohne fremde Hilfe* (1905). Oranienburg bei Berlin: Möller 1920. Allerdings taucht die Vokabel ‚Erfolg' bei Gerling im Unterschied zu Gebhardt nicht einmal im Untertitel auf.

20 Gebhardt: *Wie werde ich energisch?*, S. 2, 4, 7. „Jeder, der alle meine Anordnungen bis zu Ende durchführt und sämtliche Willensübungen absolviert, wird durch diese Selbstbehandlung moralisch und körperlich wiedergeboren werden. Neues Selbstvertrauen, das Gefühl der eigenen Kraft, das Bewußtsein der erarbeiteten Selbstsicherheit, der Untergrund gestählter Energie wird ihn den Kampf ums Dasein mit ganz neuen Chancen aufnehmen lassen *und ihm die Erfolge verschaffen*, die bisher ihm fern blieben." (ebd., S. 4, Herv. R. H.) Dass Gebhardt eher aus amerikanischen als aus spanischen Quellen schöpft, zeigt ein anderer Titel des Autors: *Die Pflege der persönlichen Erscheinung. Eine praktische Anleitung nach den modernen amerikanischen Methoden (Physical culture)*. Leipzig: Gloeckner 1910.

21 Gebhardt: *Wie werde ich energisch?*, S. 1 (i. O. gesperrt).

22 Ebd., S. 2.

23 Ebd., S. 280.

Erweckungstheologie und Heilslehren. Einen zentralen Topos könnte man noch deutlicher machen, weil er bei Gebhardt nicht in seiner bekannten sprichwörtlichen Version vorkommt: „Jeder ist seines Glückes Schmied". Man findet ihn z. B. in *Weg und Wille zum Erfolg. Ein Handbuch der Lebensklugheit*[24] und in *Geschäftserfolg und Lebenserfolg* (1912), und zwar mit einer bemerkenswerten Differenzierung: „Wohl mehr als in manchen anderen Berufen ist *der Kaufmann* seines Glückes Schmied." Der Autor erläutert:

> Der Erfolg im Leben hängt zweifellos mehr von einem strebsamen und zuverlässigen Charakter ab als von einem großen Talent, das oft mancherlei Gefahren in sich birgt.
>
> Ich kenne Leute, die einst sehr bescheiden in ihren Leistungen waren, aber durch nimmermüden Fleiß und durch Treue sich emporarbeiteten und nun hochgeachtete Lebensstellungen einnehmen.[25]

Neben solchen Tugenden betont Paul Lechlers Kaufmansbrevier aber auch die Wichtigkeit von guten Manieren:

> Es ist selbstverständlich, daß der junge Kaufmann neben seiner geschäftlichen auch auf seine gesellschaftliche Ausbildung Wert legen muß. Namentlich junge Leute, die einfachen Verhältnissen entstammen und keine ausreichende Gelegenheit zur Pflege guter Umgangsformen haben, sollten mit allem Fleiße bestrebt sein, ein gewandtes und taktvolles Auftreten sich anzueignen, das der Kaufmann so nötig hat, und das doch viele zu ihrem eigenen Schaden vermissen lassen. [...] je aufrichtiger und treuer du an dir arbeitest, desto sicherer und schöner wird der Erfolg sein.[26]

Auch hier also wird bereits der Knoten zwischen Manieren und Erfolg geknüpft. Dass auf dem *Weg zum Erfolg* auch „Höflichkeit" („ein Schlüssel zu allen Türen") nützlich ist, weiß auch Richard Zoozmann.[27] Das enzyklopädische dreibändige Sammelwerk *Der erfolgreiche Mensch*, das Ende der zwanziger Jahre erscheint, enthält dann auch

24 Richard Zoozmann: *Weg und Wille zum Erfolg. Ein Handbuch der Lebensklugheit.* Wiesbaden: Rauch 1927, S. 34.

25 Paul Lechler: *Geschäftserfolg und Lebenserfolg.* Düsseldorf: Rau 1964 [51.–55. Tsd der Gesamtauflage seit 1912], S. 28.

26 Ebd., S. 36–37.

27 „Nächst Körperschönheit empfiehlt dich nichts schneller und besser, als Höflichkeit"; „Prüfe dich also. Höflichkeit, Gefälligkeit, Pünktlichkeit müssen die ersten Gebote sein. Vernachlässige keine dieser drei und der Erfolg ist dir sicher." (Zoozmann: *Weg und Wille zum Erfolg*, S. 42, 46.)

ein umfangreiches Kapitel „Der gute Ton".[28] Bücher, die ‚Erfolg' im Titel führen, sind in der Regel nicht an den Kaufmannsstand adressiert. Oder doch? Im Zuge der Anpassung an die notorischen ‚Bedürfnisse' des Arbeitsmarktes wird der Kaufmann zum Modell für das Arbeitsmarktsubjekt. Das gehört schon zur Vorgeschichte des in den letzten Jahren auch staatsoffiziell gewordenen und geförderten Appells, sich als Unternehmer seiner selbst (neuerlich gar als ‚Ich-AG') zu entwerfen.[29]

Die Motive, die sich schon in der frühen Erfolgsliteratur finden – schlummernde Kräfte, Energien, Talente zu mobilisieren, methodisch zu nutzen und ökonomisch zu verwerten –, fügen sich nahtlos in den Modernisierungssog von Rationalisierung, Taylorisierung, Kapitalisierung des Lebens: „Schon ehe man weiß, welchem Berufe man sich später zuwenden werde, ist es nötig, Kapital anzusammeln [...]. Es gilt, das Kapital, das in euch selbst steckt, bis auf das äußerste auszunutzen", schreibt Zoozmann bereits 1927.[30]

Um Tugenden auszubilden und Umgangsformen zu erwerben, die den Weg zum Erfolg bahnen, bedarf es gleichermaßen des *Willens*, der Willenskraft, eines starken Charakters. Eine triviale Implikation der Topoi „Jeder ist seines Glückes Schmied"[31] und „Wo ein Wille ist, ist auch ein Weg" ist die Ausblendung der äußeren Bedingungen gegenüber den inneren. Der Glaube an die Allmacht des Willens macht wohl das Attraktive von Erfolgsratgebern aus.

In einer Welt, einer Gesellschaft, die durch zunehmende Kontingenz gekennzeichnet ist – so eine konvergente These von Modernisierungstheorien –, artikulieren Erfolgsratgeber eine Philosophie, die Kontingenzkontrolle verspricht, ja Kontingenzbeherrschung. Die Lektüre von Erfolgsratgebern kann Erfolg nicht garantieren, aber sie führt ein in die Gemeinschaft der Erfolgswilligen und spendet *Zuspruch*: „Den Genossen[!] gemeinsamen Strebens und vereinter Arbeit [...] wünschen wir Glück [...]", das ist vielleicht die zentrale

28 Ludwig Lewin (Hrsg.): *Der erfolgreiche Mensch. Drei Bände – Mit 850 Abbildungen*, Bd. 2: Der gesellschaftliche Erfolg (Menschenkenntnis, Wirkung auf Menschen, Umgang mit Menschen). Berlin / Zürich: Eigenbrödler 1928.

29 Vgl. Ulrich Bröckling: Unternehmer. In: Ders. / Susanne Krasmann / Thomas Lemke (Hrsg.): *Glossar der Gegenwart*. Frankfurt am Main: Suhrkamp 2004, S. 271–276.

30 Zoozmann: *Weg und Wille*, S. 5.

31 Ebd., S. 34.

Stelle in dem schon zitierten Schlusswort von Gebhardt, und sie manifestiert in performativer Ausdrücklichkeit, was vielleicht die eigentliche oder jedenfalls eine zentrale Funktion von Ratgebern ist: das *Glückwünschen*, eine Beschwörung, ein performativer Sprechakt mit trivial-magischer Funktion; die Information, die ‚Inhalte' der Ratschläge, die Techniken, Methoden sind nur ein mediales Substrat, wenn nicht ein Vorwand für die Transmission eines Glaubens.

Damit erfüllen Erfolgsratgeber eine doppelte Aufgabe: einerseits darüber zu trösten, dass eben nicht jeder Tellerwäscher zum Millionär werden kann, andererseits aber zu stimulieren und zu mobilisieren für die Anstrengung, es dennoch zu versuchen. Und wenn die Anstrengungen nicht zum persönlichen Erfolg führen, dann doch immerhin zum kollektiven: Die Herausgeber und Bearbeiter von Lechler schreiben in der aktualisierten Ausgabe von 1964, dass von allen Anstrengungen der Einzelnen schließlich zumindest die Volkswirtschaft profitiert und zur Weltgeltung von „Made in Germany" beiträgt.[32]

## III.

‚Erfolg' durchläuft um 1900 einen Bedeutungswandel, der Begriff wird singularisiert und generalisiert oder universalisiert, vergleichbar der Singularisierung des Begriffs ‚Geschichte', den es vor dem 18. Jahrhundert nur im Plural gab. Erst seither spricht man nicht mehr von den vielen partikularen Geschichten, sondern von *der* (universal gedachten) Geschichte.[33] Ähnlich spricht man seit 1900 nicht mehr von Erfolge*n* im Sinne des glücklichen Ausgangs (von militärischen, politischen, künstlerischen usw.) Unternehmungen und Bestrebungen, sondern von *dem* Erfolg im Singular; ‚Erfolg' wird zu einem gesellschaftlichen Leitbegriff und zu einem Letzthorizont von Lebensentwürfen.

32 Lechler: *Geschäftserfolg und Lebenserfolg*, S. 16.

33 Reinhart Koselleck: Historia magistra vitae. Über die Auflösung des Topos im Horizont neuzeitlich bewegter Geschichte (1967). In: Ders.: *Vergangene Zukunft. Zur Semantik geschichtlicher Zeiten.* Frankfurt am Main: Suhrkamp 1989, S. 38–66, v. a. S. 50ff.). „Dieses sprachgeschichtliche Ereignis stand in einem epochalen Zusammenhang. Es war die große Zeit der Singularisierungen, der Vereinfachungen [...]: aus den Freiheiten wurde die Freiheit, aus den Gerechtigkeiten die eine Gerechtigkeit, aus dem Fortschreiten (les progrès im Plural) der Fortschritt, aus der Vielzahl der Revolutionen ‚La Révolution' [...]" (ebd., S. 54).

Der gesellschafts- und ideengeschichtliche Hintergrund der Erfolgsgeschichte des Erfolgs ist wohl die Freigabe vertikaler sozialer Mobilität. Der moderne Mensch ist (zumindest der Idee nach) nicht mehr ständisch definiert und festgelegt, er ist, was er aus sich macht, er kann „etwas aus sich machen“, etwas, das nicht schon durch Geburt und Herkunft geprägt ist, etwas anderes – aber auch das ist nicht unbedingt schon *Erfolg*.

Wenn der singularisierte ‚Erfolg‘ seit Anfang des 20. Jahrhunderts zu einer ständeübergreifenden mobilisierenden Idee wird, dann hat das auch den realen Hintergrund, dass das 19. Jahrhundert tatsächlich exorbitante Erfolgsgeschichten aufzuweisen hat, v.a. im Zuge der Industrialisierung. Einige waren anscheinend ihres Glückes Schmied – und sie waren auch nur Menschen –, ergo ist jeder Mensch seines Glückes Schmied.[34] Dieser falsche Syllogismus ist die logische Voraussetzung der Versuche, aus prominenten Erfolgsbiographien ‚Prinzipien‘ (Regeln, Axiome, Maximen) abzuleiten. Daher auch die topische Redeweise *Art of…*, *Principles of…*, *Secret of…*, *The Key to… success*, die bis heute ein ganzes Genre ausmacht.

Während mit der Singularisierung der Geschichten der Topos *Historia magistra vitae* an Plausibilität verliert, ist bei der Singularisierung von Erfolg eine genau umgekehrte Bewegung zu beobachten: Es entstehen Erfolgslehren, Erfolgsphilosophien, Manuale, Ratgeber, die die Stelle einer *magistra vitae* einnehmen und dabei auch die Singularisierung des Begriffs einbürgern. Was dabei auf der Strecke bleibt – okkultiert oder invisibilisiert wird – , sind die ‚Äußerlichkeiten‘ des Erfolgs, die Imponderabilien der Rahmenbedingungen, die Zufallsfaktoren und Kontingenzquotienten der Erfolgsgeschichten (und das ist bereits eine starke Tendenz in Autobiographien und Selbstdarstellungen von Erfolgreichen selbst – hier findet man immer wieder „die Kunst, es selbst gewesen zu sein“, um eine Formel von Odo Marquard abzuwandeln).[35]

34 Vgl. noch einmal Knowlson: „How some men have succeeded“ (Knowlson: *The Art of Success*, S. 86–100).

35 Adorno hat das in der schon genannten Nr. 119 seiner *Minima Moralia* scharf und bündig formuliert: „Wer reich ist oder Reichtum erwirbt, erfährt sich als den, der ‚aus eigener Kraft‘, als Ich vollbringt, was der objektive Geist, die wahrhaft irrationale Gnadenwahl einer durch brutale ökonomische Ungleichheit zusammengehaltenen Gesellschaft will.“ (Adorno: *Minima Moralia*, S. 245–246.) Im Zusammenhang seiner Erörterung der „doctrine of luck“ zitiert Merton aus Gustavus Meyer: *History of the*

Es gab in der Neuen Welt tatsächlich spektakuläre Erfolgsbiographien: namentlich die geradezu mythische Karriere von Benjamin Franklin, dessen Autobiographie das wirkungsmächtigste Prägemuster für den *success myth*[36] darstellt, den Erfolgsmythos, der durch weitere Erfolgsbiographien, aber auch durch *literarische* Muster vermittelt und konfirmiert, die konstituierende Phantasie der Erfolgsphilosophien und Erfolgsratgeber bildet (die fast ausnahmslos von den USA ausgehen).
Dass die Erfolgs-Obsession auch literarische und (trivial-)fiktionale Grundlagen hat, ist nicht unerheblich. Wenn Erfolgsratgeber die Kontingenz, die Singularität von Erfolgsgeschichten herunterspielen, konfirmieren sie auf nicht-narrative Weise ein starkes narratives Schema, ein mythisches Narrativ, eine der großen *Trivial*erzählungen der Moderne: das Muster *from rags to riches* – vom Tellerwäscher zum Millionär. Zur massenwirksamen Verbreitung und Konsolidierung dieses Musters haben die Romane von Horatio Alger[37] beigetragen: *From Farmboy to Senator*, vom Bauernbub zum Landrat oder Ministerpräsidenten, von unten – vom Schuhputzer (*Ragged Dick*) oder Ladenjungen (*Julius the Store Boy*) usw. – nach oben. Andere Titel von Alger lauten *Struggling Upward* und *Strive and Succeed*, also: Streng dich an, leg dich ins Zeug und du wirst Erfolg haben.

*Great American Fortunes* (1937): „the prosperous man of business, Julius Rosenwald, declared that 95% of the great fortunes were ‚due to luck'." (Merton: *Social Structure*, S. 148) Ein bemerkenswertes (weil nicht einfach der „doctrine of luck" anhängendes) deutsches Gegenbeispiel ist auch Werner von Siemens: „Wenn ich zum Schluß mein Leben überblicke und die bedingenden Ursachen und treibenden Kräfte aufsuche […], so muß ich zunächst anerkennen, daß das glückliche Zusammentreffen vieler Umstände dazu mitgewirkt hat und ich überhaupt dem glücklichen Zufall viel dabei zu danken habe. […] Erfolg und Mißerfolg, Sieg und Niederlage hängen im menschlichen Leben vielfach ganz von der rechtzeitigen und richtiger [!] Benutzung sich darbietender Gelegenheiten ab." (Werner von Siemens: *Lebenserinnerungen*. Berlin: Springer 1922, S. 219.)

36 „Franklins Autobiographie begründet den amerikanischsten aller amerikanischen Mythen, den sogenannten *success myth* (Erfolgsmythos) […]. Franklin verfaßt die erste nicht fiktionale Lebensgeschichte eines Unterschichtkindes, das sich emporarbeitet und reich wird." (Klaus Hansen: *Die Mentalität des Erwerbs. Erfolgsphilosophien amerikanischer Unternehmer*. Frankfurt am Main: Campus 1992, S. 56.)

37 Auf dem Umschlag einer Biografie von 1974 wird der hierzulande kaum bekannte Alger als „America's all time best-selling author" bezeichnet. Vgl. Edwin P. Hoyt: *Horatio's Boys. Life and Works of Horatio Alger, Jr.* Radnor: Chilton 1974.

Das Schema und seine Topik sind so stark, dass sie sogar die Autobiographie eines der Leuchttürme des Erfolgs, des Stahlmagnaten Andrew Carnegie, geprägt haben – so arm war seine Herkunft gar nicht, das Streben und Bemühen war nicht immer so ganz redlich, und die eigentlichen Geheimnisse seines Erfolgs verschweigt er… Indem er seine eigene Lebenserfolgsgeschichte nach Maßgabe des *success myth* stilisiert, perpetuiert und konfirmiert er das Wahrnehmungs-, Denk- und Erzählschema.

Was Einzelfälle bewundernswert und neiderregend exemplifizieren, wird von der Erfolg-Literatur zu einer Möglichkeit für alle generalisiert. Erfolg ist ein Roman, den man leben kann, und die Manuale, Philosophien, Schlüssel, Methoden des Erfolgs formulieren die Poetik dieses Romans. Erfolg ist machbar, es bedarf dazu nur einer Disziplinierung des Willens (oder des Bewusstseins) und einer Methodik. Die Imponderabilien der Rahmenbedingungen, die Kontingenzen des Marktes und des Konkurrenzfeldes, die Niederungen der gesellschaftlichen Handlungsräume werden dabei souverän ignoriert oder herunterspielt.

Der *selfmade man* ist die herunterkonkretisierte amerikanische Version eines idealistisch-abstrakten Theorieelements der neuzeitlichen Anthropologie: Der Mensch ist, was er aus sich macht, er bestimmt sich aus sich selbst, er kann und soll etwas aus sich machen. Mit der ‚Autonomie' des Subjekts ist nicht schon dessen ‚Selbstständigkeit' als Bürger gewährleistet. Ohne *Eigentum* kann ein Subjekt nicht sein „eigener Herr" sein, denn um „sein eigener Herr" zu sein, so Kant, muss der Mensch auch „irgend ein Eigentum habe[n] (wozu auch Kunst, Handwerk, oder schöne Kunst, Wissenschaft gezählt werden kann), welches ihn ernährt".[38] Um etwas aus sich machen zu können, muss man also schon etwas haben. Wenn Kant weiter schreibt: „In der Qualität eines Menschen, als eines durch seine eigene Vernunft gewissen Pflichten unterworfenen Wesens, ist also jedermann ein Geschäftsmann",[39] markiert dies den Punkt, an dem sich die

38 Im Abschnitt „Vom Verhältnis der Theorie zur Praxis im Staatsrecht". Vgl. Immanuel Kant: Über den Gemeinspruch: Das mag in der Theorie richtig sein, taugt aber nicht für die Praxis. In: Ders.: *Werke in zehn Bänden.* Bd. 9, hrsg. v. Wilhelm Weischedel. Darmstadt: WBG 1983, S. 127–172, hier S. 151.

39 Ebd., S. 143.

Sphären des idealistisch-autonomen Subjekts und des real-ökonomischen *selfmade man* berühren.

Auch die ungleich verteilten Startbedingungen und Geschäftsgrundlagen der Arbeit an sich und am Erfolg gehören zu der schon angesprochenen *Kontingenz* des Handlungsfeldes. Der soziale Ort, das berufliche Schicksal, Karrieremöglichkeiten und Karriere der Einzelnen hängen von komplexen imponderablen Randbedingungen ab –, und darüber hinwegzutäuschen oder sich davon nicht entmutigen zu lassen, ist das Geschäft von Erfolgsratgebern. Ihre Attraktivität besteht wohl darin, die individuelle Handlungsmächtigkeit zu beschwören („Jeder ist seines Glückes Schmied"). Damit ist eine Begrenzung des Blicks auf die Welt der Interaktion verbunden, die Logik und Mechanismen der Funktionssysteme ignoriert oder vernachlässigt. Das gehört zur ‚Tradition' oder Herkunft der Verhaltensliteratur, einer ‚Gattung', die sich immer schon (und immer nur) mit dem Feld der Interaktionen und den hierbei zu beachtenden Regeln und Techniken befasst hat und dabei die Ablösung, Abtrennung, Verselbstständigung der Funktionssysteme von der Interaktionswelt nie so richtig wahrgenommen hat.[40] Daher also hat sich die moderne – aber nie ganz modern gewordene – Manieren- und Verhaltensliteratur als diskursives Feld und Multiplikator für die Propaganda von ‚Erfolg' geeignet.

40 Ich erinnere noch einmal daran, dass man von ‚Genre' hier nur in einem pauschalen und publizistischen Sinn sprechen kann und die Grenzen zur populären Ethik, zur Moralpädagogik, zu diätetischen Schriften, profaner Erbauungs- und Weltanschauungsliteratur fließend sind. Vgl. dazu das materialreiche Buch zur „populären Lebensphilosophie" von Gudrun Kühne-Bertram: *Aus dem Leben – zum Leben. Entstehung, Wesen und Bedeutung populärer Philosophie in der Geistesgeschichte des 19. Jahrhunderts*. Frankfurt am Main: Lang 1987: „Was diesem weitgefächerten Spektrum gleichwohl eine gewisse Einheitlichkeit in der Grundintention verleiht, ist das aus […] Verlangen nach ganzheitlichen, mit dem Sinnbedürfnis der konkreten Existenz harmonisierenden Lebens*deutungen*, die sich zu Folgerungen für die Praxis der Lebens*führung* verdichten lassen." – Die Erfolgspropaganda markiert einen Übergang der Orientierung, „Erfolg" tritt an die Stelle von „Sinn", „Glück" oder „Erfüllung". Bei vielen deutschen Ratgebern ist beides noch unentschieden verklammert, etwa in der Einheit von „Geschäftserfolg" und „Lebenserfolg", vgl.: „Wenn Paul Lechler vom Fortschreiten zum Lebenserfolg spricht, dann geht es um die Lebenserfüllung" (oder auch „Sinnerfüllung"), so die ungenannten Herausgeber (Lechler: *Geschäftserfolg und Lebenserfolg*, S. 114).

## IV.

Für eine genauere Bestimmung von Zäsuren und Konjunkturen der Erfolg-Literatur müsste man intensiver bibliographieren und systematischer recherchieren, aber auch die irgendwie willkürliche zeitliche Begrenzung auf 1900–1940 erlaubt vielleicht eine These. Diese Periodisierung übergeht Zäsuren der politischen Geschichte, von denen man erwarten würde, dass sie auch die Ratgeberei betreffen; dass sich auch hier Zäsuren, Einschnitte, Wandel, Paradigmenwechsel beobachten ließen. Zum Profil der Ratgeberliteratur gehört aber gerade eine eigentümliche Geschichtsblindheit. Dem Genre eignet etwas Schlafwandlerisches, Weltfremdes, es reproduziert sich in seiner eigenen Zeit, seinem eigenen geschichtlichen Raum, und lässt zumindest auf den ersten Blick jegliche Reaktionen oder Reflexivität auf den geschichtlichen Kontext vermissen.[41]

Dass die Erfolg-Propaganda in Deutschland ‚verspätet‘ und spärlich einsetzt und man vor 1920 Erfolgsratgeber nur sehr vereinzelt findet, liegt nicht einfach daran, dass die Neue Welt bereits gesellschaftliche, wirtschaftliche, rechtliche und ‚mentalitäre‘ Voraussetzungen für Erfolg bot, die in der deutschen Ständegesellschaft bis 1918 schlicht noch nicht gegeben waren. Deutschland war bis 1918 nicht egalitär und demokratisch (nicht nur, um Geschäftsmann zu sein, musste man schon etwas haben, Besitz war auch Voraussetzung des Zugangs zum höheren Staatsdienst). Und auch nach 1918 waren die wirtschaftlichen Voraussetzungen für Erfolg und Erfolgsstreben nicht vergleichbar mit denen der Vereinigten Staaten.[42] Die wichtigsten Faktoren hat schon Alexis de Tocqueville in seinem Buch *Über die Demokratie in Amerika* dargestellt. Vor allem in dem Kapitel „Weshalb man in

41 Man wird auch Exempel finden, für die dies nicht gilt, aber das sind nach meiner Einschätzung eher Ausnahmen. Allerdings wäre diese These nur durch eine umfangreiche Korpusanalyse zu belegen.

42 Abgesehen von Folgen des politischen Systemwechsels betraf die wichtigste, schon um die Jahrhundertwende sich abzeichnende, soziale Um-Schichtung die Relation innerhalb der unselbstständig-lohnabhängig Beschäftigten. Bis 1914 hatte sich das Zahlenverhältnis zwischen Angestellten und Arbeitern von 1:30 auf 1:9 verschoben. Die Weimarer Republik ist wie das Deutsche Reich eine Gesellschaft von Arbeitnehmern; der Anteil der Selbstständigen sinkt von ca. 19,6 % im Jahr 1907 auf 15,6 % im Jahr 1925; die Zahl der Angestellten und Beamten steigt von 10,3 % auf 17,3 %, der Anteil der Arbeiterschaft sinkt bis Mitte der 1920er Jahre auf ca. 50 %. (nach Karl Erich Born: *Von der Reichsgründung bis zum Ersten Weltkrieg. Gebhardt Handbuch der deutschen Geschichte*, Bd. 16. München: dtv 1975, S. 46).

den Vereinigten Staaten so viele Streber und so wenig großes Streben findet" wird plausibel, weshalb das nachrevolutionäre Amerika einen fruchtbaren Nährboden für individuelles Erfolgsstreben bot.[43]

Es war also nicht lediglich ein sprachliches Problem, dass die Übersetzung von *success* mit ‚Erfolg' nicht ganz stimmt. Weil ‚Erfolg' im deutschsprachigen Raum zunächst ein Rezeptionsphänomen oder Importprodukt war, treten seine ersten Propheten und Missionare bereits auf, bevor überhaupt vergleichbare Bedingungen für Erfolg gegeben waren. Erst in den zwanziger Jahren scheint es dann schon eine gewisse Konjunktur von Erfolgsratgebern zu geben. Aber auch wenn in der Weimarer Republik die Mobilitäts- und Aufstiegschancen größer waren als im wilhelminischen Ständestaat, war sie eine Republik der Arbeiter und Angestellten, also der unselbstständigen Berufe – und der Arbeitslosen. Wenn Arbeitsplätze rar sind, ist es schon ein Erfolg, überhaupt „Arbeit zu haben", also eine Anstellung. Der Autor des schon zitierten Buches *Weg und Wille zum Erfolg* schmiedet 1927 das eiserne Akronym „N.a.k.u.r., das heißt: Nur Arbeit kann uns retten. […] Wollt ihr Erfolg? Gut – so arbeitet!"[44] Dieser frappierend gute Rat enthält vielleicht die deutlichste Verdeutschung von *success*.

Aber bedeutet das Zauberwort nicht etwas anderes und wesentlich mehr? Gehört zum phantasmagorischen Vorstellungskreis von Erfolg nicht gerade auch die Vorstellung, nicht mehr arbeiten zu müssen? Vom großen Erfolg wagt man in Deutschland nicht einmal zu träumen.

Der große Erfolg ist ein Roman, der kleine ein Dramolett, seine Bühne das Zimmer des Personalchefs, der dramatische Höhepunkt das Bewerbungsgespräch. In dem Buch *Durch gute Lebensart zum Erfolg* (Ruth von Goetz-Schüching, ca. 1934) wird gleich auf den ersten Seiten ein solches Szenario dargestellt (unterstützt durch eine

43 Alexis de Tocqueville: *Über die Demokratie in Amerika*. Vollst. Ausgabe, aufgrund der frz. hist.-krit. Ausgabe hrsg. v. Jacob P. Mayer et al. München: dtv 1976, S. 734 ff. (2. Teil, III. Kap. 19).

44 Zoozmann: *Weg und Wille*, S. 16. Der Autor verrät an dieser Stelle, dass er noch der „Arbeitsreligion" (Paul Lafargue) anhängt, und zeigt, wie ‚Erfolg' als Prämie der Idolisierung der Arbeit (oder ‚Leistung') nutzbar gemacht werden kann. Die Erfahrung, dass Erfolg *auch ohne* Arbeit und Leistung möglich ist, mag 1927 noch nicht so allgegenwärtig gewesen sein wie heute, aber immerhin gab es das Phänomen der ‚Inflationsgewinnler' und der sog. ‚Schieber'.

Zeichnung): „Für den Posten eines leitenden Angestellten werden zwei Männer mit gleicher Begabung vorgeschlagen. […]" – Qualifikationsnachweise, Zeugnisse scheinen keine Rolle zu spielen, und wenig überraschend der Ausgang: „[…] Gutes Benehmen, Intelligenz und Fähigkeiten führten den Erfolg herbei",[45] gemeint ist die Anstellung. Signifikant hieran ist nicht nur das tröstliche Exempel (im epischen Präteritum!) vom Glück, das dem Tüchtigen hilft, sondern der bescheidene und in seiner Bescheidenheit realistische Begriff von Erfolg: ‚Erfolg' heißt schon, eine ‚Stelle', eine lohnabhängige Beschäftigung zu bekommen (und nicht erst Selbstständigkeit, eine exorbitante Karriere, Reichtum oder zumindest überdurchschnittlicher Wohlstand); das ist der eigentliche, operative Begriff von ‚Erfolg'.

Der Unterschied zwischen dem amerikanischen *success* und dem deutschen ‚Erfolg' lässt sich nicht besser verdeutlichen als mit einem Titel von Wallace D. Wattles, einem auflagenstarken Erfolgspropheten, der bereits 1910 *The Science of Getting Rich*[46] veröffentlicht hat; der Titel enthält die genaueste Übersetzung von *success*: Reichwerden. Eine probate ‚Übersetzung' der *Kunst* des Erfolgs wäre auch *Wie man seine Fähigkeiten verkauft*, oder *Selling Your Ability*, diesen Titel hat Thomas Sharper Knowlson viele Jahre später (1933) seinem *The Art of Success* folgen lassen.

Wie kommt es also, dass es ungeachtet fehlender Rahmenbedingungen für Erfolg (im Sinne von Reichwerden) bereits vor der Weimarer Republik schon einzelne Manierenbücher gibt, die sich ‚Erfolg' auf die Fahnen oder in den Titel schreiben? Man könnte aber auch umgekehrt fragen, warum das in der Folge und spätestens seit den zwanziger Jahren nicht alle tun, denn Verhaltensbücher ohne ‚Erfolg' im Titel und ohne Erfolgsversprechen auf den Klappentexten lassen sich etwas entgehen: Die Parole ‚Erfolg' bietet nämlich die Möglichkeit, ein normatives Vakuum zu füllen. Erfolg ermöglicht die Supplementierung eines normativen Vakuums oder einer Begründungskrise: Man weiß nun wieder, wofür und wozu man sich gut benehmen

45 Ruth Goetz von Schüching: *Durch gute Lebensart zum Erfolg. Praktische Ratschläge.* Leipzig: Hesse & Becker [1934], S. 9, 11. Vgl. auch die Ratschläge für weibliche Bewerber im Kapitel „Eine Dame sucht Arbeit" (ebd., S. 94 ff.).

46 Wallace D. Wattles: *The Science of Getting Rich: Die Kunst [!] des Reichwerdens.* München: Knaur 2010; seit 2011 auch als Hörbuch (3 CDs) zu haben.

soll. Wo die Normativität von Manieren immer mehr oder immer wieder an Selbstverständlichkeit verliert, fungiert ‚Erfolg' als eine Art Prämie für gute Manieren. Anstatt rundheraus zu fordern *Mensch, benimm Dich!* (Curt Elwenspoek, 1932/1957), oder *Mensch, geh' in Dich und benimm Dich!* (so ein Titel von Gustav Hölzer/ Franz Kettler, in Versen, Bremen 1926) oder kurz *Benimm dich* (Beck 1959), sagt man einfach: *Gutes Benehmen – Erfolg im Leben* (Dame und Kavalier [sic] 1927). Anstatt die alte Menschheitsfrage zu stellen *Wie soll ich mich benehmen?* (Klein 1899; dito Korejs/Foll 1961), *Wie benehme ich mich?* (Höflich 1899/1935; Gresens 1930 u. a. m.) – und zwar „richtig/ anständig/gefällig/elegant usw."[47] –, verspricht man einfach *Durch gute Lebensart zum Erfolg* (Ruth von Goetz-Schüching, ca. 1934).
Damit hat die Aufpfropfung von ‚Erfolg' auf die Topik und den Funktionskreis der Verhaltens- und Manierenliteratur nebenbei auch Erfolg-Propaganda betrieben oder zumindest zur Popularisierung von ‚Erfolg' beigetragen.[48]
Dass gute Lebensart zum Erfolg führe, kann man als leeres Versprechen betrachten oder als haarsträubende Naivität (die mit dem bescheidenen deutschen Begriff von Erfolg zusammenhängt): Den zivilen und strategischen oder diplomatischen Techniken der Interaktionsebene wird zugetraut, auf die Ebene der Funktionssysteme durchzuschlagen – eher ist das Umgekehrte der Fall, auch wenn es da natürlich viele Bereiche gibt, in denen sich diese Ebenen durchdringen oder so durchdringen, dass sie zu kongruieren scheinen, z. B. beim Staubsaugervertreter oder allgemeiner beim Handlungsreisenden und überhaupt in den kaufmännischen Berufen. Der Handlungskontext par excellence, in dem ‚Gutes Benehmen' (oder allgemeiner:

47 Das sind typische Titel von Benimmbüchern, für Nachweise vgl. das umfangreiche Literaturverzeichnis von Horst-Volker Krumrey: *Entwicklungsstrukturen von Verhaltensstandarden. Eine soziologische Prozeßanalyse auf der Grundlage deutscher Anstands- und Manierenbücher von 1870–1970.* Frankfurt am Main: Suhrkamp 1984.

48 Der erste Beleg für die Aufpfropfung des Zauberworts ‚Erfolg' auf die Verhaltensliteratur, den ich gefunden habe (nach der Bibliographie von Krumrey: *Verhaltensstandarde*), dürfte sein *Rothschilds moderne Lebensklugheit. Der beste Wegweiser für das praktische Leben zu Erfolg, Glück und Wohlstand.* Leipzig: Donath o. J. [1900]. Ich konnte dieses Buch noch nicht einsehen. Die Karteikarte der Staatsbibliothek Berlin zeigt „Kriegsverlust" an, ihr zufolge ist das Erscheinungsjahr übrigens bereits 1893 bei E. Weidlich in Leipzig). Vgl. auch die noch nicht verifizierte Titelvariante: *Rothschild's Taschenbuch moderner Lebensklugheit. Wegweiser für das praktische Leben zu Erfolg, Glück und Verstand[!].*

reflektiertes, situationsadäquates Sozialverhalten) Erfolg bringen kann, ist vielleicht das Bewerbungsgespräch (zu dem man aber auch nicht nur aufgrund von ‚Gutem Benehmen' eingeladen wird).
Bei vielen Büchern, die ‚Erfolg' im Titel führen, handelt es sich lediglich um verkappte, aufgerüstete Benimmbücher: *Benimm dich wieder anständig. Ein Brevier für Leute, die Erfolg im Leben haben wollen* (Günter Schab 1946). Angesichts der unbeirrbaren Hartnäckigkeit, mit der das Versprechen *Gute Umgangsformen bringen Erfolg. Unterhaltsamer Kursus für den Umgang mit Mitmenschen* (Gerhart Grüninger 1959) wiederholt wird, muss über die Eingrenzung auf den Zeitraum 1900–1940 hier ein wenig hinausgegangen werden. Die Formel *Durch gute Lebensart zum Erfolg*, so der emblematische Titel von Goetz-Schüching, deren Buch die Zeitenwenden und Regimewechsel von 1933 und 1945 unverändert überstanden hat, wird auch nach 1940 und 1945 gern wiederholt und variiert: *Der gute Ton – auch heute Erfolg im Leben* (Henriette Ostengrave / Maria von Peteani, 1957) oder *Erfolg im Leben. Durch Kultur des Benehmens* (Ernst Machek, 1950). „Es war einmal ein Knigge", lautet ein Kapitel in dem zuletzt genannten Buch, das mit einem „Exkurs über die Höflichkeit" beginnt und den stereotypen Parcours von Benimmbüchern („Bei Tisch", „Auf der Straße", „In Gesellschaft" usw.) durchläuft. Erst ganz am Ende – vor dem Schlusskapitel „Und nochmals: Knigge" – wird „Das Geheimnis des Erfolges" gelüftet:

> Nun mag sich manche Leserin und mancher Leser fragen, ob ‚Erfolg im Leben' wirklich der passende Titel ist für ein Buch, in dem von ‚Erfolgsrezepten' recht wenig, über den Umgang mit Menschen hingegen recht viel zu lesen ist.[49]

Aber abgesehen davon, dass dergleichen Etikettenschwindel nicht gerade *comme il faut* ist, ist dieses eklatante schlechte Benehmen symptomatisch. Bis heute werden solche unmanierlichen Mogelpackungen produziert und wieder aufgelegt: *Mehr Erfolg durch guten Ton. Umgangsformen heute* (Traude Walek-Doby 1990, 1995 und 2012). Die Angabe „heute" kann in dieser Literatur Jahrzehnte oder auch ein ganzes Jahrhundert umfassen. Es sind Bücher, die ihr Heute nie wahrgenommen haben und auch von Erfolg nicht mehr zu sagen wissen als dies: „Letztlich dient gutes Benehmen auch dem eigenen Wohlbefinden

49 Ernst Machek: *Erfolg im Leben. Durch Kultur des Benehmens.* Wien: Cerny 1950, S. 94. Das Kapitel enthält dann Kurzreferate von Benjamin Franklin und Dale Carnegie.

[…] und vor allem vervielfacht [!] es die Erfolgschancen bei allen privaten und geschäftlichen Unternehmungen",[50] so der einzige Satz in dem ganzen Buch von Walek-Doby, der auch nur die Vokabel ‚Erfolg' enthält.

Mit der ihnen eigenen somnambulen Semantik, ihren verquasten Betrachtsamkeiten, ihrem unermüdlichen Wiederaufbereiten von Gemeinplätzen exemplifizieren solche Bücher vielleicht nicht mehr als Beharrlichkeit und Erfahrungsresistenz von Denkgewohnheiten, Topoi, rhetorischen Stereotypen, die überzeitliche Mechanik eines diskursiven Genres. Wenn Topoi allzu oft und allzu mechanisch bemüht werden – man könnte das Platitüdenrecycling nennen –, treten Leerlauf und Auszehrung ein.[51] Mit der Vokabel ‚Erfolg' wird zwar irgendwann das Mobilitätsversprechen der Moderne aufgenommen und in die Titeleien gesetzt, eigentlich aber präparieren solche ‚Erfolg'-Bücher lediglich für die unterwürfige Anpassung an die Lebensbedingungen der Marktgesellschaft[52] – während ‚Erfolg' doch gerade für das Phantasma einer Transzendenz steht, für die Möglichkeit der Erlösung aus den Mühen und Wirren der marktgesellschaftlichen Kontingenz. Mit diesem phantasmatischen Glutkern von Erfolg kochen sie das ‚realistische' Süppchen, dass dableiben, wo man ist und sich redlich zu nähren, auch schon ein Erfolg sei (und wenn sich nur alle auch gut benehmen würden, wäre alles gut…).

Der Begriffs- und Etikettenschwindel des Titels *Durch gute Lebensart zum Erfolg* besteht nicht nur darin, dass die Zielgruppe und der Geltungsbereich der Ratschläge nicht angegeben werden. Auch in dem oben zitierten Kaufmannsbrevier von Lechler wird betont, wie wichtig und karrieredienlich gutes Benehmen sei – an und für sich, aber auch und gerade für den Kaufmann –, hier gehört das zum professionellen Habitus. Der Begriffs- und Etikettenschwindel zahlreicher Erfolgsbücher besteht darin, mit zweierlei Begriffen von Erfolg zu arbeiten. Der ‚Große Erfolg' wird als Köder verwendet, um auf die

50 Traude Walek-Doby: *Mehr Erfolg durch guten Ton. Umgangsformen heute.* Innsbruck: Pinguin 1990, dann München: Heyne 1992, 1995, 2012, S. 11.

51 Der redliche und rhetorisch geschulte Knowlson hat das Problem zumindest im Vorwort von *The Art of Success* kurz angesprochen: „The subject of success is as old as the hills, but it is one of perennial interest; and the difficulty presented to the writer is not that of a lack of materials, but of the capacity to select from a mountain heap those facts and principles which are fundamental, together with the truths that directly express the spirit of the age." (Knowlson: *The Art of Success*, S. 1.)

52 Vgl. Polanyi: *The Great Transformation*; Neckel: *Flucht nach vorn.*

Lebens- und Arbeitsverhältnisse einzuschwören, in denen bei guter Führung vielleicht einmal der ‚Kleine Erfolg‘ eintritt.
Das um 1933 zuerst aufgelegte Buch *Durch gute Lebensart zum Erfolg* (Goetz-Schüching) ist exemplarisch für das Konglomerat von Dreistigkeit und Weltfremdheit oder Geschichtsblindheit, mit der große Teile der Manierenliteratur des 20. Jahrhunderts ihre Leserschaft geködert haben, und das geht nicht allein zu Lasten der Autoren. Derselbe Verlag hat wenige Jahre später und etwa gleichzeitig mit der zehnten Auflage noch ein zweites Buch mit demselben Titel verlegt, diesmal mit der Autorangabe Ilse Reicke: *Durch gute Lebensart zum Erfolg. Ein praktischer und nachdenklicher Wegweiser* (mit 33 Zeichnungen).[53]
Weltfremdheit oder Geschichtslosigkeit hat auch eine ganz banale Ebene: Die von mir eingesehenen Exemplare (der 10. und 15. Auflage) sind ohne Datum, aber die ersten Seiten lassen vermuten, dass diese Auflage um 1950 gedruckt wurde, ob vor oder nach 1945, das ist in der Welt dieses Genres gleich. Auf die Überschrift „Mitte des zwanzigsten Jahrhunderts“ folgt die stereotype Erinnerung an den Wert der guten Umgangsformen, mit Floskeln, wie man sie seit dem letzten Drittel des 19. Jahrhunderts in zahllosen Manierenbüchern findet:

> Der Kampf ums Dasein hat nie gekannte Ausmaße. Das Tempo der Zeit hat einen rasenden Rhythmus. Viele Menschen glauben, die guten Lebensformen hätten keine Berechtigung mehr, sondern gehörten einer vergangenen, ruhigen Epoche an.

Aus dem Verlagsort Leipzig ist zu erschließen, dass dieses Buch auch in der Sowjetischen Besatzungszone und in der DDR wiederaufgelegt wurde – mit demselben Titel, der schon bei der Erstveröffentlichung nicht hielt, was er verspricht. Eine spezifisch national- oder dann

53 Ich konnte die beiden Titel bisher nicht vergleichen: „Kriegsverlust“ in den Beständen der Berliner Staatsbibliothek, und bei einem Versuch, das Buch bei einem Internetanbieter zu bestellen, wurde mir ein Exemplar (der 15. Auflage) von Schüching zugesandt (die mit der 10. identisch ist, abgesehen von der Anordnung der Illustrationen). Möglicherweise hat der Verlag auch nur den Namen der jüdischen Ruth Götz-Schüching durch Ilse Reicke ersetzt, die im Oktober 1933 das „Gelöbnis treuester Gefolgschaft für Adolf Hitler“ unterschrieben hatte. Ilse Reicke war promovierte Germanistin. Ruth von Schüching, eine ungemein produktive Autorin, hat in den zwanziger Jahren zahlreiche Romane und Drehbücher für teils sehr prominente Produktionen geschrieben, daneben auch ein Manieren-, ein Kosmetik- und ein Kochbuch. Sie bekam 1933 Schreibverbot, wurde 1938 ausgebürgert und starb 1965 in London.

real-sozialistische Manieren- und Erfolgslehre wird man in diesem zuerst im ‚Dritten Reich' veröffentlichten Buch vergeblich suchen; ebenso wenig Hinweise darauf, dass die Gesetze und Kontingenzen der Marktgesellschaft nunmehr der Regie des Staates unterstellt seien (oder gar, dass für die Aussichten auf „Erfolg im Leben" neben der „guten Lebensart" die Mitgliedschaft in der Partei eine Rolle spielen könnte). Wenn es überhaupt irgendwie ‚erklärbar' ist, dass auch im ersten deutschen ‚Arbeiter- und Bauernstaat' dergleichen gedruckt und publiziert wurde, dann nur unter der heuristischen Annahme, dass es eine Geschichte der Obsessionen jenseits der Grenzen politischer Systeme gibt. Die Manierenliteratur hat diese Obsession nicht aufgebracht, aber sie dürfte nicht unwesentlich zu ihrer Verbreitung beigetragen haben.

Um eine letzte Publikation zu nennen, die den Zeitraum 1900–1940 überschreitet, und deren Erfolgsbegriff nicht von der Blickverengung der Manierenliteratur beeinträchtigt ist: Das 1985 erschienene *Wege zum Erfolg* (Werner Gilde) bietet tatsächlich hilfreiche *Erfahrungen, Gedanken, Ratschläge* (wie der Untertitel verspricht)[54]; hier werden dem Produktionskollektiv und seinen Leitern tatsächlich Wege zum Erfolg gezeigt. Damit ist freilich nicht der materielle Erfolg des marktgesellschaftlichen Individuums oder des Volksgenossen gemeint, sondern kreative und effektive Problemlösungen in volkseigenen Betrieben. Das letzte Kapitel erinnert an einen die Grenzen der politischen Systeme überschreitenden kategorischen Imperativ der Moderne. Auch in der Planwirtschaft galt: „Erfolg haben ist Pflicht" – dieser Spruch, erklärt der Autor, „steht im Treppenhaus des ZIS"[55], heute vermutlich nicht mehr. Was immer aber aus diesem *Zentralinstitut für Schweißtechnik* dann geworden sein mag, die Pflicht zum Erfolg ist geblieben.[56]

Wenn die Geschichte des Erfolgs Gegenstand einer Historiographie der Obsessionen jenseits politischer Systeme ist und auch die Verhaltens- und Manierenliteratur zur Verbreitung dieser Obsession beigetragen haben sollte, so ist doch noch nach den Relationen zur

54 Werner Gilde: *Wege zum Erfolg. Erfahrungen, Gedanken, Ratschläge.* Halle / Leipzig: Mitteldeutscher Verlag 1985.

55 Ebd., S. 231.

56 Erfolg als Pflicht ist seit Merton: *Social Structure and Anomie*, ein Topos in der Soziologie des Erfolgs.

Gesellschaftsgeschichte und den tatsächlichen Wirkungen dieser Verbreitung zu fragen. Der Manierenliteratur Geschichtsblindheit zu attestieren, bedeutet nicht, sie als geschichtslos zu betrachten. Abschließend noch zwei vorläufige Thesen zum historischen Ort, zur gattungsinternen Logik und zur textuellen Symptomatik oder Effektivität der Erfolg-durch-Manieren-Literatur.

## V.

Indem Manierenliteratur die Parole ‚Erfolg' auf ihren Themen- und Funktionskreis aufpfropft, kann sie (zumindest verbaliter) eine Begründungskrise für Manieren lösen und mit dem Versprechen von Erfolg ihre Attraktivität erhöhen. Damit verbindet sich aber eine eigentümlich blicktrübende und bieder-unterwürfige Weltsicht, eine tantenhafte Form von Gouvernementalität, die man auch Gouvernantenmentalität nennen könnte. Da die Beschränkung des Blicks auf die individuellen Handlungsräume in der Interaktionswelt (und das eigene ‚Durchkommen') und Blindheit für die Mechanismen der Funktionssysteme typisch ist für das Genre, das sich immer schon (und immer nur) mit Lebensführung, Geselligkeit und direkten Sozialkontakten befasst, hat sich die Manieren- und Verhaltensliteratur als diskursiver Umschlagplatz für die Propaganda von ‚Erfolg' geeignet und als publizistischer Transmissionsriemen das reflexionslose Sichabfinden mit den marktgesellschaftlichen Lebensbedingungen, diesseits und jenseits des ‚Guten Tons', befördert. Hatte die ältere verhaltensethische Literatur des Hofmanns und des Bürgers das Bewusstsein für den Darstellungscharakter und die Außenwirkung des Benehmens in Gesellschaft – und damit die Reflexivität des geselligen und gesellschaftlichen Verhaltens – gesteigert, so modelliert die ‚moderne' Erfolg-durch-Manieren-Literatur das Verhalten und Benehmen als kaufmännisches und unternehmerisch spekulierendes Regime.

Die Einführung der Prämie ‚Erfolg' leitet auch den Übergang von einer Verhaltens*ethik* zu einer Verhaltens*ökonomik* ein. Bereits in recht frühen Beispielen deutscher Erfolg-Propaganda lassen sich Überlagerungen von disziplinargesellschaftlichen und kontrollgesellschaftlichen Direktiven oder Übergänge von der disziplinierenden Macht zur kontrollierenden Macht ausmachen: „Wer meinte, daß andere für seine inneren Vorgänge kein Auge haben, täuscht sich. Jeder Mensch ist mehr beobachtet, als er ahnt."[57] So der Kaufmannspädagoge Lechler. Es lohnt sich also, sich gut zu benehmen. Lechler suggeriert, dass man mit Selbstkontrolle nicht nur etwas Negatives *vermeidet* (soziale Sanktionen), sondern etwas Positives erreichen kann: Erfolg. Man muss kein Benimmbuch lesen, um darüber belehrt zu werden, aber derselben Logik folgen dann auch große Teile der Manierenliteratur. Lechler beschwört eine allgegenwärtige panoptische Kontrolle (wie im Beobachtungsraum eines mittelständischen Betriebs), die ganz logisch allzeit Selbstkontrolle erfordert – angefangen mit den Manieren; diese wirken nicht nur präventiv (gegen Beschämung, Peinlichkeit, Fettnäpfchen), sondern helfen auch auf dem Weg zum ‚Erfolg'. Mit dieser Erfolgsprämie lassen sich zum einen gute alte Tugenden wie Disziplin, Fleiß, Selbstbeherrschung reaktivieren, und zum andern – und daher die Attraktivität für die Manierenliteratur – lassen sich die Manieren aufwerten und neu begründen (die Klage, dass ‚die neue Zeit' keine Manieren und den Sinn für den ‚Guten Ton' verloren habe, ist seit Mitte des 19. Jahrhunderts fester Bestandteil und Selbstlegitimationstopos von Benimmbüchern).

Das Aufkommen des Erfolgs, die Propaganda des Erfolgs im Medium der Manierenliteratur markiert eine Schwelle, einen Übergang von der disziplinierenden Macht zur kontrollierenden Macht: Disziplinierend ist die Propaganda des Erfolgs, insofern sie zur Mobilisierung der Kräfte und Begehren beiträgt, kontrollierend, indem sie die Auffassung verbreitet, dass Erfolg machbar ist, dass jeder Erfolg haben kann und also vom Subjekt abhängt. Wenn jeder der Schmied seines Glücks ist, ist auch jeder für seine Erfolglosigkeit selbst verantwortlich. Man muss strebend sich bemühen, und wenn der Erfolg ausbleibt, hat das Subjekt sich das selbst zuzuschreiben, vielleicht war das Bemühen ja doch zu wenig und der Wille, die Willenskraft, das Begehren, der Geist zu schwach.

Der historische Ort von Erfolgsratgebern (der über den Zeitraum 1900–1940 weit hinausreicht) lässt sich also mit einer machtgeschichtlichen Schwelle, als Übergänglichkeit zwischen der disziplinierenden und der kontrollierenden Macht bestimmen.[58]

57 Lechler: *Geschäftserfolg und Lebenserfolg*, S. 103.

58 Siehe dazu Gilles Deleuze: Postskriptum über die Kontrollgesellschaften. In: Ders.: *Unterhandlungen (1972–1990)*. Frankfurt am Main: Suhrkamp 1993, S. 254 ff.

Bis zum 20. Jahrhundert geht es in der Anstands- und Manierenliteratur eher darum, Friktionen und Misserfolge (Beschämung, Peinlichkeit, Verlegenheit…) zu vermeiden; sie war in dieser Hinsicht also defensiv, aber in der Defensive steckt eine *(privat-)politische Klugheit.* Eine der Verhaltenslehren des frühen 18. Jahrhunderts, Christian Thomasius' *Kurtzer Entwurff der politischen Klugheit, sich selbst und anderen in allen menschlichen Gesellschaften wohl zu rathen und zu einer gescheiden Conduite zu gelangen* (1710) ist beseelt von dem Bemühen, „sich nicht beherrschen zu lassen" und dem Untertanen Wege der Selbstbehauptung aufzuzeigen.[59] Im 20. Jahrhundert scheint sich die Funktion der Verhaltensliteratur geradezu umgekehrt zu haben, sie dient eher dazu, sich leichter und unmerklicher beherrschen zu lassen, die Subjekte am Spiel der Macht und um die Macht zu beteiligen, die zu Schmieden ihres Glücks gewordenen Untertanen in die Netze von Disziplin und Kontrolle zu verstricken, Begehren zu stimulieren und Konkurrenzbereitschaft zu wecken. So sehr es Erfolgsphilosophien um *empowerment* zu tun ist, um Selbstermächtigung, so sehr schwören sie Subjekte auf ein Selbst- und Weltverhältnis ein, das auf dem Glauben an Machbarkeit und Macht, Kontrolle und Durchsetzung beruht, auf einem voluntaristischen Modell von Kausalität.[60]

Und die Propaganda des Erfolgs wirkt – wenn auch schwer ‚messbar' oder objektivierbar – weit über den Kreis der Leser solcher Evangelien des Erfolgs hinaus. Erfolg ist schließlich auch eine Gestalt von Macht selbst (nicht nur als Kontingenzbeherrschung, sondern durch

59 Christian Thomasius: *Kurtzer Entwurff der politischen Klugheit, sich selbst und anderen in allen menschlichen Gesellschaften wohl zu rathen und zu einer gescheiden Conduite zu gelangen* […]. Franckfurt am Mayn/ In Verlag Johann Großens Erben 1707.

60 Aufschlussreich ist, dass gelegentliche Ansätze zu einem Konzept von systemischer Kausalität sich nicht gegen lineare Kausalität durchsetzen können, so z. B. bei Allen: „Each life is a perfectly woven network of causes and effects, of efforts (or lack of efforts) and results, and *good results can only be reached by initiating good efforts, good causes.*" (Allen: *Foundation Stones*, Pos. 221, Herv. R. H.) – was empirisch schnell zu widerlegen ist. Vgl. zu dem grundsätzlichen Denkfehler auch: „nothing happens without a cause, and that cause and effect are always related in perfect adjustment and harmony. This being so, every happening directly affecting us is intimately related to our own will and character [!], is, indeed, an effect justly related to a cause having its seat in our consciousness. […] Involuntary happenings of life are the results of our own thought and deeds." – „We reap as we sow. Those things which come to us, though not by our own *choosing*, are by our causing." – das ist der Vorbehalt in dieser Metaphysik der Allmacht des Wollens und Denken: es gibt unbewusstes, ungewolltes, fahrlässiges Verursachen.

die Verfügungsgewalt und den materiellen Wohlstand, die mit Erfolg verbunden sind).[61]

Wie oben schon angesprochen sind Stimulation, Mobilisierung, Intensivierung und Disziplinierung des Begehrens fester Bestandteil von Erfolgsratgebern – es genügt nicht, von Erfolg nur zu träumen, man muss schon kräftig wollen und wirksam begehren. Doch auch damit wird der Traum vom Erfolg kommunikativ ventiliert und zugleich das eigene Erfolgsbegehren von einem stereotypen Traum und von der Nachahmung des Begehrens anderer mobilisiert und geprägt. Wenn Erfolgsratgeber die Mobilisierung des Begehrens betreiben, geht damit auch die Stimulation *mimetischen* Begehrens einher: Andere waren und sind erfolgreich – warum nicht auch Sie?!

Von diesem Hintergrund erscheint auch ein weiteres Phänomen der Moderne in einem anderen Licht: die Romantik des Taugenichts, der Erfolgsverweigerer, der anpassungsunwilligen Chaoten, für die in der modernen Literatur, aber auch im Kino und in der Populärkultur so viel Sympathie aufgebracht und erregt wird. Robert Walser hat die Romantik des schönen Scheiterns ausgerechnet in einer Persiflage von Schillers Sturm & Drang-Erfolgsstück *Die Räuber* mit der ihm eigenen hinterhältigen Ironie auf den Punkt gebracht, wenn er seinen Karl Moor sagen lässt: „Mich entsetzt der Gedanke, ich könnte Erfolg in der Welt haben".[62]

Die Romantik des noblen Scheiterns ist vielleicht nur die modernisierte Gestalt der „schönen Seele" und ihres unglücklichen Verhältnisses zum „Weltlauf" (Hegel), die dialektische Rückseite der Erfolgsreligion, -anbetung oder -obsession der Moderne… von gestern – bis heute.

Ob die hier exemplarisch vorgestellten Bücher der Erfolg-Propaganda tatsächlich etwas bewirkt und irgendwen ‚beeinflusst' oder gar zum Erfolg geführt haben, ist schwer nachzuweisen – vielleicht

61 Carnegie spricht einmal von der „Magie der Verfügungsgewalt" (nach Hansen: *Die Mentalität des Erwerbs*, S. 109; vgl. Andrew Carnegie: The Gospel of Wealth. In: Ders.: *The Autobiography of Andrew Carnegie and his Essay* The Gospel of Wealth. *With a New Introduction by Gordon Hutner*. New York: Signet Classics 2006, S. 321–336).

62 Robert Walser: Berühmter Auftritt. In: Ders.: *Das Gesamtwerk in 12 Bänden*, Bd. 1, hrsg. v. Jochen Greven. Frankfurt am Main: Suhrkamp 1978, S. 260–262, hier S. 261. Walter Benjamin zitiert diesen Satz in seinem Porträt von Robert Walser, in ders.: *Illuminationen*. Frankfurt am Main: Suhrkamp 1980, S. 349–352 (Benjamins Kommentar dazu wäre ein Aufhänger für einen anderen Aufsatz).

wurden und werden sie ja auch nur wie Mantren oder Amulette[63] gebraucht –, aber sie lassen sich als ideologische Symptome und Dokumente betrachten, als spontane Laientheologie des Erfolgs, um noch einmal religiöse Metaphorik zu bemühen. Was Adorno mit der polemisch-metaphorischen Rede von der „barbarischen Erfolgsreligion" meinte, und was Walter Benjamin mit der These „Kapitalismus als Religion" skizziert hat, gehört zur Ontologie der Marktkonkurrenz- und Kontingenzgesellschaft.[64] Die Analogien zu Religiosität, Kult, Theologie liegen auf der Hand, aber vielleicht lässt sich dieses Symptom der Marktgesellschaft auch schlichter und profaner als eine Obsession bezeichnen.

Ein adäquates Aufschreibesystem für Theologien sind Hieroglyphen. Ich schließe daher mit dem Hinweis auf ein Buch, das sich weder ganz der erfolgspropagandistischen Verhaltens- und Manierenliteratur zuordnen lässt noch der Literatur ohne ersichtliche pragmatische lebensdienliche, erfolgversprechende Funktion. In Frankreich veröffentlicht Maurice Joly 1868 ein Traktat mit dem Titel *Recherches sur l'art de parvenir*, also „Studien zur Kunst des Aufsteigens". Das war und ist kein erfolgversprechender Titel, und dem Buch war auch kein Erfolg beschieden. Die erste deutsche Übersetzung ist erst 2001 erschienen, sie titelt *Das Handbuch des Aufsteigers*:

> Aufsteigen! Erfolgreich sein! Findet in diesen Worten nicht eine ganze Zivilisation ihre Erklärung? Besteht die letzte Weisheit der zeitgenössischen Gesellschaftsphilosophie nicht lediglich darin, zu erforschen, auf welche Weise man zu Erfolg kommt?[65]

63 Die wichtige Frage nach den Gebrauchsweisen und der tatsächlichen Wirkung von Ratgeberliteratur im Allgemeinen und Erfolg-Literatur im Besonderen musste ich in diesem Beitrag ausklammern. Vgl. dazu Timo Heimerdinger: Wem nützen Ratgeber? Zur alltagskulturellen Dimension einer populären Buchgattung. In: *Non Fiktion. Arsenal der anderen Gattungen* 1,2 (2012): Ratgeber, hrsg. v. David Oels / Michael Schikowski, S. 37–48 hat in diesem Zusammenhang mehrere „Verwendungsmodi" unterschieden, besonders plausibel erscheint mir die „Amulettfunktion" (ebd., S. 47).

64 Walter Benjamin: Kapitalismus als Religion. In: Ders.: *Gesammelte Schriften*, Bd. VI: Fragmente, Autobiographische Schriften, hrsg. v. Rolf Tiedemann / Hermann Schweppenhäuser. Frankfurt am Main: Suhrkamp 1985, S. 100–103. Vgl. aber auch Dieter Claessens: *Kapitalismus als Kultur. Entstehung und Grundlagen der bürgerlichen Gesellschaft.* Düsseldorf / Köln: Diederichs 1973.

65 Maurice Joly: *Das Handbuch des Aufsteigers.* Frankfurt am Main: Eichborn 2001, S. 13.

Joly schlug der Academie Française sogar die Einrichtung einer „Sektion für Erfolgskunst“ vor…, aber seine ‚Studien‘ oder ‚Forschungen‘ sind wenig ergiebig, seine Ratschläge wenig erfolgversprechend, auch als Satire ist sein Buch mäßig witzig. Ausgenommen das Kapitel „Über das Glück und die Geschäfte“[66]. Man kann es geradezu als ‚Klartext‘ all der vielen Erfolgsrezepte lesen, mit denen das 20. Jahrhundert die Welt beglücken wird – lesen oder betrachten.

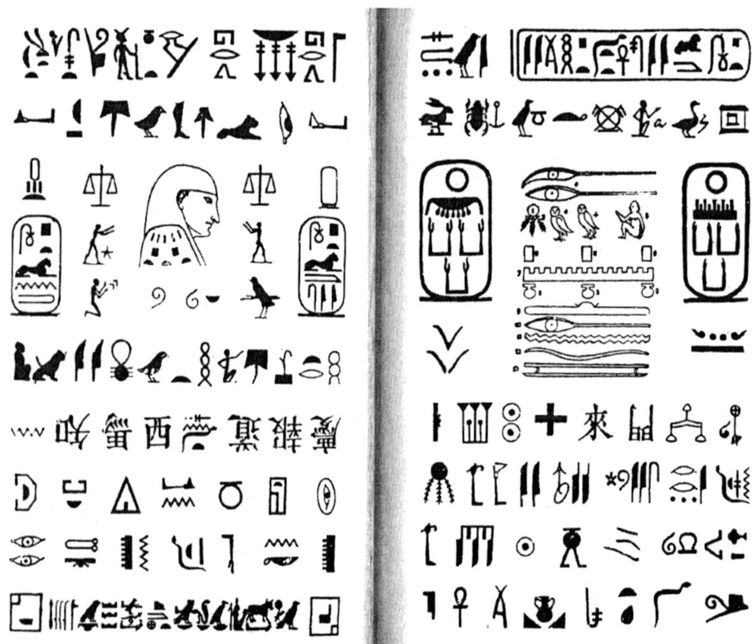

Abb. 1: Der ultimative Wegweiser zum Erfolg. In: Maurice Joly: *Das Handbuch des Aufsteigers.*

66 Joly: *Das Handbuch des Aufsteigers*, S. 279–281.

## Selbsthilfe „durch die Macht des Beispiels"

## *Der Weg zum Erfolg durch eigene Kraft* von Hugo Schramm-Macdonald

Wim Peeters

### I.

Ist ein Ratgeber ohne Beispielerzählungen überhaupt denkbar? Im Buch *Der Weg zum Erfolg durch eigene Kraft*[1], erschienen in mehreren Auflagen am Übergang vom 19. zum 20. Jahrhundert, verneint Hugo Schramm-Macdonald dies mit Nachdruck: „Guter Rat ist gewiß nicht ohne Wert," schreibt der Autor, jedoch schwebe das Wort „oft als etwas Unfaßbares in der Luft. Da kommt das Beispiel zu Hilfe, offenbart im einzelnen Falle die allgemeine Wahrheit und erklärt das Wort durch die That. Das Beispiel ist eine Lebenskraft, die sich fortpflanzt und mitteilt und neue Lebenskräfte hervorruft." (SM, S. 152–153) Beispielerzählungen stärken, so heißt es im Vorwort, das „Vertrauen in die eigene Kraft" (SM, S. VII) und sind aus der Sicht des Autors unabdingbar für jegliche Erfolgsgeschichte. Das 320 Seiten umfassende Buch enthält eine lange Kette von Lebensbeschreibungen überwiegend für die deutsche Nation bedeutsamer großer Vorfahren. Das Buch setzt sich zum Ziel, zu verhindern, dass Menschen bei Misserfolg „erlahmen und sich nach fremder Hilfe umsehen" (ebd.). Es soll zur Selbsthilfe anleiten, und zwar „durch die Macht des Beispiels".

1 Hugo Schramm-Macdonald: *Der Weg zum Erfolg durch eigene Kraft (1889). Nach dem Muster der „Self-help" von Samuel Smiles für das deutsche Volk verfaßt.* 3. Aufl. Kassel: Weiß 1903. Künftig zitiert im Text mit der Sigle SM.

Schramm-Macdonalds Buch knüpft explizit an den Weltbestseller *Self-Help. With Illustrations of Character, Conduct, and Perseverance* (1859) des schottischen Autors Samuel Smiles an, nach dessen „Muster" oder „Vorbild" (ebd.) das Werk verfasst wurde. Smiles' Buch gilt als Klassiker des Selbsthilferatgebergenres, das auf den eigenen Durchhaltewillen, die Sparsamkeit und harte, eigenverantwortliche Arbeit als Erfolgsrezept setzt. Besonderes Talent oder Know-how reicht alleine nicht aus, Fortschritt und Erfolg sind ohne die Bildung des Charakters nicht denkbar. Lässt man sich auf das Amalgam von hagiographischen Geschichten, praktischen Ratschlägen und zitierten Lebensweisheiten des Buches ein, verspricht der soziale Aufstieg jedem offen zu stehen. Man kann Smiles' Erfolg durch die Entsprechung des viktorianischen Wertekanons erklären oder durch den propagierten Glauben an die individuelle Möglichkeit, sein Leben zu ändern. Smiles' Buch hatte einen erheblichen Einfluss auf die Selbsthilfeliteratur in der zweiten Hälfte des 19. Jahrhunderts. Der amerikanische Vordenker des *positive thinking* und Gründer des *Success Magazine*, Orison Swett Marden, bezieht sich zum Beispiel explizit auf Smiles. Sein Selbstoptimierungs-Buch *Pushing to the Front or, Success Under Difficulties* (1894) war dann wieder eine wichtige Inspiration für Dale Carnegie etc. Marden benennt zwei essenzielle Voraussetzungen für Erfolg: erstens „go-at-it-iveness" und zweitens „stick-to-it-iveness".[2]

Die explizite Erwähnung des Buches, das Marden und Schramm-Macdonald zum Vorbild genommen haben, ist kennzeichnend für den spezifischen diskursiven Ort der Ratgeberliteratur. Das Genre ist scheinbar gezwungen, unablässig zu thematisieren, was es (nicht) ist, beziehungsweise sein will, und was es (nicht) tut beziehungsweise zu tun beabsichtigt. Neben Smiles avancierte Benjamin Franklins *Autobiography* (1790) zum Selbsthilfe-Klassiker. Die Bücher fokussieren an erster Stelle auf Techniken der individuellen Selbsthilfe. In Anlehnung an Franklin leitet Smiles sein Buch mit dem Leitsatz „Heaven helps those who help themselves" ein.[3] Sowohl Smiles als auch

2 Orison Swett Marden: *Pushing to the Front*, Bd. I. New York: Cosimo 2005 [Success Company 1911], S. 129.

3 Samuel Smiles: *Self Help. With Illustrations of Character, Conduct, and Perseverance (1859/1866)*. Oxford / New York: Oxford UP 2002, S. 17. Schramm-Macdonald übernimmt diesen Anfang (SM, S. 4). Bei Franklin findet sich der Satz, der auf Aesop

Schramm-Macdonald greifen das Beispiel des englischen Schusters und Naturphilosophen Samuel Drew auf, um anhand von Franklin das Raum und Zeit übergreifende Potenzial von Ratgeberliteratur vorzuführen. Drew habe nämlich ausdrücklich erklärt, „dass er sich das Leben Franklins für sein eigenes Leben und besonders für seine geschäftlichen Gewohnheiten zum Muster genommen habe." (SM, S. 158)[4] Auch hier thematisert das Medium wieder sich selbst, um die eigene Wirkung zu verstärken.

Zwar baut Schramm-Macdonald auf den Erfolg von Smiles auf, er setzt sich aber auch explizit von ihm ab: „Unbestreitbar hat die Smiles'sche Schrift große Vorzüge; sie sind auch in Deutschland so allgemein bekannt und anerkannt, dass es ganz überflüssig wäre, noch ein Wort darüber zu sagen." Smiles' Werk habe aber auch große Schwächen, „zumal dem deutschen Leser gegenüber." Zum Beispiel sei der „Gedankengang" von Smiles' Text „vielfach ungeordnet und zusammenhangslos".[5] Schramm-Macdonald macht aus der Vorlage, die nach seiner Aussage dezidiert erneuert werden muss, damit sie ihre Wirkung optimal entfalten kann, ein *Format.*

Im Gegensatz zum Original *Self Help* setzt der Titel *Der Weg zum Erfolg durch eigene Kraft* die (Selbst-)Techniken der individuellen Selbsthilfe im Sinne des hegemonialen Selbstverbesserungsdispositivs des 19. Jahrhunderts scheinbar als bekannt voraus. Das kann natürlich auch Verlagspolitik[6] oder die Erfolgsstrategie eines Autors gewesen sein, der als einer der ersten das Erfolgsratgebersegment für sich entdeckt hat.[7] Zur Zeit des Erscheinens von Schramm-Macdonalds

zurückgeht, in der Variante „God helps them that help themselves", 1736 veröffentlicht in *Poor Richard's Almanack* (*The Works of Dr. Benjamin Franklin*, Bd. IV. Philadelphia: Duane 1809, S. 236).

4 Smiles: *Self Help*, S. 306.

5 Hugo Schramm-Macdonald: *Der Weg zum Wohlstand. Nach dem Englischen für das deutsche Volk bearbeitet.* Kassel: Weiß 1889, S. IV.

6 Die Verlagsgeschichte verliert sich leider: Laut Adressbuch des deutschen Buchhandels von 1905 ging der Verlag von Georg Weiß in Kassel am 1. Juli 1904 durch Kauf an den Franz Leichter Verlag (vorm. Georg Weiss, Kassel) in Ohlau über. Die folgenden Verlagswechsel führten möglicherweise zu einem Verlust der Korrespondenzen. Der Deutschen Nationalbibliothek ist jedenfalls kein Nachweis eines Verlagsarchivs von Georg Weiß bekannt.

7 Auch Schramm-Macdonalds Frau Marie (geb. Schwendy) war Schriftstellerin und setzte auf das Ratgebersegment für Frauen in *Für Herz und Haus. Briefe an deutsche Frauen.* Dresden: Ehlermann 1889.

Überarbeitung waren schon drei Smiles-Übersetzungen auf dem Markt.[8] Schramm-Macdonalds Erfolgsratgeber ist der dritte Teil einer Reihe Bücher nach dem Muster von Smiles' Selbsthilfebüchern. Die deutschsprachigen Titel beim Georg-Weiß-Verlag in Kassel suggerieren im Gegensatz zu den Originalen eine Ergänzungslogik, die nicht dem Erscheinungsdatum der Originale entspricht: Als erstes erscheint 1888 in einer Überarbeitung von Wilhelm Rudow *Der Charakter* (im Original: *Character*, 1871), 1902 neu veröffentlicht als *Der Weg zur Selbsterziehung*. Dann 1889 überarbeitet von Schramm-Macdonald *Der Weg zum Wohlstand* (*Thrift*, 1875) und im gleichen Jahr *Der Weg zum Erfolg durch eigene Kraft* (*Self-Help*, 1859). Der Titel *Der Weg zum Wohlstand* ist nach Auffassung von Schramm-MacDonald angemessen, da Smiles' Sparsamkeitsratgeber „stofflich weit über die Grenzen" des Sparens hinausgeht, und dies obwohl er ganze – seiner Überzeugung nach überflüssige – Kapitel weggelassen hat.[9] Letztendlich geht es um das Lebensglück, das von den beiden Dimensionen Wohlstand und Erfolg geprägt wird. Beide verbindet der Optimierungsgedanke: „Nicht Glück, sondern Arbeit macht Männer. Wer sich auf's Glück verlässt, wartet immer darauf, dass etwas von selbst kommt; wer sein Heil in der Arbeit sucht, findet mit scharfem Auge und festem Willen selber immer etwas." Oder noch anders formuliert, heißt es: „Glücklich zu Leben […] ist die Kunst, alles, was uns das Leben bietet, aufs beste zu verwerten, […] dem Leben den höchsten Genuss abzugewinnen und dadurch die höchsten Ziele zu erreichen."[10] 1900 erscheint noch *Erreichte Ziele*, das Schramm-Macdonald zusammen mit Bruno Judeich als Ergänzungsband zum Erfolgsbuch verfasst hat. Es behandelt neben weiteren praktischen Beispielen aus verschiedenen Berufsfeldern, die im Vorgängerbuch keinen Platz mehr gefunden haben, auch die genossenschaftliche Selbsthilfe.

8 *Die Selbsthülfe in Lebensbildern und Charakterzügen*, übertr. v. Josef M. Boyes. Hamburg: Hoffmann & Campe 1866, 469 S.; *Hilf dir selbst!* Kolberg: Jancke 1872–1877, 396 S.; *Selbst ist der Mann.* Kolberg: Post 1886–[1902], 419–478 S.; *Der Weg zum Erfolg durch eigene Kraft.* Heidelberg: Weiß 1889, 322 S.; *Selbsthilfe*, übertr. v. David Haek. Leipzig: Reclam [1894]–1920, 326 S.; *Selbsthilfe*, übertr. v. F. Dobbert. Halle / Berlin: Hendel [um 1920], 388 S.

9 Schramm-Macdonald: *Wohlstand*, S. IV.

10 Ebd., S. 137, 291.

## II.

Für den diskursiven Ort des Genres ist neben der Selbstthematisierung als Ratgeber entscheidend, wie sich der Autor dem Leser gegenüber positioniert. Im Gegensatz zu literarischen Texten muss Ratgeberliteratur eine tragfähige Beziehung zwischen dem Autor und dem Adressaten aufbauen. Die Erwartungen an diese Beziehung und das eingeforderte Vertrauen gehen über den bloßen Akt des Lesens hinaus. Darin zeigt sich die institutionelle Dimension von Ratgebern. Um das besondere Verhältnis zum Leser nicht jedes Mal neu begründen zu müssen, ist der Autor eines Ratgebertextes darauf angewiesen, aus einer institutionell gesicherten Position heraus sprechen zu können. Dass diese Position, die dem Text eine institutionelle Redeposition zuordnet, fiktiv ist und im Modus des ‚als ob‘[11] funktioniert, störanfällig und jederzeit kündbar ist oder sogar unterlaufen werden kann, ändert an dem Grad der Institutionalisierung dieser Beziehung nichts. Um als institutionalisiert gelten zu können, reicht das ‚Sich-Einschleifen‘ einer diskursiven Praxis allein nicht aus. Institutionalisierung setzt auch eine verlässliche Ebene voraus, die die jeweilige kommunikative Situation übersteigt und für die Beteiligten nicht zugänglich und somit auch nicht verhandelbar ist. Diese institutionellen Praktiken müssen nicht rechtsförmig von Institutionen abgesichert werden und können auf der Ebene des ‚weil man das so macht‘ verharren.[12] Mit der Logik der Institutionalisierung kommen strukturell gesehen all jene Begründungsprobleme ins Spiel, die bei Institutionen bekannt sind: der Bezug auf eine Referenz oder das Sprechen ‚im-Namen-von‘ etc.[13] Bei Ratgebertexten spielt hier die Selbstpositionierung des Autors eine besondere Rolle sowie der Bezug auf eine außertextuelle, ihrerseits mehr oder weniger institutionalisierte Beratungspraxis.

11 Hans Vaihinger: *Die Philosophie des Als ob. System der theoretischen, praktischen und religiösen Fiktionen der Menschheit auf Grund eines idealistischen Positivismus.* Leipzig: Meiner 1922, S. 60.

12 Vgl. Peter L. Berger / Thomas Luckmann: *Die gesellschaftliche Konstruktion der Wirklichkeit. Eine Theorie der Wissenssoziologie*, mit einer Einl. zur dt. Ausg. v. Helmuth Plessner, aus d. Amerik. v. Monika Plessner. Frankfurt am Main: Fischer 1969, S. 63. Vgl. dazu auch Michael Niehaus: *Das Verhör. Geschichte – Theorie – Fiktion.* München: Fink 2003, S. 273.

13 Vgl. Pierre Legendre: *De la Société comme Texte. Linéaments d'une Anthropologie dogmatique*, Paris: Fayard 2001, S. 42.

Zwar suggerieren die Titel von Schramm-Macdonalds Überarbeitungen, dass der Autor nahezu die Position eines geistigen Führers inne hat, dennoch setzt das Programm von Schramm-Macdonald wie auch schon Smiles auf das Charisma der großen Selbsthilfe-Referenzen der ‚vaterländischen Geschichte':

> [Es] verdient weniger derjenige, der die Gesetze und die staatlichen Einrichtungen verbessert, den Namen eines Vaterlands- und Menschenfreundes, als vielmehr der, welcher es sich zur Lebensaufgabe gemacht hat, seine Mitmenschen dahin zu bringen, dass sie sich durch sich selbst, d.h. durch eigenes freies und selbstständiges Arbeiten zu heben und zu vervollkommnen suchen. (SM, S.6)

Damit sind nicht unsere beiden Selbsthilfe-Autoren gemeint, sie nehmen die Position des Erzähler-Geschichtsexperten ein. Sowohl Smiles als auch Schramm-Macdonald haben historische Biografien bedeutender Persönlichkeiten verfasst.[14] Schramm-Macdonald etwa berichtet nicht aus eigener Erfahrung, sondern geriert sich als kommentierender Erzähler von (teils fiktiven) Beispielerzählungen,[15] die in einen konstruierten historischen Erzählrahmen eingewebt sind und die die Verhaltensempfehlungen legitimieren sollen. Diese Erzählformen sind „normative Wirklichkeitserzählungen":[16] Es wird ein (un) erwünschter „Zustand von Wirklichkeit geschildert mit dem Ziel, eine gewisse Praxis zu regulieren".[17] Sowohl Ziel, Auswahl als auch Verknüpfung der Ereignisse werden von diesem Selbsthilfe-Narrativ bestimmt.

14 Z.B. Hugo Schramm-Macdonald: *C.F.PH. v. Martius: sein Lebens- und Characterbild insbesondere seine Reiseerlebnisse in Brasilien* (1869); Samuel Smiles: *The Life of George Stephenson* (1857); *Lives of the Engineers* (3 Bde., 1863); *Life of a Scotch Naturalist: Thomas Edward* (1876), etc.

15 Christian Klein / Matías Martínez: Herausforderungen meistern, Krisen überwinden. Über Ratgeberliteratur aus narratologischer Sicht. In: *Non Fiktion. Das Arsenal der anderen Gattungen* 1,2 (2012): Ratgeber, S.57–70, hier S.68–69. Schramm-Macdonald nutzt dieses Erzählverfahren auch, um in der jeweiligen Publikation für seine weiteren Ratgeberbücher zu werben, aus denen er Beispiele wiederholt. In *Erreichte Ziele* verweist er in ähnlicher Manier im Kapitel über die genossenschaftliche Selbsthilfe des Weiteren auf seine Übersetzung des Essays *Die Arbeit: ihre unberechtigten Ansprüche und ihre berechtigten Forderungen, ihre wirkliche Gegenwart und ihre mögliche Zukunft* (Leipzig: Kinkhardt 1870, Orig. 1869) von William Thomas Thornton. Das ist wohl die Selbsthilfe des Brotschreibers Schramm-Macdonald.

16 Christian Klein / Matías Martínez: [Einleitung.] In: Dies. (Hrsg.): *Wirklichkeitserzählungen. Felder, Formen und Funktionen nicht-literarischen Erzählens.* Stuttgart: Metzler 2009, S.1–13, hier S.6.

17 Ebd.

**III.**

Ihre suggestive Kraft entwickeln die Bücher von Schramm-Macdonald und Smiles nicht nur durch die diskursive Übermächtigung des Lesers mittels einer potenziell endlosen Reihung biografischer Erfolgserzählungen, sondern auch durch die mehrfache Rahmung dieser Erzählungen in miteinander verschränkten Großerzählungen. Zwei optimistische Erzählungen dieser Art werden dazu miteinander verschmolzen: Das im 19. Jahrhundert novellierte Hilfe-zur-Selbsthilfe-Narrativ und das Nationalcharakternarrativ. Während die ‚kleineren‘ Beispielerzählungen eher die Funktion haben, die Vielfalt der individuellen Ausgestaltungsmöglichkeiten von Selbsthilfe zu betonen, haben die größeren Narrative eher das Ziel, das Vertrauen in die gesellschaftliche Transformationskraft, die in Selbsthilfe enthalten ist, zu generieren.[18]

Albrecht Koschorke hat jüngst in *Wahrheit und Erfindung. Grundzüge einer allgemeinen Erzähltheorie* gezeigt, dass Vertrauen eine zentrale Kategorie in institutionellen Zusammenhängen darstellt. Einerseits müssten „Institutionen das Vertrauen generieren, das es den Akteuren erleichtert, sich durch sie leiten zu lassen“, andererseits gilt, dass „Vertrauen allererst den Boden bereitet, auf dem sich funktionsfähige Institutionen entwickeln können“.[19] Weil Vertrauen nur „in einer vertrauten Welt möglich“ ist und nur „durch das Überziehen der vorhandenen Informationen“ zustande kommt,[20] muss es mittels bestimmter narrativer Verfahren erzeugt und gestützt werden: „[E]s bedarf der Geschichte als Hintergrundsicherung.“[21] Als Paradigma hierfür werden gewöhnlich die ‚Gründungserzählungen‘ von Institutionen aufgeführt.[22] Es ist aber leicht zu sehen, dass der Ratgeber in Buchform ebenfalls ein – und zwar besonders prekärer – Anwendungsfall der Kopplung von Erzählung und Institution ist, da es dem Ratgeber ja in besonderer Weise darum gehen muss, den Vertrauensvorschuss, den ‚Kredit‘, einzufordern, mittels dessen die – überdies jederzeit

18 Vgl. Albrecht Koschorke: *Wahrheit und Erfindung. Grundzüge einer Allgemeinen Erzähltheorie.* Frankfurt am Main: Fischer 2012, S. 313.

19 Ebd., S. 310.

20 Niklas Luhmann: *Vertrauen. Ein Mechanismus der Reduktion sozialer Komplexität (1968).* Stuttgart: Lucius & Lucius 2000, S. 23.

21 Ebd.

22 Vgl. Mary Douglas: *How Institutions Think.* New York: Syracuse UP 1986, S. 80.

aufkündbare – Beziehung zwischen Ratgeber und Beratenem überhaupt erst eingerichtet (d. h. institutionalisiert) werden soll. Dabei kann er auch an legitimierende „Großerzählungen" anschließen,[23] die in der westlichen Kultur zirkulieren. Unterhalb dieser Narrative, mittels derer sich „gesellschaftliche Institutionen mit einer Art von Fiktionspanzer ausrüsten",[24] kann eine Pluralität von ineinandergreifenden Erzählungen in Stellung gebracht werden – eben Beispielerzählungen, Selbstautorisierungsnarrationen, Erfolgsgeschichten und sogar Beispiele aus der Literatur.

Vieles spricht dafür, dass die Entstehung von Konzepten und Praktiken der Hilfe zur Selbsthilfe mit der europäischen Emphase auf das arbeitsame, sich selbst verwirklichende Individuum zusammenhängt, wie sie im Umfeld der protestantischen Reformation im 16. Jahrhundert aufkam[25] und durch Aufklärung sowie Pietismus[26] ausdifferenziert wurde. Hilfe zur Selbsthilfe erteilte dabei Vorstellungen von göttlicher Allmacht oder kollektiver Prädisposition eine klare Absage. Sie propagierte Individuen im Kosmos eines protestantischen Leistungsethos, die – mit Immanuel Kant gesprochen – sich selbst ihrer eigenen Bedürftigkeit vergegenwärtigen, aus dieser „Aufklärung" heraus „Mut" fassen und sich ihres „Verstandes" bedienen müssen,[27] um letztlich ihre alltäglichen Lebensumstände aus eigener Kraft heraus zu verbessern. Neben jener Betonung des Individuums war Hilfe zur Selbsthilfe mit dem Rückzug eines pastoral agierenden Staates aus der Fürsorge für seine Bürger verbunden, wie er beispielsweise von Michel Foucault für die Mitte des 18. Jahrhunderts beschrieben wurde.[28] Gesellschaftlicher Fortschritt steht für Smiles

23 Klein / Martínez: Herausforderungen meistern, S. 63.

24 Koschorke: *Wahrheit und Erfindung*, S. 327.

25 Vgl. Eva Illouz: *Die Errettung der modernen Seele. Therapien, Gefühle und die Kultur der Selbsthilfe.* Aus dem Englischen von Michael Adrian. Frankurt am Main: Suhrkamp 2009, S. 265. Vgl. auch Roland Wallner: *Die Entstehung des Gedankens der Hilfe zur Selbsthilfe im Zeitalter der Reformation.* München: Bachmeier 1998.

26 Vgl. Arnd Götzelmann: Die soziale Frage. In: Ulrich Gäbler (Hrsg.): *Der Pietismus im neunzehnten und zwanzigsten Jahrhundert.* Göttingen: Vandenhoeck & Ruprecht 2000, S. 272–307, hier S. 279, 288.

27 Immanuel Kant: Beantwortung der Frage: Was ist Aufklärung. In: *Berlinische Monatsschrift* 2 (1784), S. 481.

28 Vgl. Michel Foucault: Omnes et singulatim: Towards a Criticism of ‚Political Reason' (1979). In: Sterling M. McMurin (Hrsg.): *The Tanner Lectures on Human Value II.* Salt Lake City: University of Utah Press 1981, S. 225–254. Bereits in Daniel Defoes

in direktem Verhältnis zur freien Entfaltung des Einzelnen. Smiles popularisiert hier die Idealvorstellung des aufkommenden Liberalismus, in der das erfolgreiche Wirken der Individuen die Ausbildung eines tugendhaften Charakters auf der Basis von Selbsthilfe voraussetzt. Hiervon profitieren automatisch auch Nation und Staat.[29]
Schramm-Macdonald ist sich der pietistischen Vorgeschichte der Selbsthilfe-Idee bewusst. Er hebt jedoch selektiv den „Durchhaltewillen“ der pietistischen Gründerfigur August Hermann Francke (SM, S. 239) hervor. Das ist kein Zufall: Hilfe zur Selbsthilfe wird, wie die Aufstiegserzählungen, in eine Deutschlanderzählung der jungen Nation eingebettet, deren Erfolg auf dem vorbereitenden willensstarken Wirken unzähliger Persönlichkeiten mit einer vorbildlichen Biografie im Sinne des Buches fußt. Auch hier setzt sich Schramm-Macdonald explizit von Smiles ab. Der Leser werde „bald die Überzeugung gewinnen, dass er ein rein deutsches Buch vor sich hat: es ist deutsch gedacht, deutsch geschrieben und den deutschen Verhältnissen, die von den englischen vielfach ganz verschieden sind, durchaus angepaßt.“[30]
Durch die Kopplung der Selbsthilfe-Idee an die Erfolgsideologie der Gründerzeit kann die Großerzählung sich weiter entfalten. Alle Erzählungen werden jetzt nach dem Muster des gesellschaftlich erfolgreichen Aufsteigers durch Durchhaltevermögen und Fleiß konstruiert. Doch nicht die *self-made men* John D. Rockefeller und Henry Ford stehen Pate, sondern der Großindustrielle Alfred Krupp, der Polarforscher Carl Christian Koldewey oder General Otto von Budritzky. Wie diese Ikonen der deutschen Nation könne jedermann um die Jahrhundertwende ein ‚großer Mann‘ werden: „[N]icht selten“, so Schramm-Macdonald, „überholt der Minderbegabte durch sein rastloses und mühevolles Streben den mit großen Fähigkeiten Ausgestatteten, der Sohn des Armen den Sohn des Reichen, der Niedriggeborene den Sproß aus vornehmster Familie.“ (SM, S. 16) Der Erfolg scheint damit jedem offen zu stehen, besondere Eigenschaften

„Giving Alms no Charity“ (1704) findet sich dieses anthropotechnische Projekt der Selbsthilfe musterhaft exponiert. Defoes *Robinson* wird von Schramm-MacDonald als fiktives Beispiel angeführt.

29 Vgl. Christian von Zimmermann: *Biographische Anthropologie. Menschenbilder in lebensgeschichtlicher Darstellung (1830–1940)*. Berlin / New York: de Gruyter 2006, S. 155.

30 Schramm-Macdonald: *Wohlstand*, S. IV.

oder außergewöhnliche charakterliche Qualitäten erscheinen nicht mehr als Bedingung für Größe. Die besseren Großen waren selber einmal *underdogs*. Der Begriff vom ‚großen Mann' wandelt sich: Der geniale charismatische Führer der Massen wird zu einem Leitbild der Vielen.[31] Der Nürnberger Gymnasialprofesser Hans Keller beschreibt 1913 in seiner pädagogischen Schrift *Prinzipien der Willenserziehung* die Wirkung von solchen Vorbildern auf der Höhe der Autosuggestions-Psychologie:

> [Es] ist klar, daß nichts unmittelbarer wirken kann als *Bilder großer Menschen*, wobei kaum zu betonen sein wird, daß für Größe nicht Rang und Stand und Name, nicht Religion und Geschlecht und Rasse entscheiden kann; wir meinen Bilder großen Schaffens und Überwindens, aufopfernder, selbstloser Liebe, wie sie in Sage und Geschichte und Dichtung und in dem Leben des Alltags allüberall begegnen. Wir alle kennen die suggestive Kraft solcher Vorbilder und begrüßen es, wenn sie von der Erziehung genutzt werden.[32]

## IV.

Die institutionelle Position des Autors eines Selbshilferatgebers ist notwendigerweise paradox. Explizite und folglich geschwätzige Ratschläge sind unerwünscht. Idealiter führt das beispielhafte Leben sich selber vor; es „gebraucht keine Worte und redet doch die eindringlichste und wirksamste Sprache." (SM, S. 152) Steht ein Buch voller Beispiele dann nicht in performativem Widerspruch dazu? Nicht für Schramm-Macdonald. Dazu müsste man nämlich die Reichweite eines Beispiels ermessen können:

> Wann und wo, ja ob überhaupt jemals ein gutes Beispiel aufhört, seine segensreiche Wirkung zu üben, kann kein Mensch sagen. Dagegen steht aber fest, daß ein Jüngling oft genug durch das Vorbild eines bedeutenden Mannes, dessen Lebensbeschreibung ihm ganz zufällig in die Hände gefallen, auf eine ganz andere Bahn gelenkt worden ist. (SM, S. 158)

31 Vgl. Robert Suter: Groß und erfolgreich. Zur Reproduktion großer Männer zwischen Warenästhetik und Selbsthilfe, 1830–1930. In: Michael Gamper / Ingrid Kleeberg (Hrsg.): *Größe. Zur Medien- und Konzeptgeschichte personaler Macht im langen 19. Jahrhundert.* Zürich: Chronos 2015.

32 Hans Keller: *Prinzipien der Willenserziehung, Beilage zum Jahresbericht des Königlichen Alten Gymnasiums in Nürnberg über das Schuljahr 1912/13.* Nürnberg: Sebald 1913 (= Programm Nr. 27 – handschriftlich auf Vorderdeckel vermerkt), S. 31. Vgl. auch Michael Cowan: ‚The Gymnastics of the Will'. Abulia and Will Therapy in Early 20th Century German Culture. In: *KulturPoetik* 5,2 (2005), S. 169–189, hier S. 180.

Die doppelte Selbstpositionierung von Schramm-Macdonald als Erzähler-Ratgeber führt zu der Frage, wie man Fremdhilfe zur Selbsthilfe optimalerweise leistet. Wenn Worte „Zwerge“ sind und „Beispiele Riesen“ (SM, S. 153), was ermächtigt Schramm-Macdonald als Autor dazu, dieses ‚Zwergenvolk‘ anzuführen, um in seiner Bildsprache zu bleiben? Im Gegensatz zu Smiles passt sein eigener Werdegang wohl nicht so recht in die Reihe der beispielhaften Autorenbiografien, die im Buch auftauchen. Da er mit Smiles konkurriert, kann er sich auch nicht als Schüler von Smiles stilisieren. Zum Ausgleich verfährt er viergleisig. Er widmet sein Buch dem Grazer Heimatliteraten Ludwig Rosegger, „der durch sein eigenes Leben, sein Ringen und Streben das Evangelium von der Macht der Selbsthilfe so herrlich bewahrheitet hat!“ Auf der gleichen Seite ist die Antwort des Dichters abgedruckt: Er „weiß die Ehre zu würdigen, gerade diesem Werke Pate stehen zu dürfen“, und bescheinigt dem Ratgeberautor, „dem deutschen Volke eine Wohlthat“ (SM, o. P.) erwiesen zu haben. Neben Widmung und Antwort Roseggers treibt Schramm-Macdonald jenes Spiel mit der Pseudointeraktivität[33] noch weiter, das als wichtiges Merkmal des

33 Wenn man das Ratgeben vom Sprechakt des Ratgebens her als eigenes „Institut“ auffasst (vgl. Jochen Rehbein: Medizinische Beratung türkischer Eltern. In: Ders.: *Interkulturelle Kommunikation*. Tübingen: Narr 1985, S. 349–419, hier S. 350; Michael Niehaus: „Wie soll ich tante Emma umbringen?“. Überlegungen zum Ratgeben als Institut. In: *Literaturwissenschaft und Linguistik* 169 (2013), S. 122–141, hier S. 123), das nicht nur eine universelle soziale Praxis darstellt, sondern auch in sehr unterschiedlichen institutionalisierten Zusammenhängen und medialen Ausprägungen zum Einsatz kommt, so lässt es sich als eine Sequenz von verschiedenen Sprechakten oder Zügen auffassen, der eine bestimmte Logik zugrunde liegt, die sich in einer „Standardversion“ realisiert. Vgl. Michael Niehaus: Logik des Ratgebens. Eine Standardversion zur Beschreibung eines Typs von Sprechaktsequenzen. In: Ders. / Wim Peeters: *Rat geben. Zu Theorie und Analyse einer sprachlichen Handlung*. Bielefeld: Transcript, S. 9–63. Hierzu gehören unter anderem die Einholung der Erlaubnis, um Rat fragen zu dürfen; die Aufgabe, das Problem darzulegen; die Verpflichtung, einen gegebenen Rat zu erläutern usw. Bei gedruckten Ratgebern kann sich diese Sprechaktsequenz nicht realisieren, weil der Rat nicht im Rahmen einer Interaktion gegeben wird und keinen spezifischen Adressaten avisiert. Im engeren Sinne können gedruckte Ratgeber daher keinen Rat geben. Vgl. Rainer Paris: Raten und Beratschlagen. In: *Sozialer Sinn* 6 (2005), S. 353–388, hier S. 355. Von Anfang an und mit verschiedenen Mitteln haben gedruckte Ratgeber daher versucht, diesen Mangel an Interaktivität vergessen zu machen oder zu kompensieren. Vgl. Alfred Messerli: Eine Entwicklungsgeschichte der Medien und der Rhetorik des Rates. In: *Non Fiktion* 1,2 (2012), S. 13–27, hier S. 19. Schon weil der gedruckte Ratgeber keinen einzelnen Rat gibt, sondern eine Reihe von aufeinander aufbauenden oder zumindest aufeinander abgestimmten Ratschlägen, entfernt er sich sehr weit von dieser ‚Standardsequenz‘, auf die er dennoch – nicht nur nominell – bezogen bleibt.

Ratgebers immer wieder medial erneuert werden wird. Einen expliziten Ratschlag gibt es nur noch im Paratext des Buches, und auch wieder nur, um den Status des Autors des Buches zu festigen. Im Vorwort zur dritten Auflage zitiert Schramm-Macdonald die Höchstform des Ratschlages, den Imperativ, und zwar von einem nicht näher genannten Kritiker einer angesehenen Wiener Zeitschrift, der angesichts der Bücher des Autors als Urteil den Rat „kaufen, lesen und wieder lesen" (SM, o. P.) verkündet. Im gleichen Vorwort berichtet Schramm-Macdonald von dankenden Lesermeldungen per Brief. In den Smiles-Büchern betont er immer wieder, dass es eine gegenseitige Interdependenz gebe zwischen dem Erfolg des Einzelnen und dem Erfolg der deutschen Nation (SM, S. 10). Jeder Leser sei daran als Arbeiter oder zumindest als Erzähler beteiligt. Deshalb fordert Schramm-Macdonald seine Leserschaft explizit zur Mitautorschaft auf: „[I]nsbesondere die Mitteilung von Beispielen aus dem Leben" sei ihm „sehr willkommen."[34] Damit stellt sich Schramm-Macdonald in seiner Tätigkeit vorübergehend auf eine Ebene mit dem Leser: Beide erzählen und deuten, beide sind Experten. Entsprechend ist die institutionelle Position von Schramm-Macdonald nur denkbar, wenn man die *narrative Dimension* seiner Ratgeber mitberücksichtigt.

## V.

Schramm-Macdonald distanziert sich bereits im Vorwort seines Glücksratgebers von den „unendlichen Wiederholungen und ermüdender Breite" seines Vorbildes Smiles. Dieser für das Ratgebergenre fast topischen Geschwätzkritik[35] zum Trotz setzt Schramm-Macdonald jedoch auf genau dasselbe Verfahren. Die Verführungskraft seiner Überarbeitungen liegt wie bei Smiles in der Fülle und Übertreibung der Beispiele, die trickreich zurechtgedeutet werden. Auch das ist bestimmend für den diskursiven Ort des modernen Ratgebers: Er tendiert zur ‚diskursiven Übermächtigung' des Lesers. Schramm-Macdonald

34 Schramm-Macdonald: *Wohlstand*, S. IV.

35 Die Geschwätzkritik ist ein Topos im Ratgeberumfeld. In seiner Schrift *Prinzipien der Willenserziehung* aus 1913 von Hans Keller zum Beispiel wird „hässliche Geschwätzigkeit" als Ausgeburt des unbeherrschten „Tätigkeitstriebs" genannt, der die wahre Tatkraft des Willens unterminiere (Beilage zum *Jahresbericht des Königlichen Alten Gymnasiums in Nürnberg über das Schuljahr 1912/13*, Nürnberg: Sebald 1913 (= Programm Nr. 27 – handschriftlich auf Vorderdeckel vermerkt), S. 44–45).

ist sich dessen bewusst und erläutert sein mechanisches Modell folgendermaßen: „[…] je unterbrochener sich das Beispiel wiederholt," so lesen wir, „je mehr es mit dem allgemeinen Leben verschmilzt, um so sicherer dringt es in die Seele ein und giebt ihr ein bestimmtes Gepräge." (SM, S. 153–154) Zur Erleichterung der Suche nach dem passenden Beispiellebenslauf auf dem ‚Weg zum eigenen Erfolg' hat das Buch ein Register, das über 400 Namen aufführt, und das sind nur die großen Namen.

Im zweiten Hauptteil seines Buches, *Von den Mitteln und Wegen der Selbsthilfe*, schreibt Schramm-Macdonald im Kapitel „Thatkraft und Mut": Es würde „gegen den Zweck des Buches verstoßen," wollte der Autor sich „hier auch nur mit den kaum minder hervorragenden beschäftigen." (SM, S. 267) Nachdem er sich im Kapitel „Thatkraft und Mut" mit den ‚großen' Afrikareisenden (David Livingstone, Henry Stanley und Emin Pascha) beschäftigt hat, lässt er sich aber – etwas widersprüchlich – das Namedropping nicht nehmen und listet noch der Vollständigkeit halber die deutschen Afrikaforscher Heinrich Barth, Adolf Overweg, Eduard Vogel, Gustav Nachtigal und Georg August Schweinfurth auf. Es ist, als ob Schramm-Macdonald kurz andeuten will, dass alle Namen wichtig sind.

> Das Leben eines einzigen vorbildlichen Menschen hat nämlich das Potenzial, die Anlagen und Neigungen, die in anderen schlummern, zu einer mächtigen Flamme anzufachen, und so wird das Beispiel gleichsam zu einer Kette, bei der sich unaufhörlich Glied an Glied reiht und die sich damit durch alle späteren Zeiten zieht. (SM, S. 258)

Auch die scheinbar willkürliche Hervorhebung einiger Namen im Register scheint noch einmal betonen zu wollen, dass es im Grunde genommen egal ist, bei welchem Glied man ansetzt.

Aus der Distanz zur heutigen Zeit sind die Wirklichkeitserzählungen bei Schramm-Macdonald erschütternd in zweierlei Hinsicht. Erstens sind die Erzählungen, geprägt vom mit Ordnungsliebe, Sparsamkeit, Ausdauer und Fleiß verbundenen Gründerzeit-Fortschrittsglauben, einfach gestrickt. Andererseits ruft das schlichte utopistische Deutungsmuster dieser Verhaltensoptimierungsliteratur eine peinliche Betroffenheit über die strukturelle Ähnlichkeit einiger gegenwärtiger psychologisierender Selbstoptimierungserzählungen hervor. Darin zeigt sich ein weiteres Merkmal für den diskursiven Ort von modernen Ratgebern, nämlich ihre Vergesslichkeit oder

A-Historizität: Ratgeber stehen ihrer eigenen Traditionsbildung eher feindlich gegenüber.[36]
Das Fesselnde des Buches von Schramm-Macdonald wird durch die repetitive Form und die Gemeinplatzhaftigkeit seiner Erzählungen leicht übersehen. Schramm-Macdonald erzählt im Grunde altbekannte Erfolgsgeschichten, und er weiß darum: Die von den Erfolgsleuten verkörperte Sitte, „sie ist nichts anderes, als ein stereotypes Beispiel." (SM, S. 154) Diese Stereotypisierung charakterisiert den gedruckten Ratgeber: Er ist unentwegt bemüht, die Kontingenz des beratenden Erzählens zu neutralisieren. Diese manifesten Erfolgserzählungen werden durch Narrative gesteuert, unter denen – verkürzt gesprochen – Erzählschemata oder „erzählerische Generalisierungen" zu verstehen sind, „Dispositive von einem mittleren Härtegrad, insofern sie die von ihnen enthaltenen Elemente konfigurieren, aber nicht bis ins Letzte festschreiben".[37] Immer wieder finden wir in Ratgebertexten die Konversionsgeschichte, die Leidensgeschichte oder im Falle von Smiles und Schramm-Macdonald die Erfolgsgeschichte aus eigener Kraft.
Um dennoch Spannung zu erzeugen, greift Schramm-Macdonald auf ein alltägliches Erzählverfahren zurück, das Michel de Certeau in seiner *Kunst des Handelns* beschrieben hat. Im alltäglichen Erzählen kann die Hervorhebung eines auf den ersten Blick „beiläufige[n]" Details, „das in der glücklichen Stereotypie des Gemeinplatzes verborgen ist", die Tragweite und Aktualität von „wolhbekannten und somit klassifizierbaren Geschichten"[38] verändern (C, S. 174). Es kommt weniger auf die erwartbaren Inhalte an als auf die Einpassung des Erzählten in den aktuellen Kontext. Stereotype Erzählungen haben sich als besonders anpassungsfähig an die stets veränderten Anforderungen des Alltags erwiesen. Dadurch sind sie besonders geeignet für Beratungskontexte. Die Details können beliebig ausgetauscht

36 Vgl. Stewart Justman: *Fool's Paradise: The Unreal World of Pop Psychology*. Chicago: Dee 2005, S. 9.

37 Koschorke: *Wahrheit und Erfindung*, S. 30.

38 Michel de Certeau: *Kunst des Handelns*, aus d. Frz. v. Ronald Voullié. Berlin: Merve 1988, S. 174. Künftig zitiert im Text mit der Sigle C. Für die Überlegungen zu Certeau und später zu Benjamin in Bezug auf das Verhältnis von Erzählen und Rat siehe auch Wim Peeters: Ludwig Bechsteins Ratgebermärchenkette. Über das Verhältnis von Erzählen und Rat. In: Ders. / Michael Niehaus (Hrsg.): *Rat geben. Zu Theorie und Analyse des Beratungshandelns*. Bielefeld: Transcript 2014, S. 303–321.

werden, solange das Erzählschema unberührt bleibt. Erst durch die Veränderung in einem ihm fremden Kontext der Beratung kann die im Erzählgedächtnis angelegte stereotype Geschichte ihre in Potenz angelegte „Interventionskraft“ (C, S. 170) mobilisieren. Andererseits kann die Geschichte nur als verschwundenes Objekt, ohne festen Ort in einer bestimmten aktualisierten Erzählung, „Möglichkeiten *zu glauben*“ bereitstellen und die damit einhergehende Haltung des Rezipienten – „sie wachsam auf der Lauer liegend zu erwarten“ (ebd.) – hervorrufen. Da die erzählten Details durch den immer wieder anderen praktischen Bezug nicht stabil bleiben, erhält dieser

> ‚Raum‘ eines wandernden Nicht-Ortes […] die Subtilität einer kybernetischen Welt. Er bildet wahrscheinlich […] das Modell einer Kunst des Handelns […], die – indem sie die Gelegenheiten ergreift – unaufhörlich an den Orten, wo die Mächte sich ausbreiten, die ungewöhnliche Triftigkeit der Zeit erneuert. (C, S. 173)

Rat und die „antwortende Alternation“ (C, S. 172) von Beispielerzählungen bedingen sich gegenseitig. Die Antwort bleibt aber singulär. Es kann sich nur um eine metonymische Beziehung handeln, „zwischen einem konkreten Detail und einer Konjunktur, die hier für eine Ereignisspur gehalten wird und dort durch die Produktion einer Übereinstimmung oder einer ‚Harmonie‘ erzeugt wird“ (C, S. 173). Es geht nicht nur darum, sich auf die immer wieder im Detail novellierten Beispielerzählungen einzulassen. Da auch das eigene Leben in Potenz beispielhafte Züge annehmen kann, geht es darum, eine Sensibilität für die Kleinigkeiten zu entwickeln, die darüber entscheiden können, ob es sich in die Reihe der Erfolgsgeschichten einordnet oder nicht.

Schramm-Macdonald lässt den schottischen Stifter der *Ragged Schools*, Thomas Guthrie, selber erzählen, wie ein Bild seine Erfolgsgeschichte initiierte und ihn in einer Metareflexion darauf hinweisen, „dass es oft ganz unbedeutende Kleinigkeiten sind, welche nach dem Ratschlusse der Vorsehung das Geschick der Menschen bestimmen.“ (C, S. 166) Das Wohlstandsbuch enthält sogar ein eigenes Kapitel mit dem Titel „Kleinigkeiten“. Dort erzählt Schramm-Macdonald neben einer Fülle von Anekdoten aus dem Alltagsleben eine alte Christus-Legende und zitiert Johann Wolfgang von Goethes Überarbeitung. Christus sieht unterwegs mit seinen Jüngern ein halbes Hufeisen auf der Straße liegen und fordert Petrus auf, das Ding aufzuheben. Dieser aber

> hatte soeben geträumt, so was vom Regiment der Welt, was einem jeden wohlgefällt, denn im Kopf hat das keine Schranken. Das waren so seine liebsten Gedanken. Nun war der Fund ihm viel zu klein, hätt' müssen Kron' und Zepter sein; aber wie sollt' er seinen Rücken nach einem halben Hufeisen bücken? Er also sich zur Seite kehrt und thut, als hätt' er's nicht gehört.[39]

Christus hebt es daraufhin selber auf und verkauft es im nächsten Ort. Das Geld gibt er für Kirschen aus. Als die Reise dann in der brennenden Sonne weitergeht und die Jünger von Durst gequält werden, lässt Christus wie zufällig Kirschen zur Erde fallen, und es ist natürlich Petrus, der als erster und wiederholt danach greift. Daraufhin spricht Christus: „Thät'st du zur rechten Zeit dich regen, hätt'st Du's bequemer haben mögen. Wer geringe Dinge wenig acht't, sich um geringre Mühe macht."[40]
Nachdem er diese Muster-Erfolgserzählung einige Male variiert und mit den Namen Christus und Goethe aufgewertet hat, schlussfolgert Schramm-Macdonald:

> Das Leben ist voll von Beispielen ähnlicher Art. Wenn es zur Gewohnheit geworden, kleine Dinge zu vernachlässigen, ist das Verderben nicht weit entfernt. Es ist die Hand des Sorgsamen, welche reich macht, und Mann und Frau, sobald sie sorgsam sind, richten auf kleine Dinge dasselbe Augenmerk wie auf große.[41]

Schramm-MacDonald setzt das Wissen um diesen Erzähltrick, der das Begehren nach dem Detail dadurch wachruft, dass jede Kleinigkeit Veränderungspotenzial verliehen bekommt, sogar als *Teaser* ein. Auf Seite 26 erfahren wir, dass Ludwig Rosegger, dem Schramm-Macdonald sein Buch widmete, in seinen Schriften (u.a. im um die Jahrhundertwende enorm populären *Als ich noch der Waldbauernbub war*) beschreibt, wie er als armer Schneidergeselle eine lange Fußreise zu seinem zukünftigen Verleger in Pest unternommen hat, bevor er dann zu einem geliebten und gefeierten „Mann von kulturgeschichtlicher Bedeutung" wurde, der als Wahlspruch „Fester Wille führt zum Ziele!" erdichtete. Aber dann lesen wir: „Mit welchen Gefühlen er [Rosegger, W.P.] selbst an seine Lehr- und Gesellenzeit zurückdenkt, ersieht der Leser aus meinem ‚Weg zum Wohlstand'". (SM, S.26)

39 Schramm-Macdonald: *Wohlstand*, S.145.
40 Ebd., S.146.
41 Ebd., S.147–148.

## VI.

Dass Erzählungen Rat enthalten können, ist ein Gesichtspunkt, den insbesondere Walter Benjamin in seinem Essay *Der Erzähler* von 1936/37 stark gemacht hat. Man müsse sich fragen, ob Rat ohne Erzählen überhaupt denkbar sei. Ratgeben und die Praxis des Erzählens sind für ihn immer eng miteinander verbunden. Benjamin macht in seinem Text den überraschenden Vorschlag, Rat weniger als „Antwort auf eine Frage" aufzufassen, sondern ihn eher als „Vorschlag" für die „Fortsetzung einer (eben sich abrollenden) Geschichte".[42] Rat könne man nur dann einholen, wenn man einerseits „seine Lage zu Wort kommen lässt", also eine Herkunftsgeschichte des Problems erzählerisch darlegen kann, andererseits *performativ* das Lösungsangebot des Ratgebers als Fortsetzung der eigenen Erfolgsgeschichte „zuvörderst einmal erzählen" könne.[43] Woher soll der Ratsuchende wissen, wie man einen Rat erzählerisch mit der eigenen Geschichte verbindet? Rat muss nach Auffassung Benjamins immer im Kontext von exemplarischen Erzählungen gesehen werden. Benjamin hatte noch prototypisch die mündliche Erzähltradition vor Augen. Aus seiner Sicht wurde Erfahrung in der Vormoderne maßgeblich in Form mündlicher Erzählungen weitergegeben, und diese Erzählungen waren jederzeit als Gemeinplatz zur Unterstützung eines Rates abrufbar. Nach diesem Muster konnte der Ratsuchende dann auch mit der eigenen Geschichte verfahren. Rat kommt also immer als Erzählung an. Die Erzählung funktioniert hier als zuverlässiges Übersetzungsmedium. Im Idealfall ist der Ratgeber auch ein Erzähler: Der Erzähler ist „immer auch einer, der Rat weiß. Und um den zu bekommen, muß man selber ihm erzählen."[44]

Moderne Subjekte haben nach Benjamin jedoch verlernt, ihren Sorgen eine Erzählform zu geben, was aber Voraussetzung für ihre Beratungsfähigkeit wäre. Die massenmedial gesättigte Informationsgesellschaft habe den Erfahrungshorizont des Menschen allzu sehr mit zerstückelten und zerstreuten Einzelinformationen überfrachtet.

42 Walter Benjamin: Der Erzähler (1936/37). In: Ders.: *Illuminationen*. Frankfurt am Main: Suhrkamp 1977, S. 385–410, hier S. 388.

43 Ebd.

44 Walter Benjamin: Das Taschentuch (1932). In: Ders.: *Gesammelte Schriften*, Bd. IV.2: Kleine Prosa. Baudelaire-Übertragungen, hrsg. v. Tillman Rexroth. Frankfurt am Main: Suhrkamp 1991, S. 741–745, hier S. 741.

Da das Subjekt kein Erzählbeispiel in seinem Umfeld mehr vorfinde, das ihm demonstriere, wie es seine Erfahrung in eine Geschichte fassen und sie dadurch mit einem Rat kompatibel machen könne, komme es aus dem Jammertal nicht heraus. Einsetzende Ratlosigkeit auch auf der Ebene des Erzählens sei die Folge.[45] Anknüpfend an G.W.F. Hegel und Georg Lukács situiert Benjamin hier die Geburtsstunde des Romans, der sich auf die Darstellung des Individuums „in seiner Einsamkeit, das sich über seine wichtigsten Anliegen nicht mehr exemplarisch auszusprechen vermag, selbst unberaten ist und keinen Rat geben kann“[46], spezialisiert hat.

Benjamins Verlustrechnung, „daß die Mitteilbarkeit von Erfahrung“ abnehme und „die Erzählung allmählich aus dem Bereich der lebendigen Rede entrückt“ sei,[47] muss wohl relativiert werden. Kleinformatige Erzählungen können nicht eindeutig einer oralen und dadurch besonders ‚authentischen‘ Überlieferungstradition zugerechnet werden. Man muss sich die Überlieferung und Rezeption dieser Erzählungen „als komplexen, multimedialen Vorgang“ vorstellen, „durch den sich gerade der außerordentlich dauerhafte Erfolg vieler Stoffe erklärt“.[48]

Darüber hinaus übersieht Benjamin, dass sich etwas verspätet neben dem Roman das Medium Ratgeberliteratur entwickelt hat, das zur Vermittlung seiner Botschaften auf Beispielerzählungen setzt. Das ist erstaunlich, da er selbst einen Ratgeber rezensiert hat: In seiner Rezension des Kräuterbuchs *Chrut und Uchrut* (1930) würdigt er sogar die Schilderung der Erfahrungen eines Bauern mit Verstopfung, die der Autor Pfarrer Johann Künzle „mit wahrhaft Hebelscher Weltbürgerlichkeit“ heranziehe.[49]

45 Benjamin: Erzähler, S. 389. Vgl. Rudolf Helmstetter: Guter Rat ist (un)modern – Die Ratlosigkeit der Moderne und ihre Ratgeber. In: Gerhart von Graevenitz (Hrsg.): *Konzepte der Moderne (DFG-Symposion 1997)*. Stuttgart / Weimar: Metzler 1999, S. 147–172, hier S. 147, 171.

46 Benjamin: Erzähler, S. 388.

47 Ebd.

48 Thomas Frank: Schwank, Exempel, Märchen. In: Ders. / Albrecht Koschorke / Susanne Lüdemann / Ethel Matala de Mazza (Hrsg.): *Des Kaisers neue Kleider. Über das Imaginäre politischer Herrschaft. Texte, Bilder, Lektüren*. Frankfurt am Main: Fischer 2002, S. 103–110, hier S. 109.

49 Walter Benjamin: Wie erklären sich große Bucherfolge? „Chrut und Uchrut“ – ein schweizerisches Kräuterbuch (1931). In: Ders.: *Gesammelte Schriften*, Bd. III: Kritiken und Rezensionen, hrsg. v. Hella Tiedemann-Bartels. Frankfurt am Main: Suhrkamp 1972, S. 294–300, hier S. 296.

Spätestens seit Mitte des 19. Jahrhunderts bildet die Ratgeberliteratur ein reiches Archiv von mit Rat einhergehenden Beispielerzählungen. Ob der moderne Roman noch länger Lebenshilfe bietet oder nicht, sei dahingestellt; unstrittig ist der Stellenwert von Narrationen in der Ratgeberliteratur. Schramm-Macdonald ist absolut überzeugt von der Möglichkeit, dass die unterschiedlichen Mustererzählungen in seinem Buch Nachfolgegeschichten erzeugen können. Mit seinem Buch führt er sogar selbst exemplarisch vor, wie man Smiles' Mustererzählung erfolgreich adaptieren kann: Die aufgeführten Persönlichkeiten stammen jetzt überwiegend aus dem deutschen Sprachraum und die Nation kommt als Selbsthilfekandidat hinzu. Rat bleibt in der Moderne also erzählbar.[50] Schramm-Macdonald optimiert und steigert Smiles' Ratgeberverfahren, indem er die Austauschbarkeit der individuellen und Großerzählungen unter Beweis stellt.

Es sind aber keine Erzählungen, die Benjamin als „weise“ bezeichnen würde, da sie der Nachprüfbarkeit oder Erklärung bestimmter Zusammenhänge dienen und nicht von Dauer sind.[51] Die Kunst des Erzählens bestehe nämlich darin, Erfahrung frei von Erklärungen und jeglichem Plausibilitätskalkül zu halten. Die Muße, einem Erzähler zu lauschen, der als Alteingesessener oder Weitgereister Weisheit überliefert, sei in der kurzlebigen Gesellschaft nicht länger vorhanden, und damit sterbe „die epische Seite der Wahrheit, die Weisheit“, aus.[52] Die im Sinne von Benjamin anstelle eines expliziten Rates gegebene, für sich stehende Erzählung lebt in anderer Weise von der Autorität des Erzählenden, als dies bei gedruckten Ratgebern der Fall ist, die ihre Narrationen und Narrative einem Diskurs unterwerfen und zu funktionalisieren versuchen.

50 Es fehlt nur noch das von den menschlichen Defiziten her gedachte therapeutische Narrativ. Später wird das Selbsthilfenarrativ mit (pseudo)wissenschaftlichen Optimierungserzählungen seelischer Gesundheit verwoben werden. Vgl. Illouz: *Errettung der modernen Seele*, S. 265. Schramm-Macdonalds Diätlehre ist eher einseitig: „Was Luft und Klima für den Körper des Menschen, ist das beständige Beispiel für seine Seele.“ (SM, S. 154); ebenso schlicht ist seine Affektenlehre: „Beispiele freudigen Arbeitens“ verleihen „Frohsinn“, und das „verleiht dem Geiste Spannkraft, verscheucht trübe Gedanken, schützt vor Zaghaftigkeit“ und wird „so zur Mutter des Erfolgs“ (SM, S. 158).

51 Vgl. Benjamin: Erzähler, S. 390, 397.

52 Ebd., S. 388.

## VII.

Michel de Certeau kann Benjamins Verlustrechnung nicht ganz nachvollziehen. Zwar ist er mit Benjamin einer Meinung, dass die Moderne geschwätzig sei: „Überall gibt es nur noch Neuigkeiten, Informationen, Statistiken und Umfragen." (C, S. 327); die Erzählpraxis hat sich jedoch *taktisch* auf die neue Situation eingestellt. Der Begriff ‚Taktik' steht bei Certeau im Gegensatz zur Strategie für „ein Kalkül, das nicht mit etwas Eigenem rechnen kann" (C, S. 23). Entsprechend besteht die Erzähltaktik der Moderne darin, narrative Modelle zu entwickeln, die den Erfahrungsverlust mittels „Fakten, Begebenheiten und Ereignissen" (C, S. 328) aus unterschiedlichen Medien kompensieren, die es ermöglichen „trotzdem" (C, S. 332) glaubhaft zu wirken.

> Das gesellschaftliche Leben übernimmt die Gebärden und Verhaltensweisen, die von den narrativen Modellen *geprägt* worden sind; es reproduziert und akkumuliert unablässig die ‚Kopien' von Berichten. Unsere Gesellschaft ist in dreifachem Sinne zu einer *rezitierten* Gesellschaft geworden: sie wird gleichzeitig durch *Berichte (récits)* (die Fabeln unserer Werbung und unserer Informationsmedien), durch deren *Zitierung* und durch deren unendliche *Rezitierung* definiert. (C, S. 329)

Lebensmodelle gibt es nur noch über den Umweg einer Überlieferung „*im Namen von Anderen*" (C, S. 332), die sich selbst wiederum auf Dritte beziehen, ad infinitum. Schramm-Macdonald führt vor, dass das Verfahren, Ratschläge mit überlieferten Darstellungen bekannter Persönlichkeiten einhergehen zu lassen, genügt, um den Rat vertrauenswürdig erscheinen zu lassen. Im Sinne von Certeau müsste man daher die Ratgeberliteratur zu den wichtigen institutionalisierten Produzenten von modernen „Legenden (*Legenda*, was man lesen und sagen muß)" (ebd.) rechnen.

Die Reihe von Erzählungen bei Schramm-Macdonald und Smiles gibt vordergründig den Glauben weiter, dass es durch die „Kraft des Beispiels" möglich sei, Kontingenz zu minimieren und gezielt Chancen zu erschaffen. Sie sollen es dem Leser ermöglichen, aus dem Beispielgedächtnis heraus in einem ihnen fremden Kontext eine günstige Gelegenheit zu erkennen oder zu erwarten. Der Abgleich mit auf den Beratungsgegenstand zugeschnittenen biographischen Erfolgsgeschichten verändert den aktuellen Fall allein schon dadurch, dass die Geschichten *Aufschub* sozial plausibel machen:[53] Wer sein Ziel lange genug persistent verfolgt, wird irgendwann Erfolg ernten.

53 Vgl. Peter Fuchs / Enrico Mahler: Form und Funktion von Beratung. In: *Soziale Systeme* 2 (2000), S. 349–368, hier S. 356–357.

Erzählungen verfügen über keine Macht, sondern haben lediglich Teil an einer Autorität, die sich aus einer Reihe ähnlicher Erzählungen speist. „Diese aus dem kollektiven oder individuellen Gedächtnis ‚gewonnene‘ Autorität ‚autorisiert‘ (ermöglicht) eine Umkehrung, eine Veränderung der Ordnung oder des Ortes, einen Übergang zum Differenten“ (C, S. 171). Für Schramm-Macdonald hat diese Veränderung ihre Wurzeln „im häuslichen Leben“ (SM, S. 154) der Familie. Hier kann das Beispiel seine „erziehende[] Macht“ (SM, S. 151) entfalten und kann „die Nation ihren Ursprung“ (SM, S. 155) nehmen. Dazu muss der familiale Ort in einen genealogischen Raum verwandelt werden, in dem die „großen Vorfahren nicht bloß in ihren Taten [...], sondern auch in den uns überlieferten Lebensbeschreibungen“ (ebd.) fortleben. Erst diese Erzählungen stellen, in den Worten von Rudolf Helmstetter, „Aussichten auf Erfolg in den Raum“, die diesen Raum verändern und damit auch „das Verhalten in ihm, die Selbstverortung und die Orientierung im Handlungsraum.“[54]

54 Rudolf Helmstetter: Ratgeber als Erfolgsflüsterer und der Schatten des Scheiterns. In: *Non Fiktion* 1,2 (2012), S. 49–56, hier S. 53.

## Das Glück im Kleinen

## Oder warum das Glück gefährlich ist

Astrid Ackermann

Bruno Hans Bürgel konstatierte 1934 in seinem Ratgeber *Die kleinen Freuden. Ein besinnliches Buch vom Glück im Alltag*, die Menschheit sei „alt geworden". Sie habe den rechten Zugang zum Leben verloren, den Sinn für „die beglückende Naturnähe, […] für das köstlich Einfache". Doch so, wie es „im Grunde […] der alltägliche kleine Ärger, die alltägliche kleine Sorge" sei, die „uns aufreibt im Wechsel der Zeiten", seien es auch „die kleinen harmlosen Freuden, die der Augenblick bringt", „die uns beglücken und versöhnlich stimmen". Man müsse daher, um das Glück zu finden, den „winzigen Acker [des Lebens, A. A.] abernten mit der Sichel der Bescheidenheit".[1]
Die Glücksratgeber erlebten wie die Ratgeberliteratur im Allgemeinen im frühen 20. Jahrhundert einen Aufschwung. Sie verhießen, dass Glück machbar sei. Dabei prägte viele von ihnen der Gestus des Rückzugs ins Private und der Bescheidenheit: Das Glück, predigten sie, sei nur im Kleinen zu finden. Dazu gehörte bei ihnen die stete Mahnung zur Geduld; der Weg zum Glück war typischerweise langwierig. Allerdings waren die Glücksratgeberliteratur und die verwandte Literatur zur ‚Lebenskunst' sowie erzählende Texte, die sich des Themas ‚Glück' annahmen, sehr vielschichtig und heterogen. Manche Autoren versprachen ein uneingeschränktes Glück und das sogenannte Positive Denken und die deutsche Neugeistbewegung

1 Bruno H. Bürgel: *Die kleinen Freuden. Ein besinnliches Buch vom Glück im Alltag*. Berlin: Ullstein 1934, S. 10.

postulierten gar eine Verpflichtung zum Glück. Durch eine „systematische Selbstschulung", ein konsequent positives Denken, vermöge jeder, innere Kräfte zu wecken, die ihn „zum Lebensmeister" machten.[2] Fehlendes Glück war demnach das Resultat mangelnder Leistung.[3] Die an der Kategorie des Erfolgs ausgerichtete Literatur hingegen, wie Ludwig Lewins *Der erfolgreiche Mensch*, bestimmte Glück als Ergebnis des Erfolgs.[4]

Woran war Glück nun für Autoren wie Bürgel festzumachen, die das kleinteilige Glück beschworen? Warum misstrauten sie den großen Entwürfen vom umfassenden Glück – bzw.: Warum schien ihnen das Glück so gefährlich, dass es eingegrenzt werden musste? Worauf reagierten die Ratgeber, wen suchten sie mit welchen Strategien anzusprechen? Bieten sie nur restriktive, verzagende Entwürfe, die eine Hoffnung auf Aufstieg, auf eine Verbesserung der Verhältnisse von vornherein begrenzen wollten oder ermutigen auch sie ihre Leser, eröffneten sie Freiräume? Diesen Fragen soll im Folgenden nachgegangen werden. Ein Schwerpunkt liegt dabei auf dem zeitgenössisch beliebten Autor Bürgel, der als repräsentativ für eine breite Strömung der Ratgeberliteratur gelten kann. Seinen Erfolg ausgemacht haben dürften neben seinen Publikationen die zahlreichen Vorträge, die er seit dem Ende des Ersten Weltkrieges bis insbesondere in die dreißiger Jahre hinein hielt und die die Bindung seines Publikums

2 Karl Otto Schmidt (Hrsg.): *Wie man ein Glückspilz wird und zu Energie und Erfolg gelangt. Kraftgedanken aus den Werken von Orison Swett Marden. Für Neugeistfreunde.* 2. erw. Aufl. Pfullingen: Baum 1934, Umschlaginnenseite. Vgl. Ralph Waldo Trine: *Hab' Sonne im Herzen! Goldene Worte für Lichtsucher. Für Freunde neugeistiger Lebensauffassung*, hrsg. v. Karl Otto Schmidt. 135–235. Pfullingen: Baum o. J. In Deutschland wurde die Bewegung wesentlich von Schmidt getragen. Neugeist zählte sich selbst zur Lebensreform. Vgl. bspw. Rudolf Heigl: *Deutschlands Erneuerung und Rettung durch Neugeist. Der Weg zur Selbsthilfe und Selbstbefreiung. Ein Aufruf und ein Programm.* Pfullingen: Baum [1933], S. 15–16. Zur Neugeistbewegung Kurt Hutten: *Seher, Grübler, Enthusiasten. Das Buch der traditionellen Sekten und religiösen Sonderbewegungen.* Stuttgart: Quell 1989, S. 406–409.

3 Vgl. auch Hansjörg Hemminger: Durch Lesen zum Erfolg? Selbsthilfe-Ratgeber unter der Lupe. In: Michael Utsch (Hrsg.): *Erfolg, Optimismus, Gewinn. Erfolgstrainer, Motivationsgurus und Strukturvertriebe auf dem Prüfstand.* Berlin: Evangelische Zentralstelle für Weltanschauungsfragen 2002, S. 12–28; Pascal Bruckner: *Verdammt zum Glück. Der Fluch der Moderne. Ein Essay.* Berlin: Aufbau 2001, S. 61.

4 Vgl. E. Tietjens: Die Erreichbarkeit des Glücks. In: Ludwig Lewin (Hrsg.): *Der erfolgreiche Mensch*, Bd. 1: Voraussetzungen des persönlichen Erfolges. Berlin / Zürich: Eigenbrödler 1928, S. 419–457.

an ihn stärkten.[5] Schließlich soll gefragt werden, wie innovativ dieses Denken angesichts der breiten auch populärwissenschaftlichen Diskussionen um das ‚Glück' und die ‚Glückseligkeit' im Zuge der Aufklärung[6] und insbesondere um 1800 war.

## Wozu Ratgeber?

Üblicherweise betonten die Ratgeber, viele Zeitgenossen litten unter den gleichen Sorgen und stünden vor den gleichen Problemen. Es seien die Zeitumstände, die das Glück erschwerten[7] und das Leben „zu kompliziert" machten.[8] Damit versuchten sie sowohl ihre Existenznotwendigkeit zu belegen als auch die Leser zu entlasten und an sich zu binden. Es sollte sie beruhigen, dass ihre Ängste und ihr mangelndes Glück keine singulären, individuellen Phänomene waren, sondern auf objektiven Gegebenheiten gründeten. Zugleich war die Glücksratgeberliteratur der Jahrhundertwende und der Folgejahre von der epochentypischen Wahrnehmung geprägt, in einer Zeit des

5 Zum Redner Bürgel und Pressereaktionen vgl. Arnold Zenkert: *Bruno Hans Bürgel (1875–1948). Ein Lebensbild.* Velten: Becker 1996, S. 127–132; [Rolf König / Arnold Zenkert (Red. Rosemarie Spatz)]: *Bruno H. Bürgel. Zum 50. Todestag des Potsdamer Astronomen und Schriftstellers. Astronomisches Zentrum „Bruno H. Bürgel", Potsdam.* Potsdam 1998, S. 15. Zudem erhielt er zahlreiche zustimmende Zuschriften. Indem die Verlage ganze Reihen von Beratungsliteratur offerierten, die u. a. in den einzelnen Bände beworben wurden, entstanden teilweise ähnlich strukturierte Gedankenwelten, die den Leser auf einem Beratungs- und Deutungs-„Pfad" bestärken konnten. Auch Bürgels Publikationen waren Teil größerer Ratgeber-Welten der Verlage. Die Reihe „Zellenbücherei", in der *Zeit ohne Seele* erschien, versprach beispielsweise, den Leser „erfrischt, frohgestimmt und angeregt" zu machen. Vgl. Bruno H. Bürgel: *Die Zeit ohne Seele. Ethik im Alltag.* Leipzig: Dürr & Weber 1922, Verlagswerbung für die Reihe, o. P. Inhaltlich sehr breit gestreut war die Serie „Populärer Katechismen" des Verlags Hugo Steinitz, die u. a. ökonomische und wissenschaftliche Fragen aufgriff. Vgl. Asta Röttger: *Wie begründe ich mein Lebensglück? Ein Wegweiser zum Glücklichwerden und Glücklichsein.* Berlin: Steinitz 1902, Einband-Werbung des Verlages.

6 Vgl. u. a. Werner Schneiders: Art. Glück. In: Ders. (Hrsg.): *Lexikon der Aufklärung.* München: Beck 2001, S. 165–166; Paul Hazard: *La pensée européenne au XVIIIe siècle de Montesquieu à Lessing* [1963]. Paris: Fayard 2006, S. 23–34.

7 Vergleichbar hatte schon der deutsche Herausgeber des beliebten Ratgeberbüchleins von Benjamin Franklin die Publikation begründet. Vgl. Johann Adam Bergk: *Franklin's Goldenes Schatzkästlein oder Anweisung, wie man thätig, verständig, beliebt, wohlhabend, tugendhaft, religiös und glücklich werden kann. Ein unentbehrlicher Rathgeber für Jung und Alt in allen Verhältnissen des Lebens*, Bd. 2. Leipzig: Die Expedition des europäischen Aufsehers 1827, S. III–VIII.

8 Bürgel: *Die kleinen Freuden*, S. 10.

Übergangs zu leben.[9] Die Ratgeber selbst waren eine Reaktion auf das Erleben von zunehmenden Wahloptionen, zur Disposition stehenden Rollenmustern, Veränderungen im Lebensstil, wachsenden Konsumchancen und Möglichkeiten der Lebensgestaltung wie der Verortung der eigenen Person.

So begründete Wolfgang Schumann in *Lebenskunst und Lebensglück. Eine Lehre vom glückhaften Leben* 1929 die angeblich ubiquitäre Sehnsucht nach dem Glück und der richtigen „Lebenskunst" mit einem allseitigen Unsicherheitsszenario.[10] Der Weltkrieg, die mangelnde staatliche Stabilität und die ökonomische Not hätten nicht nur viele Lebensentwürfe, sondern auch das „Gefühl der Sicherheit" und zugleich das „kleine Glück, de[n] kleine[n] Trost, ein bißchen Genuß und ein wenig Liebhaberei" zerbrochen. Dazu kämen die neuen Sittlichkeitsvorstellungen wie die „Körperkultur" der Lebensreformbewegung.[11] Einen klaren Weg zum Glück gebe es nicht mehr.[12] Eine Reihe von Autoren bediente die kulturpessimistische Zeitkritik,

9 Vgl. bspw. Volker Drehsen / Walter Sparn (Hrsg.): *Vom Weltbildwandel zur Weltanschauungsanalyse. Krisenwahrnehmung und Krisenbewältigung um 1900.* Berlin: Akademie 1996.

10 Manche Autoren sprachen von spezifisch deutschen Problemen. Vgl. bspw. [Friedrich Weiß:] *Schwindsucht, Trunksucht, Unzucht. Drei Feinde von Jugendkraft und Lebensglück*, mit Unterstützung des Verbandes der Ortskrankenkassen von Berlin u. Umgebung, 3., verbess. Aufl. Berlin-Dahlem: Verlag des Dt. Vereins g. d. Alkoholismus 1922.

11 Wolfgang Schumann: *Lebenskunst und Lebensglück. Eine Lehre vom glückhaften Leben.* Leipzig: Dürr 1929, S. 5–6. Vgl. die Begründung Christian Schüles: Optimismus auf Befehl. Bericht von einem Motivationstag. In: Utsch (Hrsg.): *Erfolg*, S. 48–60, hier S. 53, für das aktuelle Interesse an Lebensratgebern und -beratern. Er verweist auf das Zerbrechen von Sicherheiten und Eindeutigkeiten, die Ideen von Flexibilität und Schnelligkeit und akkumulierte historische Erfahrung von biographischen Brüchen im 20. Jahrhundert.

12 Schumanns Bewertung war ambivalent. Die neue Körper- wie die ältere „Geistkultur" könnten zum Glück führen, doch letztere habe mit ihrem „Ideal der Bildung und Vergeistigung" vor dem „„Kaiserismus"", der Herrschaft der Junker, den Kriegsverbrechen und dem allseitigen Elend versagt. Die Körperkultur sei naturnäher, unkomplizierter, „heiterer"; ihr fehle es aber an Tiefe und Moral. Letztlich müsse sich die Geistkultur anpassen (Wolfgang Schumann: Geistkultur und Körperkultur. In: *Gesundbrunnen. Jahrbuch des Dürerbundes* [1929], S. 106–110, hier S. 109). Zu Schumann vgl. Gerhard Kratzsch: *Kunstwart und Dürerbund. Ein Beitrag zur Geschichte der Gebildeten im Zeitalter des Imperialismus.* Göttingen: Vandenhoeck & Ruprecht 1969, S. 436–440. Zur Körperkultur vgl. Cornelia Klose-Lewerentz: Befreite Körper? Die Lebensreformbewegung und ihre Bedeutung für die Vorstellungen vom Körper zu Beginn des 20. Jahrhunderts. In: *Ariadne* 55 (Mai 2009): „Die sittliche Wage ist aus dem Gleichgewicht". Gesellschaftliche Debatten um 1900, S. 54–59.

indem sie über die Mechanisierung und Technisierung des Lebens klagte.[13] Für Adolf Matthias führte die Fixierung auf die Naturwissenschaften zur kulturellen Verflachung und „Entseelung" des Lebens;[14] Johannes Müller griff zum Bild der Fabrik und nannte die Gegenwart krank und von Lebensangst geprägt.[15] Warnungen vor der „Hast" aus medizinischer Sicht ergänzten diese Diagnosen.[16] Hier erfolgte ein Anschluss an die Neurastheniedebatte, die Rede vom „nervösen Jahrhundert".[17] Bürgel sprach von der „Zeit ohne Seele". Die Orientierung am Materiellen, wofür ihm die Großstadt stand, mache die Menschen zu „Sklaven" ihres Besitzes;[18] die Arbeiterin, die „die ‚Dame' vortäuschen" wolle oder „der Friseurgehilfe, der sich für einen Leutnant oder Herrn von so und so ausgibt", zeigten, wie stark das Streben nach Ansehen und Besitz auch diejenigen dominiere, die es sich nicht leisten könnten bzw. denen es dem Bürgelschen Denken nach nicht zustand.[19] Den angeblich übertriebenen Luxus geißelten viele Autoren, was sich in die Diagnose der Gegenwart als pathologisches Zeitalter fügte. Gleichwohl wurden hier auch ältere Traditionen fortgeführt: Wenn Max Haushofer über die Zunahme des Luxus' klagte und davor warnte, sich vom Genuss abhängig zu

13 Die Neugeistbewegung aber sprach vom Menschen als einer Maschine, die es zu optimieren gelte.

14 Adolf Matthias: *Wie werden wir Kinder des Glücks?* München: Beck 1900, die 4. verm. Auflage erschien 1916. Der Provinzialschulrat Matthias war auch Autor des auflagenstarken Ratgebers *Wie erziehen wir unseren Sohn Benjamin? Ein Buch für deutsche Väter und Mütter.* München: Beck 1897. Lobend zu Matthias siehe Eduard Engel: *Geschichte der deutschen Literatur des 19. Jahrhunderts und der Gegenwart.* Wien: Tempsky 1912, S. 494.

15 Vgl. Johannes Müller: *Von der Würde des Menschen. Beiträge zur Erneuerung der Lebensführung.* Stuttgart: DVA 1938, S. 196–199.

16 Vgl. Pieter K. Pel: *Ueber die Kunst gesund und glücklich zu leben und Krankheiten zu verhüten*, mit Genehmigung des Verf. übers. v. Dr. Albrecht Rosenstein. Jena: Fischer 1903.

17 Zur Nervositätsdiskussion vgl. u. a. Wolfgang U. Eckart: „Die wachsende Nervosität unserer Zeit". Medizin und Kultur um 1900 am Beispiel einer Modekrankheit. In: Gangolf Hübinger / Rüdiger vom Bruch / Friedrich Wilhelm Graf (Hrsg.): *Kultur und Kulturwissenschaften um 1900*, Bd. II: Idealismus und Positivismus. Stuttgart: Steiner 1997, S. 207–245.

18 Bürgel: *Zeit ohne Seele*, S. 10, 12, 52–54. Vgl. ders.: *Die kleinen Freuden*, S. 40–41.

19 Bürgel: *Menschen untereinander*, S. 26; ders.: *Zeit ohne Seele*, S. 73; ders.: *Die Weltanschauung des modernen Menschen.* Berlin: Ullstein 1932, S. 198. Es gebe ein weit verbreitetes „Gefühl, das Leben sozusagen an falscher Stelle zu vertrödeln, es mit nichtigem Plunder zu umkleiden, den man im Grunde gar nicht mag, für den man aber doch viel Kraft, Zeit, Geld opfert" (ebd.).

machen, weil dieser die Gesundheit zerstöre, dem Hauswesen schade und dem guten Geschmack widerspreche,[20] nahm er die frühneuzeitliche Luxuskritik auf.[21] Not und Luxus konnten zugleich angeklagt werden.

Als positiven Wert setzten die Autoren auf die Einfachheit:[22] auf eine einfache Lebensführung, die das Glück ermögliche, weil sie nicht vom Wesentlichen ablenke, und auf die angeblich einfache Lösung, die die „Unübersichtlichkeit und Entscheidungsnot" der Lebenswelt überwinde.[23] Schumann hielt dies allerdings nicht für möglich, „wirkliche Lebenskunst" erfordere „die ganze Persönlichkeit", simple Empfehlungen könne es daher nicht geben.[24] Bürgel aber scheute weder allgemeine Lebensweisheiten[25] noch ein Glücks-„Rezept", in dem er die Schlagworte Gesundheit, Liebe, Güte, Rechtlichkeit, Zufriedenheit, frohe Arbeit, Ehrfurcht vor dem Unbekannten, Freude an der Natur, Liebe zum Schönen aneinanderreihte.[26] Bedient wurden diffuse Sehnsüchte nach einer harmonischeren, übersichtlicheren Welt. „Poesie und Gemütlichkeit", „Biederkeit", die „stille, einfache Rechtlichkeit, Arbeitsamkeit und Treue".[27] Das mache das gute Leben aus, so Bürgel, darin liege der Sinn des Lebens.[28]

20 Max Haushofer: *Lebenskunst und Lebensfragen. Ein Buch für's Volk* [1897]. Ravensburg: Maier [1906], S. 348. „Luxus mit Maß und Geschmack" (ebd.) aber verschönere das Leben.

21 Vgl. bspw. Carl Friedrich Bahrdt: *Handbuch der Moral für den Bürgerstand.* Tübingen et al.: Joh. Friedr. Balz und Wilh. Heinr. Schramm und Reutlingen: Joh. Jacob Fleischhauer 1789; Christopher J. Berry: *The Idea of Luxury. A Conceptual and Historical Investigation.* Cambridge: Cambridge UP 1994.

22 Über das ‚einfache Leben' zum Glück führen wollte auch der Vegetarismus, bspw. Paul Förster: *Die Kunst des glücklichen Lebens.* Berlin: Kaemmerer 1895; Benno Buerdorff: *Der Weg zum Glück.* Leipzig: Verlag des Deutschen Vegetarier-Bundes 1900. Hier findet typischerweise nicht nur der Einzelne sein Lebensziel ‚Glück', sondern vermag zugleich das ‚Volk' mit zu retten. Zum Vegetarismus vgl. Eva Barlösius: *Naturgemäße Lebensführung. Zur Geschichte der Lebensreform um die Jahrhundertwende.* Frankfurt am Main: Campus 1997.

23 Vgl. Otfried Höffe: *Lebenskunst und Moral oder macht Tugend glücklich*? München: Beck 2007, S. 147.

24 Schumann: *Lebenskunst*, S. 9.

25 Vgl. bspw. Bürgel: *Die kleinen Freuden*, S. 161, 172.

26 Bürgel: *Die kleinen Freuden*, S. 231, das Buch endet damit, vgl. ebd., S. 156. Vgl. auch ders.: *Menschen untereinander. Ein Führer auf der Pilgerreise des Lebens.* Berlin: Ullstein 1922, S. 91; [König / Zenkert]: *Bruno H. Bürgel*, S. 42.

27 Vgl. Bürgel: *Die kleinen Freuden*, S. 122, 125.

28 Bürgel: *Weltanschauung*, S. 200.

### Glück erlernen

Obwohl die Moderne und eine generelle Krise für den Mangel an Lebensglück verantwortlich gemacht wurden, sind die von den Ratgebern angebotenen Lösungen im Allgemeinen beim Individuum angesiedelt. Das ergab sich schon zwangsläufig aus dem Charakter der Gattung.[29] Dahinter steht aber auch die Überzeugung, dass es um einen veränderten Blick auf die Welt gehe, dass hier angesetzt werden müsse und nicht an den Strukturen. Der Einzelne hat die Verantwortung für sein Glück.[30] In der späten Aufklärung war die Antwort anders ausgefallen. Dass ein jeder seines Glückes Schmied sei, wollte man so nicht stehen lassen. Zwar sei jeder Mensch zum Glück bestimmt, doch prägten vielerlei Umstände das Leben des Einzelnen von der Geburt an, nämlich „Geburt, Erziehung, Angehörige, zeitliche Güter, oder Armuth", die entscheidende Auswirkungen auf die Denkungsart hätten.[31] Das zitierte Sprichwort tue all denjenigen Unrecht, die sich redlich mühten und versuchten, ihre Fähigkeiten einzusetzen, aber kein Glück im Leben hätten.[32] Ihnen blieben nur die Akzeptanz des unergründlichen Schicksals und die Jenseitshoffnungen.[33]

Den neuen Ratgeberautoren zufolge musste der Einzelne seine Perspektive ändern, anders sehen und empfinden lernen. Schließlich leuchteten „alle Dinge nur auf [...] in dem Licht, das aus uns selber kommt".[34] Das Glück im Kleinen finde sich in den alltäglichen Dingen, in der Gegenwart, im Augenblick, der schon als Begriff das

29 Auch die Lebensreformbewegung, mit der die Lebenskunst verwandt war, versprach eine Antwort auf eine umfassende Krise und setzte dazu ja bei der Veränderung des Einzelnen an, wenngleich es Bezüge auf das Politische gab.

30 Zu diesem Moment und seinen Auswirkungen in der gegenwärtigen Ratgeberliteratur vgl. Stefanie Duttweiler: Vom wahren und falschen Leben. Glücksratgeber als Lebenshelfer im Neoliberalismus. In: *Praktische Theologie. Zeitschrift für Praxis in Kirche, Gesellschaft und Kultur* 45,1 (2010): Auf der Suche nach dem Glück. Ratgeberliteratur als Lebenshilfe, S. 6–11; dies.: Figuren des Glücks in aktuellen Lebenshilferatgebern. Vom Glück durch sich selbst. In: Dieter Thomä / Christoph Henning / Olivia Mitscherlich-Schönherr (Hrsg.): *Glück. Ein interdisziplinäres Handbuch*. Stuttgart / Weimar: Metzler 2011, S. 308–312.

31 Vgl. Betrachtung über das Sprichwort: quilibet fortunae suae faber. In: *Nützliche Sammlungen* 1755, 1. Tl., Sp. 1513–1516.

32 Vgl. R. A.: Erklärung des Sprichworts: ein jeder ist seines Glückes Schmid [sic]. In: *Hannoverisches Magazin* 1770, 37. Stück, Sp. 577–588.

33 Vgl. Quilibet, Sp. 1513–1516.

34 Bürgel: *Die kleinen Freuden*, S. 10.

Sehen und das Momenthafte zusammenbringt.[35] Glück war mithin erlernbar, es kam auf die täglich geübte Lebensauffassung an, erklärte Matthias.[36] Oder in den Worten anderer Autoren: Das Glück war zu wesentlichen Teilen „Ergebnis der Lebensarbeit des einzelnen“[37] und der „Selbstbewährung“.[38] Damit kam der Aspekt der eigenen Disziplinierung hinzu, der Arbeit am Glück. Ein „nützliche[s] Mitglied der bürgerlichen Gesellschaft“, so die Botschaft, werde auch das Glück erfahren können.[39]

Wie erfuhr der Leser, was er zu tun hatte? Konkrete Handlungsanweisungen oder Übungen, wie die Einstellungsänderung zu bewerkstelligen sei,[40] waren selten. Mancher Autor verzichtete ganz auf Hinweise zu Verhaltensweisen. Harriet Beecher-Stowe listete in ihrem erfolgreichen Ratgeber zum häuslichen Glück nur negative, zu vermeidende Verhaltensweisen auf.[41] Kleine Episoden konnten die gewünschte Haltung veranschaulichen, wie jene vom Bauarbeiter, der seiner Frau auf dem Heimweg einen Feldblumenstrauß pflückt, oder vom Mädchen, das sich Blumen ins Haar steckt und eine Kette aus kleinen Strandmuscheln bastelt.[42]

Der Übergang zu erzählerischen Texten, die gleichfalls Erkenntnisse zum Glücksgewinn versprachen und dazu den belehrenden Moment inszenierten, war fließend. Die Haltung der Autoren gegenüber den

35 Vgl. Bürgel: *Zeit ohne Seele*, S. 24, 66.

36 Vgl. Matthias: *Kinder*, S. 19. Vgl., wenn auch nicht zur Ratgeberliteratur zu zählen, Erich Becher: *Die Grundfrage der Ethik. Versuch einer Begründung des Prinzips der größten allgemeinen Glückseligkeitsförderung*. Köln: Du Mont-Schauberg'sche Buchhandlung [1907], S. 197.

37 Haushofer: *Lebenskunst*, S. 29.

38 Schumann: *Lebenskunst*, S. 9.

39 Vgl. Michael S. Aßländer: Das Glück des Tüchtigen. Der Glücksbegriff des bürgerlichen Liberalismus. In: Timo Hoyer (Hrsg.): *Vom Glück und glücklichen Leben. Sozial- und geisteswissenschaftliche Zugänge*. Göttingen: Vandenhoeck & Ruprecht 2007, S. 103–121, hier S. 118.

40 So etwas kannte jedoch bspw. Neugeist. Vgl. Schmidt: *Glückspilz*.

41 Vgl. Harriet Beecher Stowe: *Kleine Füchse oder die kleinen Fehler, welche das häusliche Glück stören.*. Gütersloh: Bertelsmann 1908. Es handelt sich um Tadelsucht, Reizbarkeit, Verschlossenheit, Eigensinn, Intoleranz und Unhöflichkeit.

42 Vgl. Bürgel: *Die kleinen Freuden*, S. 12–13. Ebenso in ders.: *Menschen untereinander*, S. 92–94. Dabei bezieht Bürgel sich u. a. auf asiatische Weisheitslehren. Das Titelbild des Bandes schmückt entsprechend die Zeichnung eines in die Ferne blickenden Mannes, wohl ein Spaziergänger, den Vordergrund bilden Wiesenblumen sowie ein Marienkäfer.

Lesern changierte dabei zwischen dem Gestus der Überlegenheit[43] – wobei Autorität und Einsicht ersatzweise bei bekannten Persönlichkeiten geliehen werden konnten[44] – und der betonten Nähe zu ihnen. Asta Röttger, die Frauen zum Glück führen wollte, duzte ihre Leserinnen und sparte zugleich nicht an Imperativen.[45] Bürgel rief dem „liebe[n] und ehrengeachtete[n] Leser"[46] zu: „Auf dich kommt es an!"[47] oder griff zum vereinnahmenden „Wir". „Wie lange dauert es, bis wir begreifen, wie wenig Wohlhabenheit mit Glücklichsein zu tun hat, daß sie eine Sache des Herzens […] ist, und wie spät lernen wir zwischen Ruhm und Verdienst unterscheiden!"[48], erklärte er beispielsweise und wiederholte wohl deswegen seine Aussagen des Öfteren. Auch eingestreute Hinweise („da fällt mir eben ein") sollten eine Gesprächssituation suggerieren; wiedergegebene angebliche Gespräche mit Dritten präsentierten den Verfasser als freundschaftlichen, bisweilen väterlich ermahnenden Plauderer.[49] Immer wieder bekundete er, auf der Seite der „kleinen", der „lieben Leutchen" zu stehen,[50] und betonte seine Herkunft aus der Arbeiterschaft; die 1919 veröffentlichte Autobiographie hieß denn auch *Vom Arbeiter zum Astronomen.*[51] Seine Lebensgeschichte sollte auch zum Aufstieg durch Bildung ermutigen.

43 Vgl. bspw. Bürgel: *Zeit ohne Seele*, S. 22–24.

44 Vgl. Hjalmar Kjölenson [d. i. David Rauter]: *Vom Glück und dem neuen Menschen. Grundzüge für neue Lebensführung.* Leipzig: Wöpke 1903, der vorzugsweise auf Goethe zurückgreift; für Frauen empfiehlt er Rahel Varnhagen.

45 Vgl. Röttger: *Lebensglück?* Röttger war später Vorsitzende der Reichsgemeinschaft der evangelischen Hausfrauen Deutschlands. Vgl. Friedrich Zipfel: *Kirchenkampf in Deutschland 1933–1945. Religionsverfolgung und Selbstbehauptungskampf der Kirche in nationalsozialistischer Zeit.* Berlin: de Gruyter 1965, Dokumentenanhang: Nr. 19, S. 342.

46 Bruno H. Bürgel: *Vom täglichen Ärger. Ein Lesebuch für Zornige, Eilige, Huschelpeter und lächelnde Philosophen* [1941]. Stuttgart: Reclam [1956], S. 7.

47 Bürgel: *Zeit ohne Seele*, S. 46. Vgl. auch ebd., S. 45, 47.

48 Bürgel: *Vom täglichen Ärger*, S. 76. Vgl. ders.: *Die kleinen Freuden*, S. 163.

49 Vgl. Bürgel: *Die kleinen Freuden*, S. 213–215; ders.: *Vom täglichen Ärger*, S. 16, 17, 35–37.

50 Bürgel: *Die kleinen Freuden*, S. 163.

51 Bruno H. Bürgel: *Vom Arbeiter zum Astronomen. Die Lebensgeschichte eines Arbeiters.* Berlin: Ullstein 1919. Mit Problemen der Arbeiterschaft beschäftigte er sich u. a. in der knappen Schrift *Mehr Aufklärung! Mehr Bildung! Betrachtung eines ehemaligen Arbeiters.* Stuttgart: Reclam 1919.

**Orte des Glücks**

Gern gingen die Autoren auf mögliche Orte und Situationen des Glücks ein. Prinzipiell sollte das Glück in allen Lebensbereichen zu finden sein. Für Matthias gehörte die Mode als ästhetisches Element zu den „freundlichen Formen des Daseins", die „hinweisen auf beglückende Werte des Gemüts und des feinen Empfindens".[52] Das war für Bürgel nicht denkbar; er feierte die Natur als Erlöserin vom „unnatürlichen" modernen Leben.[53] Zudem war das Weltall für den Laienastronomen entscheidend. Der Mensch stehe „mitten in der gewaltigen Allnatur" und entstamme ihr,[54] er sei – und da klingt auch esoterisches Gedankengut an[55] – letztlich von diesem gesteuert.[56]

Die eigene, kleine Lebenswelt, das war nicht zuletzt die Familie. Matthias erklärte, in der Familie erlebten die Kinder „den Herz- und Pulsschlag ersten Menschenglücks [...], das sie doch schließlich als beste Mitgift auf ihre Lebensfahrt mit hinaus nehmen".[57] Er warnte daher davor, den Staat allmächtig werden zu lassen und „die Kinder dem Staat als fiskalischen und staatsherrlichen Erzeugungs- und Erziehungsgegenstand" zu übergeben.[58]

Auch der Aufklärung hatte die Familie, aufbauend auf der Ehe,[59] als Quelle höchsten Glücks gegolten. So pries das *Hannoverische Magazin* in den 1770er Jahren das häusliche Leben. Es sei zwar mit zahlreichen Pflichten gegenüber der Familie und der Gesellschaft verbunden, doch die Pflicht mache das Glück aus. Das Familienleben sei

52 Matthias: *Kinder*, S. 78.

53 Bürgel: *Zeit ohne Seele*, S. 7–11. Später, in der *Weltanschauung* von 1932, S. 198–209, zeigt sich Bürgel skeptischer, ohne die Idee aufzugeben. 1939 preist er wieder den Naturgenuss in ders.: *Im Garten Gottes – Wandertage und Plauderstunden eines Naturforschers*. Berlin: Deutscher Verlag 1939.

54 Bürgel: *Weltanschauung*, S. 113.

55 Vgl. Bürgel: *Zeit ohne Seele*, S. 8–9. Zur Entwicklung des esoterischen Denkens vgl. Monika Neugebauer-Wölk: Einleitung. In: Dies. (Hrsg.): *Aufklärung und Esoterik*. Hamburg: Meiner 1999, S. 1–37.

56 Vgl. Bruno H. Bürgel: *Weltall und Weltgefühl*. Berlin: Ullstein 1925.

57 Matthias: *Kinder*, S. 88–89.

58 Ebd. Diese Funktion der Familie ruht für Matthias freilich auf der Aufopferung der Mutter.

59 Vgl. bspw. Briggantine, oder das Glück des Lebens. Eine Erzählung. In: *Hannoverisches Magazin* 25 (1787), Sp. 869–880; B. W. Beck [d. i. Beckstein]: *Cunina, eine neue practische Erziehungslehre, mit steter Hinsicht auf die physische Entwicklung der Kinder, nebst einem Anhang über Eheglück, den Verhältnissen der Zeit angemessen*. Berlin: Nortmann 1830.

gemeinnützig und glücklich, weil es „die Quelle aller Moralität, die Stütze unserer besonderen und der allgemeinen Wohlfahrt", der Ort guter Erziehung und der Lebensart sei. Die Familie ist hier Basis der Gesellschaft und Abbild der ‚Menschheitsfamilie'; gesellschaftliches und persönliches Glück verbinden sich.[60] Emilie von Berlepsch betonte in ihren damals aufsehenerregenden Artikeln[61] im *Teutschen Merkur* Christoph Martin Wielands gleichfalls die Bedeutung, die das Haus als „Theil des Staates" habe. Das häusliche Glück fördere das „allgemeine Wohl der bürgerlichen Gesellschaft".[62] Und Johann Heinrich Campe nannte das häusliche Glück einen zentralen Pfeiler des „Glück[s] […] des Staats".[63] Das war ein Kompensationsversprechen für die Frauen: Campe stellte ihnen den Verzicht auf die Entfaltung ihrer Anlagen als in der gegenwärtigen Gesellschaft unumgänglich dar[64] und offerierte ihnen gleichzeitig das Versprechen, dass das Wohlergehen des Staates von ihrem häuslichen Einsatz abhänge. Auch für Berlepsch, die die eingeschränkten Handlungsbereiche von Frauen kritisierte, war das Glück im Augenblick, im Kleinen zu finden: „Im ganzen ist das Leben der mehresten Menschen eine Zusammensetzung geringer Ereignisse, aneinander gereiheter Augenblicke, von deren Beschaffenheit die Summe ihres Glücks abhängt. Folglich liegen auch die Materialien zur Glückseligkeiten in dem Gebrauche

60 Vgl. Hudewalker: Von dem Glück des häuslichen Lebens. In: *Hannoverisches Magazin* 50. Stück (1776), Sp. 785–800, hier Sp. 792.

61 Vgl. Katrin Horn: Art. Berlepsch, Emilie von. In: Dies. / Stefanie Freyer / Nicole Grochowina (Hrsg.): *FrauenGestalten. Weimar-Jena um 1800.* 2., überarb. Aufl. Heidelberg: Winter 2009, S. 65–71, hier S. 65–66.

62 Emilie von Berlepsch: Ueber einige zum Glück der Ehe nothwendige Eigenschaften und Grundsätze. In: *Der Neue Teutsche Merkur* 2 (1791), S. 63–102, 113–134, hier S. 113. Ratschläge zur glücklichen Lebensführung für Frauen suchte bspw. auch Sophie von La Roche zu geben. Dazu Monika Nenon: Über das Glück. Stoizismus und Popularphilosophie im Spätwerk Sophie von La Roches. In: Gudrun Loster-Schneider / Barbara Becker-Cantarino (Hrsg.): *„Ach, wie wünschte ich mir Geld genug, um eine Professur zu stiften". Sophie von La Roche im literarischen und kulturpolitischen Feld von Aufklärung und Empfindsamkeit.* Tübingen: Francke 2010, S. 45–54.

63 Johann Heinrich Campe: *Väterlicher Rath für meine Tochter. Ein Gegenstück zum Theophron. Der erwachsenern weiblichen Jugend gewidmet* [1789]. 5. Aufl. Braunschweig: Schulbuchhandlung 1796, S. 19. Das Buch war ein bis weit ins 19. Jahrhundert hinein aufgelegter und nachgedruckter Bestseller. Das Glück der Staaten war ein wiederkehrendes Thema. Vgl. aber bspw. kritisch: Das Glück der Staaten. In: *Neues deutsches Museum* 3 (1790), S. 1005–1014.

64 Vgl. Campe: *Väterlicher Rath*, S. 21–32.

eines jeden solchen Augenblicks".[65] Immer wieder betont wurde der Zusammenhang zwischen Glück, Moralität und Verhaltensnormen. Einerseits zeigt sich hier eine verstärkte Emotionalisierung, andererseits das Bemühen um eine größere Affektkontrolle. Sie schien zum individuellen Glück wie für den gesellschaftlichen Zusammenhalt erforderlich, damit die intendierte innere Haltung in der äußeren Erscheinung wie in den Verhaltensweisen des Individuums erkennbar werden konnte.[66]
Diese über die Moralität laufende Verbindung von gesellschaftlichem und persönlichem Glück, von individuellem Glück und dem der Menschheit, die für die Zeit um 1800 so typisch ist, fehlt im 20. Jahrhundert.[67] Es mag mit der Entwicklung der sozialen Sicherungssysteme im 19. Jahrhundert zusammenhängen, dass sich das gesellschaftliche Glück und das persönliche in der Folge auseinander entwickelten. Der Einzelne sollte nun zu „einem persönlich glücklichen Menschen" werden.[68]

## Glück als politische Aufgabe

Die viel zitierte Glücksformel der amerikanischen Unabhängigkeitserklärung beauftragte in bisher ungekannter Weise die Regierung, „sich immer und überall am Gemeinwohl, am Wohlergehen des Bürgers zu legitimieren". Die Formel „soll Richtschnur und Maßstab sein, Ausdruck des klassischen, vormachiavellistischen Rechts auf das gute Leben und sichtbares Zeichen der Ablehnung einer Staatsräson, die höher steht als das Schicksal des einzelnen."[69] In der Folge wurde „der Glaube an die politische Herstellbarkeit von Glück" Teil des „Selbstverständnis[ses] der ‚Moderne' schlechthin".[70]

65 Berlepsch: Glück der Ehe, S. 66.

66 Vgl. Astrid Ackermann: *Paris, London und die europäische Provinz*. Berlin et al.: Lang 2004.

67 Otfried Höffe: *Lebenskunst und Moral oder macht Tugend glücklich?* München: Beck, S. 361, plädiert für die Moralität, doch nicht, weil sie Glück garantiere, sondern aus Gründen der moralischen Selbstachtung.

68 Peter Buijs, *De eeuw van het geluk. Nederlandse opvattingen over geluk ten tijde van de Verlichting, 1658–1835*. Hilversum: Verloren 2007, S. 185 (Übersetzung A. A.).

69 Helmut Jäckel: Über die staatliche Projektion von Glück in verschiedenen politischen Systemen. In: Herbert Kundler (Hrsg.): *Die Anatomie des Glücks*. Köln: Kiepenheuer & Witsch 1971, S. 32–57.

70 Helmut Klages: Glückerzeugung durch Politik – ein immer vergebliches Unterfangen? Thesen auf der Grundlage empirischer Politikforschung. In: Alfred

Der Sozialdemokrat Schumann forderte vom Staat ein, Grundbedingungen des Glücks für jeden Einzelnen herzustellen. Ein massives Hindernis für das Lebensglück sei die Armut. Sie beeinträchtige die Teilhabe am gesellschaftlichen und kulturellen Leben und zerstöre die Gesundheit, die eine Vorbedingung des Glücks sei. Das Glück war demnach eine politische Aufgabe.[71] Damit war aber noch kein Staatszweck ‚Glück' verbunden, den u. a. David Rauter 1903 in *Vom Glück und dem neuen Menschen* postulierte.[72]
Der Nationalökonom Max Haushofer, der einige Jahre für die Vereinigte Liberale im bayerischen Landtag saß, wollte sich zwar 1906 in *Lebenskunst und Lebensfragen* an „breiteste Volksschichten" wenden,[73] doch war das Glück für ihn kein Thema der Politik. Er kritisierte die Sozialdemokratie, Kommunisten und ihnen nahestehende Vereine und Autoren für ihre „Volksaufklärung". Indem sie soziale Fragen deutlich ansprächen, steigerten sie allein den Unmut des Volkes, da es sich oft um Zustände handele, die „gar nicht oder nur sehr langsam zu verbessern sind".[74] Man nehme den Betroffenen, so Haushofer sich paternalistisch fürsorglich gebend, die Freude am Leben. Hier zeigt sich bereits, wie das Streben nach Glück, das u. a. Haushofer indirekt mit den Arbeits- und Lebensbedingungen koppelt, allgemein geworden, ein Gefahrenpotential bergen konnte. Es schwang die Drohung mit, Besitzstände könnten in Frage gestellt, ein politischer Umsturz denkbar werden. Für Bürgel lag einige Jahre später, in der Weimarer Republik, die Gefahr in der ungebildeten „Masse", die jedem nachfolge, zur Gewalt neige und deren Niveau „durch eine gute soziale Gesetzgebung, durch unermüdliche Bildungsarbeit,

Bellebaum (Hrsg.): *Glück und Zufriedenheit. Ein Symposion*. Opladen: Westdeutscher Verlag 1992, S. 102–119, hier S. 104. Angemerkt sei, dass Heigl: *Deutschlands Erneuerung und Rettung durch Neugeist*, S. 16, behauptet, mit Neugeist könne die soziale Frage gelöst werden.

71 Vgl. Schumann: *Lebenskunst*, S. 131–132. Aus sozialistischer Perspektive: John Gray: *Vom menschlichen Glück*, aus d. Engl. v. Adolf M. Freund. Leipzig: Hirschfeld 1907, S. 38. Das Glück auf die Gesundheit verengend und die Fürsorge dafür als staatliche Aufgabe verstehend: *Gesundheit ist Lebensglück: Gedanken des Volksgesundheitslehrers Dr. Jakob Laurenz Sonderegger für Schule und Haus*, im Auftr. des Reichsausschusses für hygienische Volksbelehrung, hrsg. v. C[urt] Adam / F[riedrich] Lorentz. Berlin: Springer 1930.

72 Ljölenson [d. i. David Rauter]: *Vom Glück*. Er sah den Einzelnen dabei nur sich selbst gegenüber verpflichtet.

73 Haushofer: *Lebenskunst*, S. 35.

74 Ebd.

durch beste Schulausbildung" gehoben werden müsse.[75] Seine Wahrnehmung von 1918 mag zu dieser Haltung beigetragen haben.[76] Beide boten dagegen als Bezugspunkt eine idealisierte, wenngleich schemenhaft bleibende Vergangenheit, die sich fromm den „Fügungen" der Vorsehung ergeben habe und dadurch auch in der größten Armut zufriedener gewesen sei als die Gegenwart.[77]

## Männliche und weibliche Wege zum Glück

Die meisten Glücksratgeber, die sich als solche bezeichneten und nicht bereits im Titel Frauen ansprachen, richteten sich an eine männliche Leserschaft[78] und legten ein bürgerlich polares Bild der Geschlechterbeziehungen zu Grunde. Die Erwerbstätigkeit zahlreicher Frauen und die zeitgenössische Diskussion darüber – wie die breite Debatte über eine Verbesserung der weiblichen Bildung – wurden, wenn nicht ignoriert, so doch zumeist negativ wertend aufgegriffen.[79] Schumann fragte, ob Frauen seinen Text überhaupt verstehen könnten, seine Weisungen seien möglicherweise zu rational.[80] Für Bürgel gehörte die weibliche Emanzipation zu den modernen Ärgernissen.[81] Die „Überbewertung der Frau", die weibliche Berufstätigkeit und die angebliche

75 Vgl. Bürgel: *Menschen untereinander*, S. 12–17, hier S. 17. Gleichwohl ging Bürgel davon aus, dass die breiten Volksschichten einen „Führer" bräuchten (ebd., S. 15).

76 Vgl. die Rede von den „Hyänen der Revolution" in Bürgel: *Vom Arbeiter*, S. 197.

77 Haushofer: *Lebenskunst*, S. 34–36. Der Bezug zur (Volks-)Aufklärung wird nicht weiter geführt. Vgl. auch ders.: *Das Jenseits im Lichte der Politik und der modernen Weltanschauung*. München: Lehmanns 1905, über die „Phrasen" der Sozialdemokratie, mit denen sich deren Anhänger noch „vertrösten" ließen (ebd., S. 5). Er wolle stattdessen das Nachdenken über das Jenseits befördern (ebd., S. 44).

78 Allerdings wurden sie hierin zunehmend offener. Eine andere Spezifizierung brachte Walter B. Pitkin: *Das Leben beginnt mit Vierzig*. Berlin: Vorhut-Verlag Otto Schlegel 1937 [engl. Original-Ausgabe 1932], ein Ratgeber für Leser im Alter von über 40 Jahren beiderlei Geschlechts, obgleich den Frauen ein gesondertes Kapitel gewidmet ist.

79 Anders Bertrand Russell: *The Conquest of Happiness*. New York: Liveright 1930, S. 186–208 (Kap. 13: „The Family". Die erste deutsche Ausgabe erschien allerdings 1951).

80 Schumann: *Lebenskunst*, S. 143–144. Dale Carnegie: *Wie man Freunde gewinnt*. Zürich: Rascher 1938, gab in einem gesonderten Teil Hinweise zum Umgang mit Frauen.

81 Vgl. Bürgel: *Menschen untereinander*, S. 30–32. Er argumentiert hier mit Paul J. Möbius: *Über den physiologischen Schwachsinn des Weibes*. Halle: Marhold 1900, mit der geistigen Unterlegenheit der Frauen.

„Feminisierung" der Kultur[82] erfolge auf Kosten der Männer, ihrer Arbeitsplätze[83] und der Familien. Diese Kritik überschnitt sich mit seiner Großstadtkritik – auch im Angriff auf sexuelle Freizügigkeit.[84] Die Sexualität und Sexualreform[85] spielten in dieser Art von Ratgebern insgesamt keine Rolle, wenngleich für Schumann eine freiere Sexualität eine Möglichkeit war, Glück zu erfahren.[86] 1932, als sich Bürgels Klagen über die Moderne zu einem umfassenden Niedergangszenario auswuchsen,[87] machte er, nun unter Rückgriff auf eugenische Kategorien, die „Gebär-Untüchtigkeit" der Frauen für „Degenerationserscheinungen" der „Rasse" verantwortlich. Daher fehle es an „große[n] geistige[n] Führer[n]".[88] Er versprach gleichwohl nach wie vor eine unpolitische ideale „Lebenseinheit".[89] Seine Reaktion auf die politischen Veränderungen in Deutschland bestand in Anpassungen, auch durch den nunmehrigen Verzicht auf christliche Bezüge,[90] und die weitere Konzentration auf das eigene Ich.

‚Glück' war geschlechterspezifisch differenziert. Manchmal boten die sich übergreifend gebenden Ratgeber gesonderte Überlegungen zum weiblichen Glück. Frauen schienen andere Ratschläge zu brauchen. Vor allem die Ratgeber zur Mädchenerziehung, in erzählerischer Form anleitende Texte,[91] die sogenannte Mädchenliteratur,

82 Gefahren für die Kultur durch einen verbesserten weiblichen Bildungsstandard beschwor Bürgel in *Weltanschauung*, S. 193–195. Positiver gegenüber einem möglicherweise steigendem weiblichen Einfluss zeigt er sich in *Zeit ohne Seele*, S. 92–93.

83 Vgl. Bürgel: *Die kleinen Freuden*, S. 126.

84 Vgl. Bürgel: *Zeit ohne Seele*, S. 82–84. Bürgel spricht betr. der Erwerbsarbeit der Frauen v. a. von der Industriearbeiterschaft.

85 Vgl. bspw. Ulrich Linse: Sexualreform und Sexualberatung. In: Diethart Kerbs / Jürgen Reulecke (Hrsg.): *Handbuch der deutschen Reformbewegungen. 1880–1933.* Wuppertal: Hammer 1998, S. 211–225.

86 Vgl. Schumann: *Lebenskunst*, S. 66–69.

87 Vgl. bspw. Bürgel: *Weltanschauung*, S. 145, 198.

88 Vgl. Bürgel: *Weltanschauung*, S. 145, 193–194. Es gehe um eine „Höherzüchtung", Europa drohe ein Niedergang zugunsten Asiens und Afrikas. Vgl. auch ebd., S. 138 zur Überlegenheit des Europäers.

89 Wilhelm Schmidt: *Philosophie der Lebenskunst.* Frankfurt am Main: Suhrkamp 1998, S. 39.

90 Vgl. noch Bezüge zum Christentum in Bürgel: *Die kleinen Freuden*, S. 208; ders.: *Menschen untereinander*, Kapitel „Der Weg zu Gott"; ders.: *Weltanschauung*, S. 184, 85: nun gegen „Ketzer-Richterei".

91 Bspw. Susanna Müller: *Das fleißige Hausmütterchen. Ein Führer durch das praktische Leben für Frauen und erwachsene Töchter* [1895]. Zürich: Zeller 1916. Der

Zeitschriften für Frauen, Haushaltsratgeber etc. nahmen sich ihrer an. Während Modezeitschriften und die Schönheitsliteratur das Glück an die Schönheit banden,[92] war hier oft das häusliche Glück das dominierende Thema, gerade in weiter aufgelegten älteren Standardtiteln.[93] Dessen Garantie liege in der Orientierung am Ehemann und dessen Wohlbefinden,[94] dem das Glück der Familie insgesamt quasi automatisch folge,[95] sowie der kompetenten Haushaltsführung.[96]
Röttger beispielsweise predigte wie Bürgel und andere den Blick auf das Kleine: Das Glück komme nicht wie ein „Sturzbach", sondern „sickert […] in unzähligen kleinen Silberquellchen um dich herum", oder – unter Nutzung der beliebten Blumenmetaphorik –: „Kein Dasein" könne „so öde und farblos sein […], daß ihm nicht auch Freudenblumen entspringen sollten, wie zwischen steinigen Gefilden zarte Grashälmchen sich hervordrängen und zwischen Dornen Rosen blühen. In diesem Sinne kann daher jeder glücklich werden und es in gewisser Weise immer sein und bleiben." Die Leserin sollte lernen, das eigene Leben anzunehmen. Röttger musste jedoch konstatieren, dass dies für viele Frauen schwierig sei: Weil ihnen das „Gebiet der

religiös-erbaulichen Literatur zuzuordnen: Anna Katterfeld: *Lebensglück. Ein Büchlein für unsere Mädel.* Berlin: Acker 1935.

92 Vgl. die Zeitschrift *Schönheit und Lebensglück*; Ludwig Levy-Lenz: *Janine. Tagebuch einer Verjüngten.* Berlin: Mann [1928]. Eine Vorläuferin war bsp. *Charis. Ein Magazin für das Neueste in Kunst, Geschmack und Mode, Lebensgenuß und Lebensglück* 1802–1806, für die weibliche Erfüllung im Kern eine Frage des Lebensstils und der inneren Haltung war.

93 Anders Beecher Stowe: *Kleine Füchse*, S. 166: Das häusliche Glück sei eine Aufgabe aller Familienmitglieder.

94 Vgl. den Klassiker der Haushaltungskunde Henriette Davidis: *Die Hausfrau. Eine Mitgabe für angehende Hausfrauen; praktische Anleitung zur selbständigen und sparsamen Führung von Stadt- und Landhaushaltungen*, bearb. v. Emma Heine. 18., verm. u. verb. Aufl. Leipzig 1907, S. 9. Der sich an Arbeiterfrauen richtende Ratgeber: *Das häusliche Glück. Vollständiger Haushaltungsunterricht nebst Anleitung zum Kochen für Arbeiterfrauen* (1881), hrsg. v. d. Commission des Verbandes „Arbeiterwohl". Mönchengladbach: Volksvereins-Verlag 1920, wies die Verantwortung für den Frieden im Haus allein den Frauen zu und machte dies abhängig von der Unterordnung unter den Ehemann und ihrem Arbeitsfleiß.

95 Vgl. Müller: *Hausmütterchen*, S. 1, 7.

96 Vgl. auch H. Ehrlich: *Lebenskunst und Kunstleben.* Berlin: Hofmann 1884, S. 137–143 (Kap. „Die Lebenskunst und die Hausfrau"). Für junge Frauen sei das Lebensglück zunächst schwieriger zu erlangen als für Männer, denn beim Start in die Ehe würden sie das Leben nicht kennen, hätten aber auf einmal eine Vielzahl von Aufgaben und würden allerorten kritisch beäugt.

sogenannten Kleinigkeiten des Lebens zugewiesen" sei, verwendeten sie ihre Kräfte für die „Nichtigkeiten des Tagewerkes". Das erfordere stetige „Selbstverleugnung, Ausdauer und Nächstenliebe".[97] Dieses Problem stellte sich den für Männer schreibenden Autoren offensichtlich nicht, obgleich doch gerade die industrielle Erwerbswelt monotone Tätigkeiten kannte. Der Trost, der den Frauen angeboten wurde, bestand darin, die Sinnhaftigkeit der Hausarbeit zu betonen, den Dienst am Ganzen, den sie leisteten, das Glück, das sie erzeugten.[98] Bei der Bewältigung des Alltags helfe auch, die eigene Gesundheit nicht zu vernachlässigen, nach Geschmack, Bildung und dem Schönen zu streben – im Klavierspielen oder beim Schmücken des „Heims" –, Freundschaften zu pflegen, sich an der Natur zu erfreuen sowie generell ein fröhliches Herz.

Eine Gemeinsamkeit des männlichen und weiblichen Glücks bestand so in der Möglichkeit, durch Arbeit zum Glück zu finden. Arbeit, das hieß Selbstüberwindung, das Erleben von Sinn, Nützlichsein. Nur die Arbeit, so Johannes Müller, der auf Schloss Elmau versuchte, eine freireligiöse Lebensreform zu etablieren und ein Publikum ansprach, das von der „urbanen Moderne verunsichert" war,[99] bewahre vor dem Kreisen um sich selbst und sei damit entscheidend für ein beglückendes Leben. Wer nur nach dem Glück suche, verfehle es; es gehe stattdessen um den Dienst am großen Ganzen, die Erfüllung gestellter Aufgaben sei die „wahre Freiheit".[100] Dabei rieten die Ratgeber zur Zeiteinteilung, dem Wechsel intensiver und effektiver Arbeit und Muße. Einen klar strukturierten Tagesplan hatte schon der viel rezipierte Benjamin Franklin seinen Lesern präsentiert. Auch

97 Röttger: *Lebensglück*, S. 10–11, 7, 43–44, 41.

98 Vgl. Röttger: *Lebensglück*, S. 41; Matthias: *Kinder*, S. 129; Campe: *Väterlicher Rath*, S. 19; Astrid Ackermann: Vom kochenden Hausmütterchen zur Single-Küche? In: *Ariadne. Forum für Frauen- und Geschlechtergeschichte* 63 (2013): Haus und Hof. Geschlechterdiskurse im „Reich der Frau", S. 6–13.

99 Harald Haury: Urlaub vom Kopfe? Johannes Müller (1864–1949) und die religiöspolitische Wirkung Elmauer Sommerfrischen. In: Friedrich Wilhelm Graf (Hrsg.): *Intellektuellen-Götter. Das religiöse Laboratorium der klassischen Moderne*. München: Oldenbourg 2009, S. 39–60, hier S. 41. Müller war als Vortragsredner höchst erfolgreich.

100 Müller: *Würde*, S. 7, 10, 14–16, 30, 58–59, 268–287. Diese Formeln waren bei Müller auch völkisch geprägt. Vgl. auch ders.: Von denen, die sich selbst im Wege stehen (1909). In: Ders.: *Wegweiser*. München: Beck 1913, S. 112–121; Carl Hilty: *Glück*, Bd. 3. Leipzig: Huber 1920, S. 6–13.

die Hausfrau müsse das rechte Zeitmanagement betreiben und werde sich dann nicht im alltäglichen Einerlei verlieren.[101]

## Fazit. Eine Garantie auf das Glück?

Das Lob der Pflicht[102] lässt sich nicht nur als Restriktion lesen. Das Versprechen von Glück konnte, das zeigt gerade der Umgang mit dem Glück der Frauen, der Stabilisierung von Machtverhältnissen dienen.[103] Die Ratgeber sind nicht nur oft platitüdenhaft und originell höchstens durch die Kombination ihrer Argumentationsbausteine, sondern sie trugen auch dazu bei, Zustände festzuschreiben, die sie teilweise als Grundübel und Auslöser für ihre eigene Existenz benannten.

Gleichwohl: Die Ratgeber nahmen für sich in Anspruch, einen praktikablen, für Jeden gangbaren Weg zum Glück aufzuzeigen und sie relativierten – auch daher der Spätaufklärung ähnlich – was Glück heißt. Dazu gehörte die Warnung, dass auch derjenige, der im Glückssuchen geschult sei, von Lebensschicksalen nicht verschont werde. Zudem schien ihnen ein ungetrübtes Glück gar nicht wünschenswert. Sorgen und Ängste gehörten vielmehr dazu, um das wahre Glück empfinden zu können. Sie brächten den Menschen zur Mäßigung und dazu, schöpferisch tätig zu werden. Ansonsten würden die menschlichen „Freuden zur inhaltsleeren Langeweile. Erst die Sorge läßt uns überhaupt empfinden, was die Freude ist, wenn wir jene für Stunden oder Tage vergessen und diese mit leuchtendem Antlitz uns grüßt".[104] Das „ungemischte Glück" führe zu einem „,satte[n] Gemüt und […] fette[n] Herz[en]".[105] Die Mahnung, nicht zu viel vom Leben zu erwarten, war daher typisch.[106] Es galt, die Erwartungen an das Glück

101 Vgl. Hedwig Heyl: Vorwort zur 5. Auflage. In: Dies.: *ABC der Küche*. 7., verb. Aufl. Berlin: Habel 1905, S. V–VI, 3–4. Zeiteinteilung hieß auch Einteilung der gedanklichen Arbeit. Vgl. Davidis: *Konkrete Hausarbeitsverteilung*, S. 31–32. Zum positiven Einfluss der Erwerbstätigkeit auf die Zeiteinteilung der Hausfrau Else Sander: *Hauswirtschaftskunde*, S. 163–197; Luise Scheffen-Döring: *Frauen von heute*. Leipzig: Quelle u. Meyer 1929, S. 183.

102 Zur Pflicht als Machtmittel vgl. Bertrand Russell: *Lob des Müßigganges. Nobelpreis 1950 für Literatur*. Zürich: Coron [1970], S. 69–77, hier S. 74.

103 Vgl. Sara Ahmed: *The Promise of Happiness*. Durham: Duke UP 2010.

104 Haushofer: *Lebenskunst*, S. 441.

105 Matthias: *Kinder*, S. 203.

106 Vgl. Bürgel: *Die kleinen Freuden*, S. 231, 156; ders.: *Menschen untereinander*, S. 91; [König, Zenkert:] *Bruno H. Bürgel*, S. 42. Sein Bescheidenheitsgebot scheint als

zu senken und das eigene Schicksal anzunehmen.[107] Enttäuschungen waren so zu vermeiden. Damit war freilich kein Platz für Träume vom ganz anderen Leben, vom großen Aufstieg oder einem ständigen Glücksgefühl. Aber das ‚kleine Glück' schien nur klein gemessen an „einem umfassenden Heilsverlangen", das im Diesseits nicht möglich sei.[108] Einem „kapitalistische[n] Glückszwang, der permanent in Form des erfolgreichen, gesunden und hocherfreuten Idealmenschen in Wort und Bild an uns herangetragen wird", redeten sie damit noch nicht das Wort.[109]

Die Ratgeber des ‚kleinen Glücks' eröffneten ihren Rezipienten neue Spielräume. Auch wenn es keine Garantie gab, vermittelten sie die Zuversicht, dass Glück sich erlangen lasse. Sie schulten den Blick auf den möglicherweise glückhaften Moment und ließen anhand von Beispielen – bei der Lektüre und im Nachvollzug – Freude am Leben erfahrbar werden. Bürgel versprach dem Einzelnen sogar, die Welt verbessern zu können: Durch die Ausrichtung der eigenen Lebensführung an den, freilich vage bleibenden Prinzipien ‚Güte' und ‚Gerechtigkeit' werde er für sein Umfeld zum nachahmenswerten Vorbild.[110] Die Änderung der eigenen Perspektive bedeutete eine Handlungsoption.

Leitdevise auch im Besonderen ausgerichtet auf seine Leserschaft unter den Arbeitern und aus dem Kleinbürgertum, denen Einschränkung bereits ein ökonomisches Gebot war. Als 1955 in Potsdam-Babelsberg, wo Bürgel 1948 verstorben war, zu seinem 80. Geburtstag eine Bürgel-Gedenkstätte eröffnet wurde, stellte der Festredner Johannes Deutsch dieses Postulat der Selbstbescheidung in Abrede. Im ‚Arbeiter- und Bauernstaat' war ein gesellschaftspolitisch aktiver Autor gewünscht. Vgl. Johannes Deutsch: Welch ein Weg – und welch ein Aufstieg. Festansprache bei der Einweihung der Bruno-H.-Bürgel-Gedenkstätte am 13.11.1955 in Berlin. In: Ders. / Luise Wörner / Peter Nell / Wolfgang Tripmaker (Hrsg.): *Bruno H. Bürgel zum Gedenken*, hrsg. i. A. des Bruno-H.-Bürgel-Arbeitskreises im Kulturbund zur demokratischen Erneuerung Deutschlands. Potsdam: Salzland Druckerei 1957, S. 40–48, hier S. 40.

107 Matthias: *Kinder*, S. 23.

108 Ulrich Hommes: Schwierigkeiten mit dem Glück. In: Ders.: *Erinnerung an die Freude. Wegzeichen für die Suche nach Sinn*. Freiburg im Breisgau: Herder 1978, S. 87–95.

109 Juli Zeh: *Treideln. Frankfurter Poetikvorlesungen*. Frankfurt: Schöffling 2013, S. 8–9: „Die Leute werden nicht krank, weil sie so viel arbeiten! Sondern weil sie sich ständig freuen sollen!"

110 Bürgel: *Zeit ohne Seele*, S. 46.

# *Der erfolgreiche Mensch*

## Ludwig Lewins transatlantisches Projekt, 1928

Heiko Stoff

> Wenn vom Künstler als vom produktiven Menschen einmal gesagt worden ist, zu allem, was ihn produktiv macht, hat der Künstler ein Recht, so kann man vielleicht ähnlich vom erfolgreichen Menschen sagen, zu allem, was ihn zum Erfolge führt, nimmt er sich sein Recht.[1]

Sigmund Freud eröffnete seinen 1930 publizierten Essay über *Das Unbehagen in der Kultur* mit den Worten, man könne sich des Eindrucks nicht erwehren, „dass die Menschen gemeinhin mit falschen Maßstäben messen, Macht, Erfolg und Reichtum für sich anstreben und bei anderen bewundern, die wahren Werte des Lebens aber unterschätzen".[2] Freud, der in seinem Essay als Experte für Erfolgs- und Glückstechniken reüssierte, sollte diesen moralischen Gemeinplatz, gemessen an „der Buntheit der Menschenwelt und ihres seelischen Lebens", deutlich relativieren. Gleichwohl lässt sich feststellen, dass Macht, Erfolg und Reichtum zu Beginn des 20. Jahrhunderts keine selbstverständlich anerkannten, sondern sittlich hoch umstrittene Lebensziele waren. Erfolg wurde vor allem als angemessene Belohnung für erbrachte Arbeitsleistungen verstanden; Erfolgsstreben hingegen war eng mit der individualisierten, wettbewerbsorientierten Moderne verknüpft. Anders als beim englischen *achievement* sind die Begriffe ‚Erfolg' und ‚Leistung' in der deutschen

1 Archiv der Akademie der Künste, Berlin, Ludwig-Lewin-Archiv, 51 (Der erfolgreiche Mensch, o. O., o. D., 1928).

2 Sigmund Freud: *Das Unbehagen in der Kultur*. Wien: Internationaler Psychoanalytischer Verlag 1930, S. 5.

Sprache von unterschiedlicher Bedeutung. Während in den antikapitalistischen Diskursen der 1920er Jahre Arbeit und Leistung als Selbstzwecke hypostasiert wurden, erschien Erfolgsstreben als eine kulturelle Besonderheit Amerikas: Der erfolgreiche Mensch, das war zunächst der amerikanische *selfmade man*, der Unternehmer mit klaren Zielvorstellungen. Der amerikanische Traum, glücklichere Menschen zu schaffen, sei dabei mit dem „reine[n] Erfolgsstreben der kapitalistischen Wirtschaft" in eins gesetzt.[3]

Als Ludwig Lewin (1887–1967), Leiter der Berliner Lessing-Hochschule, 1928 im auf Sitten- und Kulturgeschichte spezialisierten deutsch-schweizerischen Eigenbrödler-Verlag eine dreibändige, insgesamt fast 1.400 Seiten starke und unterschiedliche Vertreterinnen und Vertreter des Geisteslebens der Weimarer Republik vereinigende Enzyklopädie des Erfolgs herausbrachte, war dies neben der Intention, eine Ratgeberschrift zu verfassen, also auch ein politisches Statement. Zugleich schloss Lewin an eine soziologische und sozialpsychologische Debatte an, die in den 1920er Jahren zum erklärungsbedürftigen Problem des Erfolgs geführt wurde.[4] Lewin verfolgte ein ausdrücklich transatlantisches Projekt, indem er die Kulturwerte Europas, ein universales Wissen über Körper, Geist und Seele, mit der amerikanischen Methodik, mit effizienten Techniken eines zielorientierten Lebens, vereinte. *Der erfolgreiche Mensch* nimmt innerhalb der Ratgeberliteratur nicht nur aufgrund des schieren Umfangs, sondern auch durch die Verbindung des umfangreichen zeitgenössischen Wissensbestandes mit konkreten Anwendungsmöglichkeiten eine Sonderstellung ein.[5] Lewin war selbst vor allem an einer *Psychologie des Erfolgs* interessiert, die allerdings auf neuestem physiologisch-biochemischen Wissen

3 Erich Eigner: Zur Psychologie des Sozialismus. In: *Zeitschrift für die gesamte Staatswissenschaft* 82 (1927), S. 577–593, hier S. 584–585.

4 So etwa Norbert Einstein: *Der Erfolg. Ein Beitrag zur Frage der Vergesellschaftung.* Frankfurt am Main: Rütten & Loening 1919; Gustav Ichheiser: *Kritik des Erfolges. Eine soziologische Untersuchung.* Leipzig: Hirschfeld 1930. Hinweise zu diesen Grundlagentexten einer Erfolgssoziologie, die zudem an den Schriften von Max Weber und Karl Mannheim orientiert ist, verdanke ich Robert Suter. Einen guten Überblick liefert der Soziologe Sighard Neckel u. a. in ders.: Erfolg. In: Ulrich Bröckling / Susanne Krasmann / Thomas Lemke (Hrsg.): *Glossar der Gegenwart.* Frankfurt am Main: Suhrkamp 2004, S. 63–70; ders.: Ehrgeiz, Reputation und Bewährung. In: Günter Burkart / Jürgen Wolf (Hrsg.): *Lebenszeiten. Erkundungen zur Soziologie der Generationen.* Wiesbaden: VS 2002, S. 103–117.

5 Zur Geschichte der Ratgeberliteratur Stefanie Duttweiler: *Sein Glück machen. Arbeit am Glück als neoliberale Regierungstechnologie.* Konstanz: UVK 2007.

über die prägende Disposition und optimierbare Konstitution des Menschen basierte. Ihn fesselte die Existenz von Menschentypen, die für den Erfolg prädestiniert zu sein schienen, und die damit auch als Vorbild für die disziplinierte Selbstgestaltung des Menschen insgesamt dienen konnten. Lewins Ratgeberbände funktionierten zugleich als typologisierende Charakterologie und als Motivationsprogramm, was sich allein schon in den zahllosen Ausrufezeichen manifestierte. Der trainierte, selbstbeherrschte, lebenstüchtige und zielbewusste Mensch des 20. Jahrhunderts wird so zum erfolgreichen Redner, zum potentiellen Meister des erotischen Erfolgs, zur leitenden Persönlichkeit und zum erfolgreichen Verkäufer; er ist ein Tatmensch und, so schließt der dritte Band, im Idealfall Führer der Menschheit. Vom mit Höhensonne bestrahlten und gymnastisch geformten Säugling bis zum konzentrierten und zielbewussten Organisator misst sich das gute Leben am Erfolg. Lewins Ratgeberbände sind ein exzeptionelles Beispiel für jenes moderne Projekt der Weimarer Republik, das liberale Bürgerlichkeit und dynamische Amerikanisierung in einer Ökonomie des Erfolgs zusammenzuführen versuchte.

## Die Psychologie des Erfolgs

Ludwig Lewin war eine ebenso umtriebige wie vielschichtige Persönlichkeit der Weimarer Republik. Er amtierte als Pädagoge, Psychiater und Psychotherapeut, zudem war er aber auch als Literaturwissenschaftler, Autor und Publizist tätig. Vor allem fungierte er von 1914 bis 1933 als Direktor der von ihm selbst gegründeten Lessing-Hochschule in Berlin, die in den 1920er Jahren als ein „Mittelding zwischen Universität und Volkshochschule“ eine höchst bedeutende öffentliche Kultureinrichtung, ein Zentrum der Weimarer Moderne darstellte.[6] An der Lessing-Hochschule dozierten u. a. Albert Einstein, Tilla Durieux, Helene Stöcker oder Alfred Kerr. Thomas Mann hielt dort einen Vortrag über Theodor Fontane und Johannes Heinrich Schultz gab Kurse zum autogenen Training. Zur Hochschule gehörten in den 1920er Jahren ein Collegium Musicum, eine von Katharina von Kardorff-Oheimb geleitete „Hochschule der Frau“, eine

6 H. O.: Drei Lebensläufe. Der Kulturhistoriker Ludwig Lewin wird morgen 75 Jahre alt. In: *Der Tagesspiegel*, 11.11.1962. Archiv der Akademie der Künste, Berlin, Ludwig-Lewin-Archiv, 1150 (Würdigungen der Arbeit Ludwig Lewins u. a., versch. O., 1914–1967).

Abteilung für Körperbildung und Sport, ein Seminar für Haut- und Körperpflege und das Zentralinstitut für Wissenschaftliche Graphologie. Das von den Nationalsozialisten in die Emigration nach Stockholm, Zürich und New York gezwungene Ehepaar Lewin kehrte erst 1964 nach West-Berlin zurück, um die Hochschule wieder aufzubauen.[7]

Warum aber interessierte sich dieser bürgerlich-liberale Vertreter der Weimarer Moderne für eine Lehre des Erfolgs? Lewin hatte im November und Dezember 1924 an seiner Hochschule eine Vorlesungsreihe unter dem Titel *Psychologie des erfolgreichen Menschen* abgehalten, die als Basis der Ratgeberbücher gelten darf. Zu diesem Zeitpunkt zirkulierten im deutschsprachigen Raum bereits zahlreiche Erfolgsratgeber, zu denen Lewin vor allem Otto Dornblüths 1911 erschienene, mit dem Untertitel *Der Weg zum Erfolg* versehene präventivmedizinische Abhandlung *Wollen und Können* sowie Jules Payots *Die Erziehung des Willens*, Ernst von Feuchterslebens *Zur Diätetik der Seele* und Willem van Wulfens *Der Genussmensch* zählte. Er nannte aber auch explizit Wilhelm Fliess' Gedanken zum *Ablauf des Lebens*, der Fliess den Untertitel *Grundlegung zur exakten Biologie* gegeben hatte. Die Erfolgsratgeberliteratur im frühen 20. Jahrhundert war psychologisch und biomedizinisch orientiert.[8]

In Lewins Nachlass findet sich ein ungeordnetes, zumeist undatiertes Konvolut an Vorarbeiten. Lewin hatte die Gewohnheit, seine Einfälle und Gedanken auf Zetteln, Schnipseln und Rückseiten von Eintrittskarten kreuz und quer zu notieren und sich dabei Grundsätze wie „Erfolg nicht = Wert, sondern = Wirkung" einzupauken. Zugleich verfestigte er damit auch jene Ordnung, mit der er sich dem zeitgenössisch viel diskutierten Thema annähern wollte: Der Weg zum Erfolg, so kritzelte er es auf ein anderes Blatt, führe von Buddha über Yoga, Psychoanalyse, Autosuggestion, Pragmatismus und Psychotechnik bis zu Ford.[9] Neben den losen Notizzetteln hinterließ Lewin aber

7 Renate Heuer / Andrea Boelke-Fabian (Hrsg.): *Lexikon deutsch-jüdischer Autoren*, Bd. 16: Lewi-Mehr. München: de Gruyter-Saur 2009, S. 9–11.

8 Ludwig Lewin: Psychologie des erfolgreichen Menschen, Dritter Vortrag am 24. November 1924. Archiv der Akademie der Künste, Berlin, Ludwig-Lewin-Archiv, 10 (Psychologie des erfolgreichen Menschen, Berlin, 1924).

9 Archiv der Akademie der Künste, Berlin, Ludwig-Lewin-Archiv, 8 (Psychologie des erfolgreichen Menschen, Berlin, 1924).

auch Vortragsentwürfe und ein Schreibmaschinenmanuskript, in denen er Grundgedanken entwickelte, die er dann 1928 als Einleitung des ersten Erfolgsratgeberbandes publizierte. Erfolg, so schien er es in die Tasten gehämmert zu haben, sei sowohl Vollendung als auch Durchsetzung und Anerkennung:

> Erfolgreich sein heisst siegreich sein. Heisst Kraft erproben und beweisen gegenüber Mächten der Umwelt, die moralisch und ethisch bedeutender oder unbedeutender sein mögen, die aber auf jeden Fall zur Anerkennung gezwungen werden, und dies eben bedeutet: Kraftgewinn, also Steigerung des Lebensgefühls![10]

Auf einem Papierschnipsel notierte er wiederum: „Immer gilt es Kraft zu erproben". Und in der dann tatsächlich publizierten Einleitung heißt es entsprechend: „Jedenfalls: immer heißt Erfolg erringen: Vorsprung vor den Mitmenschen erringen!" Erfolg bedeute Besiegung des Gegners und Niederringung des Konkurrenten in jeglichem Kampf. ‚Erfolg', ‚Kraft' und ‚Vorsprung' sind die Kernbegriffe, um die herum er seine Argumentation aufbaute und die er durchaus als anthropologische Konstanten vom Daseins-, Völker- und Boxkampf verstand.[11] Wie Lewin provokativ zuspitzte, mögen andere moralisch besser sein, müssten aber dennoch zur Anerkennung der eigenen Leistung gezwungen werden. Erfolg ist also Kampf, Überzeugung, vielleicht auch Überredung, ist die Realisierung des Selbst in der Wettbewerbsgesellschaft. Dabei ermöglicht die Krafterprobung nicht nur Vorsprung vor den anderen, den siegreichen Kampf, sondern steigert auch das Lebensgefühl. Erfolg mache glücklich und sei schlechthin gleichbedeutend mit Lebenserfolg. Während die Verbindung von Glück und Lebenssteigerung in den 1920er Jahren, etwa von dem expressionistischen, dadaistischen Schriftsteller und Abenteurer Franz Jung, politisch manifestiert wurde, band Lewin Erfolg und Glück aneinander. Wenn auch der Erfolg selbst keine Werte im kantischen Sinne schaffe, so führe er eben doch zu einer Steigerung

10 Archiv der Akademie der Künste, Berlin, Ludwig-Lewin-Archiv, 51 (Der erfolgreiche Mensch, o.O., o.D., 1928); Ludwig Lewin: Der erfolgreiche Mensch. In: Ders. (Hrsg.): *Der erfolgreiche Mensch. Bd. 1: Voraussetzungen des persönlichen Erfolges.* Berlin / Zürich: Eigenbrödler 1928, S. 17–45, hier S. 19.

11 Archiv der Akademie der Künste, Berlin, Ludwig-Lewin-Archiv, 51 (Der erfolgreiche Mensch, o.O., o.D., 1928); Lewin: Der erfolgreiche Mensch, S. 19, 22.

des Lebensgefühls „aus der unbedingt Werte hervorgehen können."[12] Erfolgsstreben gehört danach in den Bereich einer säkularisierten Lebenskunst.

Lewin brachte für seine dreibändige Enzyklopädie des Erfolgs nicht nur eine große Reihe an Experten zusammen, sondern steuerte mit der Einleitung selbst einen konzisen Beitrag zur grundsätzlichen Frage „Was heißt Erfolg?" bei. Dabei konzentrierte er sich im Anschluss an seine Vorarbeiten aus dem Herbst 1924 auf die Konstituierung und Analyse eines Typus des „erfolgreichen Menschen", der gewisse Techniken im Umgang mit sich selbst, aber vor allem auch gegenüber seinen Mitmenschen und der Öffentlichkeit verwendet: Was sind die soziologischen Voraussetzungen des Erfolgs? Gibt es einen psychologischen Typus des erfolgreichen Menschen? Wie lässt sich Erfolg organisieren? Und wer sind „Virtuosen des Erfolgs"?[13] In einer anderen eilig hingeworfenen Skizze heißt es prägnant: „Was ist Erfolg? Arten des Erfolges. Der Typus des erfolgreichen Menschen. Seine Selbstentfaltung. Sein Verhalten gegenüber Mitmenschen. Bedingungen des öffentlichen Erfolges. Methoden z Organisation des Erfolges".[14] Die Auseinandersetzung mit einem psychologischen Typus und einer Persönlichkeit des erfolgreichen Menschen war der erste Antrieb für Lewins Projekt. Gleichwohl sollte dieser eher deskriptive Ansatz auch präskriptiv funktionieren. Denn wer keine Prädisposition zum Erfolg besaß konnte immerhin am Beispiel, an Methoden und an Organisationsformen lernen, erfolgreich zu sein. Der erfolgreiche Mensch aktualisierte sich schließlich in seinen Taten und seinem Verhalten gegenüber den Mitmenschen.

Die veröffentlichte, knapp 25 Seiten umfassende Einleitung hielt sich grundsätzlich an die vorab erarbeitete Gliederung, verzichtete dann aber auf explizit genannte Methoden des Erfolgs. Stattdessen endete sie mit dem Beispiel der „Führerpersönlichkeit als Ausdruck der Zeit" und unterschied sich damit maßgeblich von jener Reihenfolge

12 Ludwig Lewin: Vorwort. In: Ders. (Hrsg.): *Der erfolgreiche Mensch*, Bd. 1, S. 11; Franz Jung: *Die Technik des Glücks. Mehr Tempo! Mehr Glück! Mehr Macht!*. Hamburg: Nautilus 1987. Zu diesem Komplex auch Dieter Thomä: *Vom Glück in der Moderne*. Frankfurt am Main: Suhrkamp 2003.

13 Lewin: Der erfolgreiche Mensch, S. 20; Archiv der Akademie der Künste, Berlin, Ludwig-Lewin-Archiv, 8 (Psychologie des erfolgreichen Menschen, Berlin, 1924).

14 Archiv der Akademie der Künste, Berlin, Ludwig-Lewin-Archiv, 51 (Der erfolgreiche Mensch, o. O., o. D., 1928).

„erfolghafter Menschen", die Lewin noch vier Jahre zuvor aufgelistet hatte und die vom Don Juan über den Wirtschafter, den Organisator, den Politiker und Feldherren, den Wissenschaftler und Religionsstifter bis zur „Krönung aller Erfolge", zum „künstlerischen Erfolg" führte. In der Einleitung zu den Ratgeberbänden hieß es dann ganz anders gestimmt, dass die Führerpersönlichkeit der Erfolgsmensch schlechthin sei: „Unsere Zeit ist reif für den erfolgreichen Menschen. Sie lauert auf den Führer, daß er ihrer Sehnsucht zum Ausdruck verhelfe!" In den Jahren zwischen 1924 und 1928 hatte Lewin, eine gesellschaftliche Dynamik aufgreifend, auf tragisch anmutende Weise den Künstler durch den Führer ersetzt, so wie sich auch Hitler zehn Jahre zuvor selbst erfunden hatte.[15]

Deutlich wird dabei, dass der erfolgreiche Mensch ein Mann ist. Dies fiel 1924 auch einer seiner Hörerinnen auf, die Lewin offensichtlich einen Zettel zusteckte, auf dem sie vermerkte, „dass, obgleich das Thema allgemein ‚Der erfolgreiche Mensch' heisst, Sie in den aufgeführten Beispielen nur Männer und keine Frauen erwähnen".[16] Immerhin machte sich Lewin dann anlässlich der Buchpublikation auch Überlegungen dazu, ohne aber jene Gedankenschärfe zu erreichen, die ihn ansonsten durchaus auszeichnete. Er antizipierte in dem nie veröffentlichten Manuskript die mögliche Kritik, indem er feststellte, dass das, was vom erfolgreichen Menschen gesagt werde, sinngemäß auch für die Frau gelte, um im gleichen Moment eine Geschlechterordnung des Erfolgs zu skizzieren: „Wo der Mann die typischen männlichen Eigenschaften entfalten muss: Intellekt und brutale Energie, da wird die Frau eben die typisch weiblichen Mittel: Instinkt und die dem Weibe von Natur mitgegebenen Reize spielen lassen."[17]

Lewin, der sowohl in seinen Vorträgen an der Lessing-Hochschule als auch in der Einleitung einen didaktischen Ton pflegte, argumentierte mit der Evidenz „erfolghafter Menschen": Alle würden Menschen

15 Lewin: Der erfolgreiche Mensch, S. 45; ders.: Psychologie des erfolgreichen Menschen. Archiv der Akademie der Künste, Berlin, Ludwig-Lewin-Archiv, 8 (Psychologie des erfolgreichen Menschen, Berlin, 1924).

16 Anonym: Brief an Lewin (8.12.1924), 12 (Psychologie des erfolgreichen Menschen, Berlin, 1924).

17 Archiv der Akademie der Künste, Berlin, Ludwig-Lewin-Archiv, 51 (Der erfolgreiche Mensch, o. O., o. D., 1928).

kennen, denen alles gelinge, und solche, denen alles misslinge. Dies, so fuhr er fort, gebe einen Fingerzeig, nach dem die wichtigsten Vorbedingungen und Voraussetzungen zu jeglichem Erfolg im Individuum selber liegen dürften. Ein solcher „erfolghafter Mensch" vermöge nicht nur einmal, sondern regelmäßig und endgültig seine Person, sein Werk, seine Leistung zur Anerkennung und zum Erfolg zu bringen: „Es scheint, als ob es Menschen gibt, die eine ganz bestimmte Anlage oder Disposition zum Erfolge haben. Menschen also, die man nicht nur als erfolgreich, sondern als erfolghafte Menschen bezeichnen könnte."[18] Den Menschen, Gruppen und Völkergemeinschaften, für die Erfolg als Regel bezeichnet werden könne, erklärte Lewin schon in seinem Vortrag aus dem Jahr 1924, stehe zugleich die Figur des Menschen entgegen, der grundsätzlich Misserfolg habe, der Schlemihl, der Pechvogel.[19] Lewins Interesse richtete sich also zunächst auf die genaue Beobachtung und Analyse des „erfolghaften Menschentypus", um zu eruieren, auf welche Weise aus den Beispielen Methoden des Erfolgs erlernt werden könnten. Ob hingegen dessen erfolgreiche Techniken bewusst oder unbewusst eingesetzt würden, ob Erziehung oder Vererbung sie bedingten, erschien Lewin von sekundärer Bedeutung.[20]

Die Disposition zum Erfolg konnte allerdings nicht als Kausalgesetz verstanden werden. Die Herausgabe eines Ratgeberbuches zum Erfolg wäre eine recht sinnlose Angelegenheit gewesen, wenn die einen ohnehin immer Erfolg hätten und die anderen dazu eben nicht in der Lage wären. Deshalb betonte Lewin, dass in der menschlichen Gemeinschaft auch bei „durchdachtesten und krampfhaftesten Bemühungen" Erfolge nicht immer folgten, selbst wenn alle Vorbedingungen dazu erfüllt seien. Genauso aber könne sich Erfolg einstellen, selbst wenn es keine Prädispositionen dazu gebe.[21] Diese Feststellung ist auch aus dem Grund interessant, weil sie zugleich eine markante Unterscheidung zwischen Erfolg und Leistung impliziert. So unterschied Lewin 1924 zwischen Erfolg, der an spezifische Leistung gebunden ist, und Erfolg in der „Menschengemeinschaft", der

18 Archiv der Akademie der Künste, Berlin, Ludwig-Lewin-Archiv, 51 (Der erfolgreiche Mensch, o. O., o. D., 1928).

19 Lewin: Psychologie des erfolgreichen Menschen.

20 Ebd.

21 Lewin: Der erfolgreiche Mensch, S. 20.

eigentlichen gesellschaftlichen Anerkennung der Leistung als Erfolg.[22] Leistung führt nicht notwendigerweise zum Erfolg und Erfolg benötigt nicht notwendigerweise Leistung. Während Lewin dies eher nüchtern konstatierte, sollte der Sozialpsychologe Gustav Ichheiser die Differenz von Leistungs- und Erfolgstüchtigkeit in den späten 1920er Jahren scharf kritisieren.[23]

Um den im psychologischen Sinne verstandenen Typus des erfolgreichen Menschen zu erfassen, um dessen Disposition zu ermitteln, stützte sich Lewin noch 1924 auf die differenzielle Psychologie William Sterns.[24] Erfolgreiche Menschen hätten bestimmte Wesenszüge, angeborene oder erworbene Eigentümlichkeiten. Diese wirkten sich auf zwei Arten aus, die einerseits das Verhalten des betreffenden Menschen sich selber gegenüber und andererseits sein Verhalten gegenüber Mitmenschen und Umwelt beträfen.[25] Manche Menschen besäßen eine Disposition, die sie erfolgsfähig mache und ergänzten diese Anlage zudem durch Bewusstheit, klare Absicht und Lebensplanung. Genauso gebe es jedoch Menschen, die trotz mangelnder Anlage durch Erziehung, planmäßige Zielsetzung und am Beispiel „der großen Männer des Erfolges“ die gleichen Erfolgsvoraussetzungen erwerben könnten. Erfolg könne auch „errungen, ja erzwungen werden“.[26] Der Einzelne könne an sich arbeiten, um sich erfolgsbereit zu machen; bis zu einem hohen Grade könne man sich auf Erfolghaftigkeit einstellen. An diese Erfolgswilligen schien sich das dreibändige Werk vor allem zu richten.[27]

Für diese Art der inneren „Einstellung“ auf den Erfolg gab es Techniken im Umgang mit sich selbst und mit anderen, die Lewin im

22 Lewin: Psychologie des erfolgreichen Menschen.

23 Ichheiser: Kritik; ders.: Die Antinomie zwischen Politik und Moral nach Machiavelli. In: *Zeitschrift für Völkerpsychologie und Soziologie* 5 (1927), S. 294–309; Sighard Neckel: „Leistung“ und „Erfolg“. Die symbolische Ordnung der Marktgesellschaft. In: Eva Barlösius / Hans-Peter Müller / Steffen Sigmund (Hrsg.): *Gesellschaftsbilder im Umbruch. Soziologische Perspektiven in Deutschland.* Leverkusen: Leske + Budrich 2001, S. 245–265.

24 Ludwig Lewin: Psychologie des erfolgreichen Menschen. Zweiter Vortrag gehalten am 10. November 1924. Archiv der Akademie der Künste, Berlin, Ludwig-Lewin-Archiv, 9 (Psychologie des erfolgreichen Menschen, Berlin, 1924).

25 Archiv der Akademie der Künste, Berlin, Ludwig-Lewin-Archiv, 51 (Der erfolgreiche Mensch, o. O., o. D., 1928).

26 Ebd.

27 Lewin: Der erfolgreiche Mensch, S. 20.

Anschluss an den zeitgenössisch höchst einflussreichen Émile Coué als sich bedingende autosuggestive und suggestive Methoden kennzeichnete.[28] Willensstärke war schon seit dem späten 19. Jahrhundert das Merkmal des modernen Mannes. Wille allein reiche aber nicht aus, so Lewin, es bedürfe auch einer konzentrierten Vorstellung dessen, was erreicht werden solle.[29] Dieses verinnerlichte Erfolgsstreben verlange nach einer „brutalen Einseitigkeit" und Rücksichtslosigkeit, die durch keine Ablenkung geschwächt werden dürfe. Ein rationelles Leben und sachliche Zielorientiertheit seien die besten Wege zum Erfolg. Dazu zähle auch eine gewisse Zähigkeit, die es ermögliche, trotz erster Misserfolge zu reüssieren. Psychologisch betrachtet werde Erfolgsstreben oft durch ein eigentliches Minderwertigkeitsgefühl hervorgerufen. Unzufriedenheit sei der Antrieb zum Aufstieg und zum Erfolg. Aus der Not wird eine Tugend gemacht, was ein späterer Theoretiker des Erfolgs, nämlich Pierre Bourdieu, als ein Sozialgesetz identifizieren sollte.[30] Die Erfolgreichen sind notwendigerweise „antisozial, ja: asozial". Sie sind, dabei angefeuert von einer „Unternehmungsenergie", stetig in Bereitschaft.[31] Entscheidend, und dies unterscheidet den Erfolg von der bloßen Leistungssteigerung der „Pflichtmenschen" und „Immer-Schuftenden", ist jedoch die Effektivität der Arbeit, „wenn möglichst sogar mit geringstem Aufwand!" Damit sollte der Arbeitstechnik – Ordnung, rationelle Einteilung, Übersicht, Fleiß und „strenge Selbstzucht" – beim Erfolgsstreben eine zentrale Funktion zukommen.[32]

Da Erfolg aber ein soziales Ereignis darstellt, muss den Mitmenschen auch eine Siegermiene präsentiert werden. Zur Autosuggestion, mit der das Selbst auf Erfolg eingestellt wird, gesellt sich die Suggestion, mit der andere von der eigenen Erfolghaftigkeit überzeugt werden. Die Autosuggestion selbst wirkt also suggestiv auf andere. Lewin war

28 Émile Coué: *Die Selbstbemeisterung durch bewußte Autosuggestion*. Basel: Schwabe 1926.

29 Lewin: Der erfolgreiche Mensch, S. 21; Ingo Stöckmann: *Der Wille zum Willen. Der Naturalismus und die Gründung der literarischen Moderne 1880–1900*. Berlin: de Gruyter 2009.

30 Lewin: Der erfolgreiche Mensch, S. 21–26; Pierre Bourdieu: *Die feinen Unterschiede. Kritik der gesellschaftlichen Urteilskraft*. Frankfurt am Main: Suhrkamp 1982, S. 585.

31 Archiv der Akademie der Künste, Berlin, Ludwig-Lewin-Archiv, 51 (Der erfolgreiche Mensch, o. O., o. D., 1928).

32 Lewin: Der erfolgreiche Mensch, S. 22.

hier von der Parapsychologie eines Max Dessoir beeinflusst.[33] Die heitere Miene und das Vermeiden, Schwäche zu zeigen, bringen erst den wahren Erfolg. In den Vorbereitungen der Buchpublikation repetierte Lewin entsprechend schlagwortartig auf seinen Notizzetteln: „Mißerfolg entmutigt. Erfolg schafft Erfolg".[34] Zur Schau getragene dauernde Überlegenheit, so nannte er dies 1924 in seinem Vortrag: „Also die stete Ueberlegenheit, das stete Bereitsein, lieber den anderen unterzukriegen, als sich selber unterkriegen zu lassen". Andere müssen überzeugt und für sich eingespannt werden. Der erfolgreiche Mensch beherrscht auch die Kunst der Menschenbehandlung und des richtigen Einsatzes der anderen für die eigenen Interessen.[35] Zum Erfolg gehört entsprechend auch der Umgang mit der leicht beeinflussbaren Masse, das gekonnte Spiel mit Äußerlichkeiten und Schlagworten: Agitation, Propaganda und Reklame.[36] Um Einfluss auf andere zu nehmen, braucht der Erfolgreiche Menschenkenntnis, ein individuell abgestimmtes Verhalten, den richtigen Umgang mit Mitarbeitern. Mit der Mobilisierung aller Kräfte und der Realisierung der gegebenen Kompetenzen ist nur ein Schritt zum Erfolg getan. Leistung allein ergibt keinen Sinn, wenn sie nicht auch gesellschaftlich anerkannt wird.[37] Leistung müsse auch dargestellt werden, erklärte in diesem Sinn Ichheiser.[38] Der erfolgreiche Mensch muss sich

33 Ebd., S. 40. Zu Dessoir siehe Priska Pytlik: *Okkultismus und Moderne. Ein kulturhistorisches Phänomen und seine Bedeutung für die Literatur um 1900*. Paderborn: Schöningh 2005, S. 69–85.

34 Archiv der Akademie der Künste, Berlin, Ludwig-Lewin-Archiv, 51 (Der erfolgreiche Mensch, o. O., o. D., 1928).

35 Lewin: Der erfolgreiche Mensch, S. 26–30. Außerdem ders.: Psychologie des erfolgreichen Menschen, Vierter Vortrag am 1. Dezember 1924. Archiv der Akademie der Künste, Berlin, Ludwig-Lewin-Archiv, 11 (Psychologie des erfolgreichen Menschen, Berlin, 1924); ders.: Psychologie des erfolgreichen Menschen. Fünfter Vortrag am 8. Dezember 1924. Archiv der Akademie der Künste, Berlin, Ludwig-Lewin-Archiv, 12 (Psychologie des erfolgreichen Menschen, Berlin, 1924).

36 Lewin: Der erfolgreiche Mensch, S. 36–39, 42–43.

37 Ebd., S. 30–33. Dies wurde auch in der Leistungsdebatte um 1970 ausführlich diskutiert. Karl Adam betont, dass Leistung nur dann erfolgreich sei, wenn sie entsprechend präsentiert werde und gesellschaftlichen Erwartungen entspreche. Karl Adam: Zur Definition des soziologischen Leistungsbegriffs. In: *Sportwissenschaft* 2 (1972), S. 416–422, hier S. 417. Dazu auch Heiko Stoff: Das Leistungsprinzip in der Wettbewerbsgesellschaft, 1960–1980. In: Frank Becker / Ralf Schäfer (Hrsg.): *Die Spiele gehen weiter. Profile und Perspektiven der Sportgeschichte*. Frankfurt am Main / New York: Campus 2014, S. 277–305.

38 Ichheiser: Kritik.

optimieren, vergleichen und präsentieren, was Lewin zu einer bemerkenswerten Zeitdiagnose provozierte: „Unsere Gegenwart drängt auf der ganzen Front zu einer immer stärkeren Veröffentlichung unseres Lebens."[39] Zunächst müsse der einzelne Mensch an sich selber arbeiten, um sich erfolgsfähig zu machen, notierte Lewin in seinem Schreibmaschinenmanuskript. Dadurch werde er in der Lage sein, andere Menschen besser erkennen und beurteilen zu können: „Er wird hierdurch im Umgang mit Menschen einen wichtigen Vorsprung erlangen, wenn er Charakter und Seele derjenigen, mit denen er im Privat- und Berufsleben zu tun hat, auf ersten Blick zu beurteilen vermag."[40]

Dass dieses Konzept durch und durch ökonomisch ist, zeigt sich schon daran, dass Lewin das Wirtschaftsleben in den Mittelpunkt seiner Ausführungen stellte. Die Arbeit am erfolghaften Menschen hat hier ihren Ursprung. Die meisten Erkenntnisse zum erfolgreichen Menschen könne man aus dem Verkehr zwischen Chef und Personal sowie zwischen Verkäufer und Kunde gewinnen. Wer den Weg zur leitenden Persönlichkeit beschreiten wolle, wer die Machtstellung des Industriekapitäns und Wirtschaftsführers erstrebe, dürfe sich nicht entgehen lassen, „was die moderne Erfolgswissenschaft auf diesen Gebieten an Hilfsmitteln darbietet."[41] Selten sind der nationalökonomische Homo oeconomicus und der von Michel Foucault beschriebene „Unternehmer seiner selbst" genauer charakterisiert worden als in Ludwig Lewins Erfolgsratgeber. Die moderne Wettbewerbsgesellschaft, die Konkurrenz um knappe Ressourcen, erhielt mit dem Konnex von Leistung und Erfolg ein realisierbares Leitbild.[42]

39 Lewin: Der erfolgreiche Mensch, S. 35.

40 Archiv der Akademie der Künste, Berlin, Ludwig-Lewin-Archiv, 51 (Der erfolgreiche Mensch, o. O., o. D., 1928).

41 Ebd.

42 Nina Verheyen: Gemeinschaft durch Konkurrenz. Georg Simmel und die Ellenbogenmenschen des Kaiserreichs. In: *Merkur* 773/774 (2013), S. 918–927; Ulrich Bröckling: *Das unternehmerische Selbst. Soziologie einer Subjektivierungsform.* Frankfurt am Main: Suhrkamp 2007; Michel Foucault: *Die Geburt der Biopolitik. Geschichte der Gouvernementalität II.* Frankfurt am Main: Suhrkamp 2006, S. 314.

## Techniken des Erfolgs

Die drei Bände von *Der erfolgreiche Mensch* wurden im Herbst 1928 vom Eigenbrödler-Verlag herausgegeben. Dessen Bücher, so der Zeithistoriker Rüdiger Graf, verschenkte man und blätterte sie zur Erbauung durch. Gründer des Verlages war der Fabrikantensohn, ausgebildete Sänger und Theaterintendant Willy Stuhlfeld.[43] Im mit der Allgemeinen Deutschen Verlagsgesellschaft vergesellschafteten Eigenbrödler-Verlag erschienen neben Belletristik vor allem große Überblickswerke, darunter eine *Geschichte der deutschen Schauspielkunst* und eine *Deutsche Kunstgeschichte*, aber auch für Aufsehen sorgende wissenschaftliche Werke wie Serge Voronoffs Schriften *Hodentransplantation von Affe auf Mensch* und *Verhütung des Alterns durch künstliche Verjüngung*. Lewin hatte in diesem Verlag bereits im Jahr 1927 unter dem Titel *Quell des Wissens* ein reich bebildertes vierbändiges Kompendium zum zeitgenössischen Wissensbestand nahezu sämtlicher Disziplinen herausgegeben, das nicht von ungefähr den Untertitel *Eine deutsche Volkshochschule* trug. Das populärwissenschaftliche Konzept der Lessing-Hochschule sollte damit auch publizistisch vertreten werden.[44] *Der erfolgreiche Mensch* funktionierte als eine anwendungsbezogene Fortsetzung zu dieser optimistischen Leistungsschau der europäischen Moderne. Der „gebildete Mensch" sei der im Geistigen, Seelischen und Körperlichen durchgebildete Mensch, schrieb Lewin so auch im Vorwort zum Erfolgsratgeber, es könne aber scheinen, als ob er das Ideal von gestern sei, während das Schlagwort von heute „der erfolgreiche Mensch" laute.[45] Bildung ist damit auf die Funktion der Voraussetzung des planmäßig organisierten Erfolges reduziert. Implizit verband Lewin mit den beiden Kompendien Bildung und Effizienz, die europäische ‚Bildungskultur' mit amerikanischem ‚Erfolgsstreben' zu den unentschlossen koexistierenden Endzwecken eines glücklichen Lebens und der Führerpersönlichkeit.

In einem Prospektentwurf für die Enzyklopädie des Erfolgs fasste Lewin zusammen, dass jedes Menschen Sehnsucht auf den persönlichen und erotischen Erfolg ebenso wie auf Glück und Lebensfreude

43 Rüdiger Graf: *Die Zukunft der Weimarer Republik. Krisen und Zukunftsaneignungen in Deutschland, 1918–1933*. München: Oldenbourg 2008, S. 67.

44 Ludwig Lewin: *Quell des Wissens. Eine deutsche Volkshochschule in vier Bänden*. Berlin / Zürich: Eigenbrödler 1927.

45 Lewin: Vorwort.

gerichtet sei. Der Sieg im Existenzkampf führe auf Wegen und Umwegen zu Wohlstand und Vermögen, zu Herrschaft und Macht über Menschen, zu Beifall und Ruhm. Am Beispiel der Männer des Erfolges ließen sich notwendige Eigenschaften wie die Entfaltung der Persönlichkeit, das zielbewusste Auftreten, Selbstvertrauen und die Wirkung des Wortes und der Rede erlernen. Erfolg entspreche dabei den jeweiligen Karrierelaufbahnen des Kaufmanns, der leitenden Persönlichkeit, des Landwirts, des Erfinders, der Frau, des umjubelten Künstlers oder des triumphierenden Sporthelden, kulminiere aber im „Führer der Menschheit".[46]

Während im ersten Band die physiologischen und psychologischen Voraussetzungen des persönlichen Erfolgs unter den Überschriften „Körper – Geist – Seele" und „Erziehung – Bildung – Lebenskunst" als biologische Disposition, Körpertraining, Arbeitstechnik, Psychoanalyse und Autosuggestion aufgelistet werden, widmet sich der zweite Band den Sozialtechniken der Menschenkenntnis, der Wirkung auf Menschen und des Umgangs mit Menschen. Der dritte Band verhandelt ausschließlich Methoden des wirtschaftlichen und öffentlichen Erfolgs. Lewin hatte für jeden Themenbereich Autoren und Autorinnen unterschiedlichen Bekanntheitsgrads engagiert, wobei auffällt, dass radikale Vertreter und Vertreterinnen der Lebens- und Sexualreform, der Frauenbewegung oder des Sozialismus nicht vorkommen. Den Bänden liegt eine Gliederung zugrunde, die Lewin in seiner Psychologie des Erfolgs bereits ausgearbeitet hatte: Eine Prädisposition zum erfolgreichen Menschen wird mit spezifischen Techniken in Beziehung gesetzt. Aber Vorbedingungen schließen nicht jene aus, welche diese Voraussetzungen nicht besitzen; alle Menschen sind grundsätzlich erfolgsfähig. Erfolgsbeispiele sollen zur Anwendung von Methoden ermuntern, die jeder einzelne Mensch zur Optimierung seiner Kompetenzen gebrauchen kann. Die Lebensläufe bewährter „Männer des Erfolges" von Napoleon über Richard Wagner und Henry Ford bis Max Schmeling bilden die Beispiel gebende und aufmunternde Blaupause des erlernbaren Erfolgsweges. Geplant waren dazu von Lewin selbst gezeichnete Porträtstudien erfolgreicher Menschen, die aber nie in die Bände aufgenommen

46 Archiv der Akademie der Künste, Berlin, Ludwig-Lewin-Archiv, 51 (Der erfolgreiche Mensch, o. O., o. D., 1928).

wurden.[47] Dabei gab es einen gewissen Unterschied zwischen den typologisierten Erfolgspersönlichkeiten als Künstler, Wissenschaftler, Politiker, Wirtschaftsführer, Sportler und Erfinder und den einzeln dargestellten Biografien, die eben nicht kausal aus günstigen Dispositionen ableitbar waren, sondern auf die Buntheit der Menschenwelt verwiesen.[48]

Ikone des Erfolges war die seit dem 19. Jahrhundert vertraute Figur des „großen Mannes".[49] Erfolgreiche Frauen wurden hingegen nur in Bezug auf soziales und als frauenspezifisch geltendes Verhalten („erfolgreiche Hauswirtschaft") behandelt. Für den Umgang mit Menschen erwiesen sich Frauen dann aber wieder als Expertinnen. Augusta von Oertzen, Gertrud Haupt, Marie von Bunsen, Paula von Reznicek und Katharina von Kardorff-Oheimb erklärten gesellschaftliche Umgangsformen und Benimmregeln des Bürgertums und der Aristokratie.[50] Auch erfolgreiche Nationen als Summe von Individuen konnten als jeweils spezialisiertes Vorbild dienen: das wirtschaftlich erfolgreiche Amerika, das politisch erfolgreiche England, Frankreich als das Land der „äußeren Kultur" und Deutschland als das Land des Geistes.[51] Lewin widersetzte sich dabei dem grassierenden Antiamerikanismus, indem er jene Eigenschaften, die gemeinhin negativ als Oberflächlichkeit bewertet wurden, als spezifische Qualität hervorhob. Die „nationale Erfolghaftigkeit" Amerikas zeige sich vor allem auch in den suggestiven Techniken der Heiterkeit und der höflichen Verbindlichkeit, die sich mit einer besonderen „Erziehung zur Tüchtigkeit" verbinde. Nach Lewins Aufzeichnungen zu urteilen, bei denen er gerne jeden erdenklichen Zettel mit der Aufforderung „Keep smiling!" vollkritzelte, kam dieser genuin amerikanischen

47 Ebd.

48 Männer des Erfolges in Dokumenten ihres Lebens. In: Ludwig Lewin (Hrsg.): *Der erfolgreiche Mensch*, Bd. 3: Der wirtschaftliche und der öffentliche Erfolg. Berlin / Zürich: Eigenbrödler 1928, S. 431–502. Ebenso Richard Lewinsohn: *Wie sie gross und reich wurden. Lebensbilder erfolgreicher Männer*. Berlin: Ullstein 1927.

49 Michael Gamper: Ausstrahlung und Einbildung. Der „große Mann" im 19. Jahrhundert. In: Jesko Reiling / Carsten Rohde (Hrsg.): *Das 19. Jahrhundert und seine Helden. Literarische Figurationen des (Post-)Heroischen*. Bielefeld: Aisthesis 2011, S. 173–198.

50 So im Kapitel „Umgang mit Menschen" in Ludwig Lewin (Hrsg.): *Der erfolgreiche Mensch. Bd. 2: Der gesellschaftliche Erfolg*. Berlin / Zürich: Eigenbrödler 1928, S. 203–370.

51 Elias Hurwicz: Erfolgreiche Nationen. In: Lewin (Hrsg.): *Der erfolgreiche Mensch*, Bd. 3, S. 503–521.

Kulturtechnik bei Autosuggestion und Suggestion größtes Gewicht zu.[52]

*Keep smiling*, so führte Manfred Georg in seinem Beitrag aus, kennzeichne vor allem die optimistische und auf Selbstzweifel verzichtende amerikanische Jugend. Georg verwies dabei aber auch auf jene Schwierigkeiten, die sich ergeben, wenn das *Keep smiling* nach Deutschland transferiert wird. So startete die *Berliner Morgenpost* eine Kampagne namens „Sechs-Tage-Lächeln". Georg bezweifelte allerdings den Erfolg dieser Reklameaktion, denn der Berliner sei „auf Grund seiner durch Schnoddrigkeit übertünchten Skepsis im Grunde ernst veranlagt".[53] In Deutschland, anders als etwa auch in Frankreich, herrsche eine eher schwermütige, nüchterne Sachlichkeit, personifiziert in mürrischen Beamten und gebunden an hierarchische Verhältnisse am Arbeitsplatz, was zu Unterdrückungs- und Minderwertigkeitsgefühlen führe. Amerikanische Erfolgsstrebigkeit, so Lewin, könne diese Eigenschaften positiv ändern.[54]

In den Ratgeberbänden finden sich vier Beiträge, die sich explizit mit konstitutionellen Grundlagen des Erfolgs befassen. Johannes Pleschs Beitrag zu neuen Erkenntnissen der Biologie, Albert Molls Überblick über die Sexualwissenschaft und Carl von Behr-Pinnows Aufsatz zu „Vererbung und Lebenstüchtigkeit" argumentieren dabei grundsätzlich biologisch und funktionieren biologistisch. Auch Eugen Matthias' sehr langer Artikel zu den neuesten Erziehungsmethoden rekurriert neben den geistigen auf körperliche Grundlagen, was auch darin begründet war, dass Matthias die Professur für Biologie der Leibesübungen in München innehatte. Was jedoch vollkommen fehlte, war eine soziologische Einschätzung der Erfolgschancen, eine Soziologie des Erfolgs. Dies mutet seltsam an, da Lewin in seinen Vorarbeiten durchaus deren Bedeutung hervorhob und von soziologischen Voraussetzungen, Vorbedingungen und Grundlagen sprach.[55] Lewins Interesse an den Prädispositionen des Erfolgs

52 Archiv der Akademie der Künste, Berlin, Ludwig-Lewin-Archiv, 51 (Der erfolgreiche Mensch, o. O., o. D., 1928). Auch Fritz Zielesch: Amerikanische Erziehung zur Tüchtigkeit. In: Lewin (Hrsg.): *Der erfolgreiche Mensch*, Bd. 1, S. 367–383.

53 Manfred Georg: Keep smiling! In: Lewin (Hrsg.): *Der erfolgreiche Mensch*, Bd. 2, S. 123.

54 Lewin: Der erfolgreiche Mensch, S. 39–42.

55 Archiv der Akademie der Künste, Berlin, Ludwig-Lewin-Archiv, 51 (Der erfolgreiche Mensch, o. O., o. D., 1928).

war lebenswissenschaftlich ausgerichtet. So sind die Beiträge zu den *Voraussetzungen des persönlichen Erfolges* auch mit per deklamatorischen Ausrufezeichen versehenen Ratschlägen zur systematischen Beeinflussung des Seelenlebens, zur „Durcharbeitung des Körpers" und zur „Steigerung der Intelligenz" verbunden: „Lerne bewußt atmen!", „Trainiere deinen Körper!", „Trainiere deinen Geist!"[56] Lewin bewegte sich hier in einer Linie mit der Engführung von Wissensproduktion und Herrichtung eines optimierbaren Körpers, wie sie sich zur Wende vom 19. zum 20. Jahrhundert von der Körperkultur bis zur Entwicklungsmechanik exemplifizierte: Die plastische und flexibilisierte psychophysische Einheit des Menschen verlangt nach Aktivierung und Optimierung.[57]

Während der Berliner Mediziner Johannes Plesch zeitgenössisch nicht zu den Koryphäen in Medizin und Biologie zählte, konnte Lewin mit Albert Moll eine wissenschaftlich anerkannte Figur der Sexologie und Psychiatrie gewinnen.[58] Der im Kaiserreich sozialisierte Jurist Karl von Behr-Pinnow, Direktor des Deutschen Bundes für Volksaufartung und Erbkunde, nahm innerhalb des eugenischen Feldes der 1920er Jahre eine weniger rassen- denn sozialhygienische Position ein.[59] Plesch konzentrierte sich auf die Darstellung der Konstitutionslehre, die, mit seinen Worten, Rasse, Geschlecht, Temperament, Typen, Habitus, Dimensionen, Proportionen und Organsysteme vereinte. Dabei kam den im Mittelpunkt der naturstoffchemischen Forschung stehenden Hormonen die Funktion der Steuerung und Regulation der entsprechenden Lebensvorgänge zu. Sie erst, so wurde es in den 1920er Jahren ausgiebig diskutiert, gestalteten einen leistungsfähigen Körper. Die Hormonlehre war durch die weltweites Aufsehen erregenden Experimente des Wiener Physiologen Eugen Steinach in den 1920er Jahren vor allem auch mit dem Versprechen der leistungssteigernden Verjüngung versehen. Vitamine wiederum

56 Lewin: *Der erfolgreiche Mensch*, Bd. 1, S. 125, 143, 199.

57 Maren Möhring: *Marmorleiber. Körperbildung in der deutschen Nacktkultur, 1890–1930.* Köln / Weimar: Böhlau 2004; Heiko Stoff: *Ewige Jugend. Konzepte der Verjüngung vom späten 19. Jahrhundert bis ins Dritte Reich.* Köln / Weimar: Böhlau 2004, S. 378–403.

58 Volkmar Sigusch: The Sexologist Albert Moll – between Sigmund Freud and Magnus Hirschfeld. In: *Medical History* 56,2 (2012), S. 184–200.

59 Paul Weindling: *Health, Race and German Politics between National Unification and Nazism, 1870–1945.* Cambridge: Cambridge UP 1989, S. 405–409.

sicherten das Funktionieren der menschlichen „Arbeitsmaschine".[60] Moll stellte die Hormone ebenfalls in den Mittelpunkt seiner Darstellung der „Vita sexualis", um auszuführen, dass der Lebenslauf des Menschen von der Geburt bis zum Tod von der Aktivität der Sexualorgane sowie der damit verbundenen inneren Sekretion der Sexualhormone geprägt sei und dabei auch die Persönlichkeit des Menschen selbst forme. Sexualität war eher ein biologisches, denn ein psychologisches oder psychoanalytisches Problem.[61] Behr-Pinnow schließlich sah den Erfolg des Individuums in der richtigen Ausnutzung der ihm vererbten Anlagen sowie der richtigen Fortpflanzung begründet. Auch der persönliche Erfolg war danach nichts anderes als angewandte Eugenik, zwar realisiert in der optimalen Verwendung der Erbanlagen, aber doch vor allem auf die selektive Höherzüchtung ausgerichtet.[62]

Im ersten Band des Erfolgsratgebers findet sich aber auch ein Beitrag mit dem Titel „Dein Umgang mit dir selbst", der die endokrinologische Disposition des erfolgreichen Menschen noch einmal konzentriert ausformulierte. Autor dieses Aufsatzes ist der Mediziner Josef Löbel, der interessanterweise im Jahr 1940 Co-Autor einer bereits im Schweizer Exil verfassten wissenschaftlichen Monografie des besagten Eugen Steinach werden sollte.[63] Löbel verband die Hormonlehre mit einem sozialreformerischen Projekt der Verbesserung und Pazifizierung der Lebensbedingungen, das jedoch durch eine Vergiftung der Umwelt gefährdet schien. Das moderne Leben in der Zivilisation fördere die Nervosität und beeinträchtige die Lebensfreude. Die Optimierung des Körpers, dessen Leistungssteigerung und Verjüngung, erschien bei Löbel hingegen als Grundtechnik zur Schaffung eines erfolgreichen, aber auch glücklichen Menschen. Seine

60 Johann Plesch: Die neuen Erkenntnisse der Biologie. In: Lewin (Hrsg.): *Der erfolgreiche Mensch*, Bd. 1, S. 49–65, hier S. 51, 58–59, 63–65. Zur gemeinsamen Geschichte von Wirkstoffen, Verjüngung und körperlicher Optimierung Heiko Stoff: *Wirkstoffe. Eine Wissenschaftsgeschichte der Hormone, Vitamine und Enzyme, 1920–1970*. Stuttgart: Steiner 2012; ders.: *Ewige Jugend*.

61 Albert Moll: Vita sexualis. In: Lewin (Hrsg.): *Der erfolgreiche Mensch*, Bd. 1, S. 67–100, hier S. 81–83.

62 Behr-Pinnow: Brief an Ludwig Lewin, 10.05.1928. Archiv der Akademie der Künste, Berlin, Ludwig-Lewin-Archiv, 477 (von Behr-Pinnow, Berlin, Wiesbaden, Mittenwald, 10. Mai 1928–Juni 1929).

63 Eugen Steinach / Josef Loebel (Hrsg.): *Sex and Life. Forty Years of Biological and Medical Experiments*. London: Faber & Faber 1940.

Ausführungen verbanden das soziale Gebot der Leistungsstärke mit der Befreiung des individuellen Begehrens. In der demokratisierten Konsumgesellschaft der 1920er Jahre war die „individuelle Verbesserung der Erfolgsmöglichkeiten“ zugleich Chance und Verpflichtung, Glücksversprechen und Verordnung.[64] Alle Menschen hätten ein „Recht auf optimale physiologische Lebensmöglichkeiten“, verkündete im gleichen Jahr 1928 der Verjüngungsarzt Peter Schmidt, seien aber zugleich zur Schaffung und Pflege eines optimal leistungsstarken Körpers verpflichtet.[65] Der Weg zum Erfolg könne dann erreicht werden, so Löbel, wenn Geist und Körper gesund und leistungsfähig gehalten würden. Dazu müssten aber die Funktionen des Organismus erkannt, den Gefahren ins Auge gesehen und die Mittel festgestellt werden, mit denen die Fähigkeiten gefördert werden könnten: „Ganz von selbst wird der Erfolg dieser Hygiene zu einer Hygiene des Erfolges werden.“[66]

Im Monismus des psychophysischen Parallelismus korrespondierten biomedizinische Optimierungen der psychologischen Arbeit an sich selbst. Für die 1920er Jahre lassen sich endlose Beispiele für die psycho- und biotechnische Umgestaltung des Menschen finden. Leo Trotzki formulierte diese kollektiv-experimentelle Arbeit als ein „psychophysisches Training“ am immer auch somatischen Selbst mit besonderer Eindringlichkeit, wenn er die gleichzeitige Disziplinierung der Körperbewegungen und der Organfunktionen einforderte. Der Mensch werde es sich zur Aufgabe machen, der Bewegung seiner eigenen Organe höchste Klarheit, Zweckmäßigkeit, Wirtschaftlichkeit und damit Schönheit zu verleihen:

> Er wird den Willen verspüren, die halbbewußten und später auch die unterbewußten Prozesse im eigenen Organismus: Atmung, Blutkreislauf, Verdauung und Befruchtung zu meistern, und wird sie in den erforderlichen Grenzen der Kontrolle durch Vernunft und Willen unterwerfen.[67]

Auch die Anpassung von Geist und Seele an gesteigerte Erfolgsaussichten wurde mit dem Vokabular des Trainings dargestellt. Im Jahr

64 Josef Löbel: Dein Umgang mit dir selbst. In: Lewin (Hrsg.): *Der erfolgreiche Mensch*, Bd. 1, S. 101–124, hier S. 123.

65 Peter Schmidt: *Das überwundene Alter, Wege zu Verjüngung und Leistungssteigerung*. Leipzig: List 1928, S. 361; Löbel: Dein Umgang, S. 122–124.

66 Löbel: Dein Umgang, S. 124.

67 Leo Trotzkij: *Literatur und Revolution*. München: dtv 1972, S. 211.

1924 hielt der Psychoanalytiker Charles Baudouin an der Lessing-Hochschule einen Vortrag mit dem Titel „Kunst der inneren Disciplin: Psychagogie". Lewin machte sich dazu eifrig Notizen, um schließlich fünf Punkte einer entsprechenden Methodik zu fixieren: tägliche Übungen, Mitwirkung der Vernunft, Disziplinierung der unterbewussten Kräfte, Konzentration und Liebe.[68] Lewin selbst fokussierte auf eine von ihm selbst so benannte „Psycho-Oekonomie" oder „Seelenhaushalterei", „eine kluge, instinktmässig kluge Wirtschaft im eigenen Innern, eine überlegte Ordnung, eine intuitiv erfasste Ausbalanciertheit der eigenen seelischen Kräfte und des Gleichgewichts".[69] Auf seinen Schmierzetteln notierte er wiederum auf kryptische Weise: „Selbst Training -disziplinierung."[70]

Dass es sich hierbei um eine Ökonomisierung des Selbst und des Körpers handelte, wurde erst im dritten Band mit dem Titel *Der wirtschaftliche und der öffentliche Erfolg* verdeutlicht. Mittlerweile ist vor allem dank Anson Rabinbachs bahnbrechender Studie sehr gut erforscht, dass die Rationalisierung des zur Ermüdung neigenden Körpers seit Ende des 19. Jahrhunderts zu einer eigenen Wissenschaft und Praxis wurde.[71] Die im Scientific Management ausgedrückte Anpassung des Menschen an Arbeitsprozesse und die als Psychotechnik institutionalisierte ebenso optimale wie rationale Nutzung der individuellen Kompetenzen wurden in den 1920er Jahren intensiv diskutiert, unterschiedlich realisiert und waren zudem immer höchst umstritten.[72] Leistung fungierte in den psychotechnischen Programmen als individueller Beitrag im Wettbewerb, als Mittel der Selektion den

68 Vortrag von Charles Baudouin in der Lessing-Hochschule über die Kunst der inneren Disciplin: Psychagogie. Archiv der Akademie der Künste, Berlin, Ludwig-Lewin-Archiv, 10 (Psychologie des erfolgreichen Menschen, Berlin, 1924).

69 Psychologie des erfolgreichen Menschen, Vierter Vortrag am 1. Dezember 1924. Archiv der Akademie der Künste, Berlin, Ludwig-Lewin-Archiv, 11 (Psychologie des erfolgreichen Menschen, Berlin, 1924).

70 Archiv der Akademie der Künste, Berlin, Ludwig-Lewin-Archiv, 51 (Der erfolgreiche Mensch, o. O., o. D., 1928).

71 Anson Rabinbach: *The Human Motor. Energy, Fatigue, and the Origins of Modernity.* Berkeley: University of California Press 1990.

72 Katja Patzel-Mattern: *Ökonomische Effizienz und gesellschaftlicher Ausgleich. Die industrielle Psychotechnik in der Weimarer Republik.* Stuttgart: Steiner 2010; Margarete Vöhringer: *Avantgarde und Psychotechnik. Wissenschaft, Kunst und Technik der Wahrnehmungsexperimente in der frühen Sowjetunion.* Göttingen: Wallstein 2007.

Arbeitsanforderungen angepasster Körper.[73] Der Leistungsbegriff wurde messbar, vergleichbar und notwendigerweise erfolgsorientiert; der Leistungsimperativ ersetzte das moralische Gebot, du sollst dich nicht vergleichen, durch den Befehl vergleiche Dich und verbessere Dich! Robert Werner Schulte fasste dies durch den Titel „Praktische Psychologie als Erfolgswissenschaft" zusammen. Die menschliche Psyche wurde dabei komplett auf wirtschaftlichen Erfolg, auf bestmögliche, aber nicht auszehrende Arbeit ausgerichtet. In einem im Erfolgsband wiedergegebenen Schaubild heißt es entsprechend: „Der arbeitende Mensch ist zu vergleichen mit der arbeitenden Maschine. Es ist zu verlangen, daß der arbeitende Organismus möglichst wirtschaftlich, technisch und hygienisch arbeitet."[74]

Erfolg bedeutet hier also ökonomischer Umgang mit sich selbst, verlangt nach einer Selbstwahrnehmung als Maschine und optimaler Ausnutzung der eigenen Anlagen und Kompetenzen, ohne dass es deshalb zum Zusammenbruch der Menschmaschine kommt. Damit geht eine Anpassung der Leistungs- und Erfolgstechniken an die persönlichen Fähigkeiten einher. Notwendigerweise müssen unnötige Hemmnisse und Schwächungen verhindert werden. Dazu zählte die frühzeitige, wohl überlegte und richtige Berufswahl, aber auch die Anwendung von Bewerbungstechniken. Zwischen der optimalen Nützlichkeit des Menschen für die Unternehmen und dem Eigeninteresse an einer hervorragenden, aber womöglich nicht angemessenen beruflichen Stellung bestand ein durchaus reflektierter Spannungszustand. Grundsätzlich muss der arbeitende Mensch sich aber an Berufe und den Arbeitsmarkt anpassen und in der Lage sein, sich selbst gut zu verkaufen. Diese ökonomische Selbstkonstituierung basierte auf einer Konkurrenzsituation angesichts rarer Arbeitsplätze.

Der erfolgsstrebende Mensch in der Wettbewerbsgesellschaft ist wirtschaftsliberalen Subjektivierungsweisen unterworfen. Für den Angestellten, der sich selbst erzogen, geschult, gebildet hat, der an sich selbst gearbeitet hat, so führte Gustav Großmann aus, existiere nämlich der Begriff „Konkurrenz, schwierige Wirtschaftslage" nicht

73 Walther Moede: Der schematische Arbeitsprozeß, die Leistung und seine Faktoren. In: Ders. (Hrsg.): *Lehrbuch der Psychotechnik*, Bd. 1. Berlin / Heidelberg: Springer 1930, S. 11–14.

74 Robert Werner Schulte: Psychotechnik auf allen Gebieten. In: Lewin (Hrsg.): *Der erfolgreiche Mensch*, Bd. 3, S. 11–38, hier S. 25.

mehr.[75] Als Hemmnisse bei der Durchsetzung einer Wettbewerbsgesellschaft erscheinen neben der mangelnden Einsicht der beteiligten Akteure auch die überkommenen Hierarchisierungen in den deutschen Unternehmen. Zufrieden konstatiert so Bruno Betcke eine Amerikanisierung der Betriebe, bei der nicht länger Befehl, sondern Eigeninitiative befürwortet werde. Der erfolgsstrebende Mensch braucht keine Diktate, er erschafft sich selbst als Wettbewerber.[76] Wirtschaftlicher Erfolg ist danach schlicht die Folge gelungener (Selbst-)Organisation und amerikanischer Effizienz.[77]

Die Arbeit an sich selbst, der Erfolgsratgeber teilt dies unmissverständlich mit, ist vor allem ein Mittel, um von anderen gut beurteilt zu werden, steigert aber zugleich die Fähigkeiten, andere zu beurteilen. Neben der Selbstökonomisierung stellt die Menschenkenntnis, das Wissen über Menschentypen als eine angewandte Konstitutionsforschung und Charakterologie, die von Prädispositionen relativ unabhängige Hauptbedingung des Erfolgs dar. Der psychologischen Typenlehre korrespondierte eine Konstitutionslehre, wenn nicht sogar Temperamentenlehre, wie sie in der neuesten endokrinologischen Forschung der 1920er Jahre als eine „Humoralpathologie im neuen Gewande" einflussreich ausformuliert wurde.[78] Tatsächlich verfasste mit Arthur Kronfeld auch einer der führenden Vertreter der biologisch orientierten psychotherapeutischen Konstitutionslehre den Beitrag „Erkenne Deinen Mitmenschen!". Kronfeld, der im Rahmen seiner Tätigkeit am Institut für Sexualwissenschaft vor allem am Konnex von Geschlechtstrieb und Persönlichkeit interessiert war, rekurrierte dabei auf jene Typenlehre einer Assoziierung von Körperbau und Charakter, die der Marburger Psychiater Ernst Kretschmer geprägt hatte. Die Ausgangsbasis für Kretschmers Theorie waren die psychiatrischen Krankheitsbilder „manisch-depressives Irresein" und

75 Gustav Großmann: Wie man eine Stellung sucht und findet. In: Lewin (Hrsg.): *Der erfolgreiche Mensch*, Bd. 3, S. 55–81, hier S. 81; Käte Wittkower: Wegweiser zur Berufswahl. In: Ebd., S. 39–53.

76 Bruno Betcke: Vom Lehrling zum Wirtschaftsführer. In: Ebd., S. 83–100.

77 Richard Lewinsohn: Der Organisator und die Kunst der Organisation. In: Ebd., S. 101–120, Herbert N. Casson: Efficiency als Weg zum wirtschaftlichen Erfolg. In: Ebd., S. 121–133.

78 Max Hirsch: Alte und neue Heilkunde im Lichte der Lehre von der inneren Sekretion (1928). In: Ders. (Hrsg.): *Handbuch der inneren Sekretion. Eine umfassende Darstellung der Anatomie, Physiologie und Pathologie der endokrinen Drüsen*, Bd. 1. Leipzig: Kabitzsch 1933, S. 4–24, hier S. 4.

„Schizophrenie", die er als Übersteigerungen der normalen charakterlichen Grundzustände „Zyklothymie" und „Schizothymie" deutete. Jedem dieser Charaktertypen sei dabei ein spezifischer pyknischer, leptosomer oder athletischer Körperbau eigentümlich.[79] Mit dem erarbeiteten Selbstbewusstsein und der erworbenen Menschenkenntnis war dann aber auch, dies zeigte der Wiener Journalist und Essayist Robert Scheu, das zum Erfolg notwendige, durch Vorbereitung und Regie optimierte zielbewusste Auftreten erst möglich.[80]

## Zur Ethik des Erfolgs

Das Echo auf die aufwändige Publikation war für Lewin ernüchternd. Die Bände erwiesen sich trotz ihrer reich bebilderten und attraktiven Aufmachung als Ladenhüter. Daran mag, wie Lewin es vermutete, die schlechte Verlagspolitik schuld gewesen sein. Schon kurz nach der Herausgabe befand er sich wegen ausgebliebener Zahlungen im Rechtsstreit mit dem Verlag, zeigte aber auch insgesamt seine Unzufriedenheit mit der Vermarktung seiner Bücher.[81] Im Mai 1930 zog Lewin die geplante Schrift *Wie werde ich arrogant* wegen einer angeblichen Indiskretion bezüglich des Titels seitens Stuhlfelds wieder zurück. Die avisierte Publikation von *Der Mensch der neuen Zeit* sollte ebenso wenig verwirklicht werden wie die Herausgabe des im Sommer 1930 bereits annoncierten *Was nicht im Knigge steht*.[82] Zugleich reagierte der Verlag gereizt, als 1930 Oscar Schellbachs Schrift *Mein Erfolgssystem* von der Konkurrenz als „das beste und brauchbarste" angepriesen wurde, „was auf dem Gebiete der Erfolgsliteratur erschienen ist".[83] Möglicherweise hatte die ökonomische und politische Entwicklung

79 Andreas Seeck: Arthur Kronfeld (Psychiater, Psychologe, Wissenschaftshistoriker) über Homosexualität. In: *Mitteilungen der Magnus-Hirschfeld-Gesellschaft* 20/21 (1994/95), S. 51–63, hier S. 54.

80 Robert Scheu: Das zielbewußte Auftreten. In: Lewin (Hrsg.): *Der erfolgreiche Mensch*, Bd. 2, S. 93–116.

81 Ludwig Lewin: Brief an Carl von Behr-Pinnow, o.A. [Juni 1929]. Archiv der Akademie der Künste, Berlin, Ludwig-Lewin-Archiv, 477 (von Behr-Pinnow, Berlin, Wiesbaden, Mittenwald, 10. Mai 1928–Juni 1929).

82 Ludwig Lewin: Briefe an Willy Stuhlfeld, 03.05.1930, 08.08.1930; ders.: Brief an Eigenbrödler-Verlag, 23.08.1930. Archiv der Akademie der Künste, Berlin, Ludwig-Lewin-Archiv, 365.

83 Deutsch-Schweizerische Verlagsanstalt (Eigenbrödler-Verlag): Brief an Ludwig Lewin, 12.11.1930. Archiv der Akademie der Künste, Berlin, Ludwig-Lewin-Archiv, 365 (Eigenbrödler Verlag, Berlin, Leipzig, 11. Juni 1928–30. Nov. 1930, o. D.).

das Thema bereits überholt, vielleicht war Lewins Projekt aber auch einfach zu ambitioniert, die drei Bände einfach zu umfangreich und wissensorientiert, um mit den klaren, suggestiven Ansagen eines Schellbach konkurrieren zu können. Lewins Fokussierung auf das amerikanische Vorbild sollte in den verbleibenden fünf Jahren der Weimarer Republik vor allem angesichts der Weltwirtschaftskrise an Strahlkraft verlieren. Auf fürchterliche Weise sollte sich aber ausgerechnet die „Führerpersönlichkeit" als „Anpassung an den dumpfen Willen der öffentlichen Meinung", als Fähigkeit, „sich der Masse aufzuzwingen", verwirklichen.[84]

Lewin selbst hob an einer Stelle in seiner Einleitung die „beunruhigende Bedeutung" des Erfolgs hervor.[85] Beunruhigend waren die Mittel des Erfolgs, vor allem die hohe Bedeutung des Bluffs, die Entwertung der Leistung und eine Abkehr vom Prinzip der Leistungsgerechtigkeit.[86] Darauf wies auch Scheu hin, wenn er betonte, dass in allen menschlichen Beziehungen, besonders aber bei geschäftlichen Verhandlungen, der Bluff eine große Rolle spiele.[87] Erfolgreiche Menschen in der Wettbewerbsgesellschaft würden danach tendenziell mehr bluffen denn leisten, der Bluff würde zur Grundlage aller Sozialbeziehungen werden. Lewin erklärte seine Beunruhigung nicht weiter, aber seine Verweise auf Kants Wertbegriff lassen vermuten, dass ihm das ethische Dilemma eines allein erfolgsorientierten Lebens durchaus klar war. Die Tatsache des Erfolges, so pointierte er in seinem Vortrag aus dem Jahr 1924, sei keinerlei ethische Angelegenheit, die mit Wertung etwas zu tun habe.[88] Dies könnte bedeuten, dass das Erfolgsstreben eine schiere Überlebensnotwendigkeit darstellte, angelehnt an eine Übersetzung des Darwin'schen Kampf ums Dasein ins Soziale. Lewin verstand jedoch den Erfolg weder als sozialdarwinistische Kategorie noch als Selbstzweck, sondern als notwendige Bedingung eines glücklichen Lebens. Der Wert all der in den Bänden beschriebenen Techniken bestehe danach nicht im

84 Lewin: Der erfolgreiche Mensch, S. 44.

85 Ebd., S. 19.

86 Archiv der Akademie der Künste, Berlin, Ludwig-Lewin-Archiv, 51 (Der erfolgreiche Mensch, o. O., o. D., 1928).

87 Scheu: Das zielbewußte Auftreten, S. 109.

88 Ludwig Lewin: Psychologie des erfolgreichen Menschen. Archiv der Akademie der Künste, Berlin, Ludwig-Lewin-Archiv, 8 (Psychologie des erfolgreichen Menschen, Berlin, 1924).

Erfolg selbst, sondern in der Möglichkeit des Glücksstrebens, in der „Erreichbarkeit des Glücks", wie ein Beitrag Edwin Tietjens lautete.[89] Das heißt aber auch, dass Glück unmittelbar an Erfolg, letztlich an wirtschaftlichen Erfolg, gebunden ist. Die glücklichsten Menschen, das wären danach die Wirtschaftsführer und leitenden Persönlichkeiten. Gleichwohl bedeutete dies auch eine radikale Gefährdung des Menschen, der sein Lebensglück der permanenten Erfolgsbereitschaft unterstellt. Der erfolgreiche Mensch ist immer auch ein krisenhafter Mensch. Ende der 1950er Jahre sollte Lewin in diesem Sinne auch einen Vortrag mit dem Titel „Die überlastete Exekutive. Manager-Neurose und Therapie" halten.[90] Der Umgang mit Spannung und Entspannung, mit Zeiten der Kraft und Zeiten der Schwäche wurde zu einem zentralen Thema des modernen Erfolgsmenschen, wie er sich namentlich im Stress- und Wellnessdiskurs des späten 20. Jahrhunderts ausdrücken sollte.[91]

Freud hingegen zog in seinem Essay zum *Unbehagen in der Kultur* ein grundsätzlich skeptisches Fazit. Der Erfolg sei niemals sicher, er hänge vom Zusammentreffen vieler Momente ab, „von keinem vielleicht mehr als von der Fähigkeit der psychischen Konstitution, ihre Funktion der Umwelt anzupassen und diese für Lustgewinn auszunützen." Wer dazu nicht prädestiniert und zudem nicht in der Lage sei, seine Bedürfnisse umzubilden und neuzuordnen, werde es schwer haben, „aus seiner äußeren Situation Glück zu gewinnen". Als letzte Lebenstechnik der Ersatzbefriedigungen blieben dann nur die Flucht in die neurotische Krankheit, der Trost im Lustgewinn der chronischen Intoxikation oder der verzweifelte Auflehnungsversuch der Psychose.[92] Von diesen Folgen für den vom Erfolg abhängigen, den am Erfolg scheiternden, aber auch für den überhaupt nicht nach Erfolg strebenden Menschen in der Wettbewerbsgesellschaft ist in Lewins Bänden allerdings keine Rede.

89 Edwin Tietjens: Die Erreichbarkeit des Glücks. In: Lewin (Hrsg.): *Der erfolgreiche Mensch*, Bd. 1, S. 419–456.

90 Archiv der Akademie der Künste, Berlin, Ludwig-Lewin-Archiv, 59 (Die überlastete Exekutive. Manager-Neurose und Therapie, o. O., o. D.). Franz Blei präsentierte mit dem „sublimen Egoismus des Lebenskünstlers" noch eine ganz andere Glückstechnik. Franz Blei: Der Lebenskünstler. In: Lewin (Hrsg.): *Der erfolgreiche Mensch*, Bd. 1, S. 399–417, hier S. 417.

91 Lewin: Der erfolgreiche Mensch, S. 21–22; Patrick Kury: *Der überforderte Mensch. Eine Wissensgeschichte vom Stress zum Burnout.* Frankfurt am Main: Campus 2012.

92 Freud: *Das Unbehagen*, S. 38.

# (Selbst-)Induktion

## Zur Physik des Glücks

Stefan Rieger

> Was aber, so fragen wir, ist dies Leben? Ich identifizierte dasselbe schon mit Kräften und Tätigkeiten. Demnach können wir auch fragen, was sind diese Kräfte und Tätigkeiten? Darauf lautet die Antwort: Sie sind *unsere* Kräfte und Tätigkeiten. Nur in uns finden wir und erleben wir das, was den spezifischen Sinn des Wortes Tätigkeit ausmacht. Alle Tätigkeit, die wir denken, ist unserem Tätigkeitsgefühl entnommen, und ebenso alle Kraft unserem Kraftgefühl.[1]

### Drehmomente des Glücks

Das einzig Stetige am Glück ist seine Unerreichbarkeit. Von diesem Befund leben und zehren sie alle: die unterschiedlichen Ratgeber mit ihren Verheißungen, ihren kleinen und großen Aufschreibetechniken mit ihrer unablässigen Rückkopplung an den Alltag jenes Lebens, das eines solches Glückversprechens bedürftig scheint. Über diese Konjunktur der Ratgebung und über die an ihr beteiligten Akteure wäre viel zu sagen und es ist zum Teil schon viel gesagt worden: von den einzelnen Schulen und Systemen, die unter der Ägide bestimmter Eigennamen ganze Imperien der Leistungssteigerung und Selbstrationalisierung freisetzen, von den in ihrem Geltungsbereich unerreichten Publikationskampagnen, von den Adressierungs- und Rekrutierungsstrategien, von der Mediologie der Selbstbeobachtungs- und Selbstbeschreibungstechniken, von den persönlichen Motivationen und

1 Theodor Lipps: Zur ‚ästhetischen Mechanik'. In: *Zeitschrift für Ästhetik und allgemeine Kunstwissenschaft* 1 (1906), S. 1–29, hier S. 4.

damit auch von den vielfältigen Rahmungen, innerhalb derer guter Rat eben teuer ist. Viele Beispiele liegen inzwischen auf dem Tisch und auch eine diesen Phänomenen gegenüber nachträgliche Theoretisierung ist nicht ausgeblieben. Mit der unablässigen Arbeit an sich, ohne die das abstrakte Glück oder der praktische Erfolg nicht zu erringen sein sollen, ist der Anschluss an jene Selbstregierungskünste gefunden, die Michel Foucault als neoliberale Subjektivierungsform ins Zentrum seiner Überlegungen zur *gouvernementalité* gestellt hat.[2] Arbeiten wie die Ulrich Bröcklings haben diesen Aspekt in ihrer theoretischen Dimension nachgezeichnet, und eine nicht zuletzt philosophisch verortete Glücksforschung ist inzwischen angetreten, den unterschiedlichen Ausprägungen der entsprechenden Vorhaben im Detail nachzugehen.[3]

Die Schaltungen entsprechender Selbstverhältnisse durch Beobachtungs- und Schreibimperative wie etwa das Glückstagebuch im Rationalisierungsprogramm eines Gustav Grossmann, in denen sich Subjekte mehr oder minder regelgeleitet an die wenig metaphorische Selbstbewirtschaftung und -evaluation ihrer eigenen Person machen, schlagen sich in unterschiedlichen Bildern nieder. Als deren wohl wirkmächtigstes kann das Laufrad gelten. Was sich in den Schaufenstern von Zoohandlungen als Publikumsmagnet erweisen sollte, hat für den Menschen eine durchaus theorielastige Vorgeschichte. Dem *Oxford English Dictionary* zufolge ist das Hamsterrad ein Produkt der Moderne, wird es doch am 9. Oktober 1949 im Anzeigenteil der *Los Angeles Times* erstmalig unter dem Begriff *hamster wheel* für den Unterhaltungsmarkt amerikanischer Nachkriegsnager eigens beworben. Laufräder, in denen Tiere in der Regel ohne die Hervorbringung eines energetischen Mehrwertes sich und das Rad am Laufen halten, sind zum Inbegriff dessen geworden, was unter den Schlagworten Selbst- und Leerlauf vermeintliche Verstöße gegen ein scheinbar

2 Vgl. dazu Michel Foucault: *Geschichte der Gouvernementalität*, Bd. 1: Sicherheit, Territorium, Bevölkerung; Bd. 2: Die Geburt der Biopolitik. Frankfurt am Main: Suhrkamp 2006.

3 Vgl. dazu Ulrich Bröckling / Susanne Krasmann / Thomas Lemke (Hrsg.): *Gouvernementalität der Gegenwart. Studien zur Ökonomisierung des Sozialen.* Frankfurt am Main: Suhrkamp 2000; Ulrich Bröckling: *Das unternehmerische Selbst. Soziologie einer Subjektivierungsform.* Frankfurt am Main: Suhrkamp 2007; sowie für die philosophische Glücksforschung Michael Hampe: *Das vollkommene Leben: Vier Meditationen über das Glück.* München: Hanser 2009.

ehernes Gesetz der Ökonomie als ahndungswürdig erachtet und oft auch entsprechend geächtet wird.

Wo immer diese Laufweisen auftreten, sie werden als energetische Eigenmächtigkeiten beargwöhnt. Das Laufrad gibt aber nicht nur über die Beschäftigung von Nagetieren Auskunft, es informiert uns über uns selbst. Was also ist es, das Menschen dazu bringt, sich zunehmend wie die Hamster in ihren Rädern vorzukommen? Warum konnte dieses Bild nachgerade zum allgegenwärtigen Emblem moderner Selbstbefindlichkeit werden? Und warum steht mit dem Glück ein Ziel vor Augen, das trotz oder gerade wegen seiner Unerreichbarkeit die ganze Sache unablässig am Laufen hält?

Das Sein im Rade war nie ein Privileg mäuseartiger Wühler. Seine Vorgeschichte reicht zurück in die düstere Welt des psychiatrischen Apparatebaus. In einer Zeit, in der die Loskettung der ‚Irren' durch den französischen Psychiater Philippe Pinel (1745–1826) als große humanistische Reformleistung gefeiert wurde, in deren Gefolge zunehmend die Seele als Betätigungsfeld der Psychiatrie entdeckt werden sollte, konnte die fast schon idealtypische Bewegungsregulierung des Rades ihrerseits zum Regulativ für die sogenannte ‚psychische Kur' werden.[4] Damit löst sich der psychiatrische Apparatebau von erzwungenen Bewegungen und Körperhaltungen, wie sie in Arretierungsvorrichtungen oder in Drehstühlen und Schaukeln ihre Umsetzung fanden. Auch jene Tretmühlen, die zur Disziplinierung von Sträflingen eingesetzt wurden, stehen in dieser Tradition, und das unbeschadet der Frage, ob die derart gewonnene Energie tatsächlich auch produktiv umgesetzt wurde oder einfach nur ins Leere läuft und verpufft. Aber nicht die zwanghafte Bewegungsverordnung solcher Vorrichtungen soll hier im Mittelpunkt stehen, sondern ihre protokybernetische und psychotherapeutische Pointe: die Schaltung eines rückgekoppelten Selbstverhältnisses aus Gründen der therapeutischen Intervention.[5]

Auskunft darüber gibt ein Text des sächsischen Irrenarztes Christian August Fürchtegott Hayner, der 1818 unter dem Titel „Ueber einige mechanische Vorrichtungen, welche in Irrenanstalten mit Nutzen

4 Vgl. dazu immer noch Michel Foucault: *Wahnsinn und Gesellschaft. Eine Geschichte des Wahns im Zeitalter der Vernunft.* Frankfurt am Main: Suhrkamp 1973.

5 Zur Geschichte der Rückkopplung vgl. Otto Mayr: *The Origins of Feedback Control.* Cambridge: MIT 1970.

gebraucht werden können" erschien. Der glücklich aufgeklärte Sachse stellt dort eine Maschine vor, der es gelingt, den Zerstreuten anhaltend zu sich selbst zurückzurufen – ohne ihn dabei so zu entmündigen, wie es in den bereits vorhandenen Zwangsmechanismen der Fall gewesen ist. Fündig wird er in Gestalt eines „Hohlen Rades", worin im 19. Jahrhundert Stieglitze statt – wie heute in den Zoohandlungen immer noch zu bestaunen – Hamster und Mäuse laufen. „Es kam darauf an, dieß so zu konstruieren, daß der Kranke Ruhe genießt, so lange er ruhig ist, hingegen in Bewegung fortgerissen wird, sobald er sich bewegt."[6]

Gerade wegen dieses Moments der Selbstgenerativität ist das „Hohle Rad" in der Lage, die Vorgeschichte einer bestimmten Subjektkonstitution zu veranschaulichen. Die Apparatur dient als Veranschaulichung einer Theorie des Menschen, genauer noch: einer Theorie seiner vermeintlichen Autonomie. Und das bestätigt auch die Geläufigkeit, mit der diese Bildtradition in der Gegenwart angekommen ist und für die Beschreibung moderner Selbstbefindlichkeit Verwendung findet. Erst in der unablässigen Arbeit an sich soll es möglich sein, sich dem Glück anzunähern, ohne es aber je wirklich erreichen zu können. Ein Beitrag des Schweizer Volkswirtschaftlers Mathias Binswanger, *Die Tretmühlen des Glücks. Wir haben immer mehr und werden nicht glücklicher. Was können wir tun?*, bringt diese Bewegung auf den Punkt.[7] Seitdem laufen wir unablässig selbst und leer, ohne befürchten zu müssen, irgendwann einmal anzukommen – den Tretmühlen des Glücks sei es gedankt. Wie eine solche Glücksmaschine für die schreibende Zunft aussieht, ist Gegenstand eines selbstironischen Apparatebaus und einer neuen Spezies, dem USB-Hamster: Für uns, die wir unser Glück auf den Computertastaturen suchen, hält es als Gadget den eigenen Schreibprozess am Laufen, indem er ihn vor Augen stellt. Eine Gerätschaft misst dazu, was es am Schreiben zu messen gibt: nicht die Tiefe des Gedanken, dafür aber die Frequenz unserer Tastenanschläge.

6 Christian August Fürchtegott Hayner: Ueber einige mechanische Vorrichtungen, welche in Irrenanstalten mit Nutzen gebraucht werden können. In: *Zeitschrift für psychische Aerzte* 3 (1818), S. 339–366, hier S. 341.

7 Vgl. dazu Mathias Binswanger: *Die Tretmühlen des Glücks. Wir haben immer mehr und werden nicht glücklicher. Was können wir tun?* Freiburg i. Br.: Herder 2006.

> Es schien ja bereits, dass der Gadget-Boom für den USB-Port mit mehr oder weniger nützlichen Geräten vorbei sei. Nach singenden oder trommelnden Weihnachtsmännern, Ventilatoren, Kaffeewärmern oder Raketenwerfern gibt es nun ein neues lustiges USB-Gagdet: den USB-Hamster im Laufrad. Er läuft um so schneller, je schneller man auf der Tastatur tippt. Den pflegeleichten Hamster kann man ab für ca. 35 Euro bei „Getdigital" kaufen.[8]

Das Laufrad als Paradigma der Selbstbewirtschaftung, als Tretmühle auf der Glückssuche hat für die Subjektkonstitution systematischen Charakter, sind es doch minimale Stellschrauben, die über deren unterschiedliche Formen entscheiden: das zwanghafte Gedrehtwerden, das Fixiertsein auf der einen Seite und das Selbstdrehen auf der anderen.[9] Aber es gibt noch einen weiteren Punkt, der diese Systematik begründet: Es ist jenes skandalisierende Moment der Zuwiderhandlung gegen alle Regeln ökonomischer Vernunft, die das Laufrad zu einem Fanal der Energetik werden lässt. Während in den Tretmühlen englischer Strafanstalten die so gewonnene Energie zur Produktion von welchen Waren und Werten auch immer genutzt werden kann, läuft das Laufrad verschwenderisch nicht nur selbst, es läuft zugleich auch leer.[10] In dieser bautechnischen Unerreichbarkeit eines Zieles liegt jenes Kalkül der Unablässigkeit, das die Unerreichbarkeit eines Zielpunktes nicht als Mangel begreift, sondern als integrales Moment nutzt.

## Die Epistemologie des Kosmischen und ihre irdische Vermittlung

Der Aspekt der Energetik ist dabei nur scheinbar eine Marginalie. An ihm bemisst sich eine Bilanzierung von Nutzen und Aufwand, also die Frage, ob sich die investierte Zeit, das investierte Geld, die aufgebrachte Energie rechnet, ob es positiv oder vielleicht auch negativ zu Buche schlägt. Damit ist man in einer Welt des Wettbewerbes

8 Hamsterrad. Nützliches USB-Zuberhör. http://www.ahct.de/index.php?seite=news&news=1183459782&q=hamsterlaufrad&PHPSESSIDist=i4pcn5dhsj3baifvj6r02mdip3 (Zugriff am 17.02.2014).

9 Zu dieser Tradition des Fremdbewegtwerdens im psychiatrischen Apparatbau vgl. neben Hayner: Ueber einige mechanische Vorrichtungen, auch Peter Joseph Schneider: *Entwurf einer Heilmittellehre gegen psychische Krankheiten, oder Heilmittel in Beziehung auf psychische Krankheitsformen*. Tübingen: Laupp 1824.

10 Vgl. dazu Stefan Rieger / Manfred Schneider (Hrsg.): *Selbstläufer / Leerläufer. Regelungen und ihr Imaginäres im 20. Jahrhundert*. Zürich / Berlin: Diaphanes 2012.

unterschiedlicher miteinander konkurrierender Systeme angelangt, und damit stellt sich auch die Frage nach der Autorität, also die Frage nach jener Expertise, die zur Ausdifferenzierung der unterschiedlichen Systeme führt. Warum greift jemand zum Ratgeber X und lässt Y liegen oder verhält sich genau umgekehrt? Für die Kundenbindung gibt es gut beschreibbare, werbepsychologisch motivierte und reklametechnisch kalkulierte Befundlagen: Für Subjekte, die an ihrem Glück arbeiten wollen, und wer wollte das nicht, gibt es eigene Rekrutierungsmechanismen und Vertriebsformen, die auch an anderen, weniger emphatischen Stellen der Selbstoptimierung zu finden sind: Gemeint sind Lehrbriefe, Fernkurse sowie zu abonnierende Unterrichtsmaterialien, die, oft eigens als zum Selbstunterricht besonders tauglich ausgeflaggt, die Steigerung von allen nur möglichen Kräften garantieren. In dieser Form treten auch andere, gemessen am Großprojekt ‚Glück' bescheidenere, dafür aber realisierbarere Anliegen wie die beruflichen Erfolg versprechende Anleitung zur Optimierung bürokratietauglicher Sekundärtugenden auf den Markt – etwa die Verbesserung des eigenen Gedächtnisses in Form *Mnemonischer Lehrbriefe* oder der Erwerb einer besonderen Schreibfähigkeit wie etwa die sogenannte Nationalstenographie der Brüder Albrecht und Felix von Kunowski.[11]

Gerade die Vertriebsform dieses Kurzschriftsystems kann als typisch für die Multiplikations- und Rückkopplungsstrategien des Optimierungsgeschäfts gelten, muss es doch gegen eine Fülle anderer Systeme antreten und sich gegen diese auf dem Markt bürokratischer Steigerungstechniken behaupten. Im Fall der Nationalstenographie läuft das über minutiös getaktete Kundenakquise und eine Produktpalette, die einer selbst als besonders erfolgversprechend induzierten Stufenfolge im Erwerb entsprechender Lehrmaterialien und der durch diese vermittelten Fähigkeiten Rechnung trägt. Stabilisierende Momente einer – etwa durch Anstecknadeln markierten – Gruppenzugehörigkeit tun das ihrige, um die Belange einer eben nur scheinbar bürokratischen Angelegenheit mit identitätsstiftenden und damit subjektivierungsfähigen Momenten zu versehen. Damit werden

11 Vgl. dazu Hugo Weber-Rumpe: *Gedächtnis=Meisterschaft. Unterrichtsbriefe für das Selbststudium der Schnell=Lern=Methode.* Breslau: Selbstverlag [ca. 1910]; Albrecht von Kunowski / Felix von Kunowski: *Kurzgefaßter Lehrgang der Nationalstenographie.* Breslau: Selbstverlag 1899.

Gemeinsamkeiten, aber auch Gegensätze zu Rationalisierungsimperien wie etwa dem von Gustav Grossmann sichtbar: Im rückgekoppelten Detail und natürlich in der selbstverantworteten Sorge um den Anschluss an das System – realisiert durch eine reiche Produktpalette, durch Fernkurse, durch den permanenten Evaluierungs- und Verschriftungszwang (Glückstagebuch!) – verfehlen die Nationalstenographen allerdings das Elitäre jenes Anliegens, das eben nur einen kleinen Prozentsatz (Grossmann selbst spricht von zwei Prozent der Gesamtbevölkerung) adressieren und in den geheimbundartigen Gilden organisiert wissen will.

Aber was neben all den Details, all den kleinen Unterschieden in den jeweiligen Ratgebungen und ihrer Lebensleistungsbilanzierungsbemühungen zentral wird, ist die Frage nach jener Energetik, die das Ganze überhaupt am Laufen halten soll. Im Grunde kann man dabei zwischen zwei Extremen unterscheiden: zum einen die bessere Ausnutzung bereits vorhandener und zum anderen die Erschließung neuer Kräfte. Und wenn es um die erste Variante geht, also um das Ausnutzen schlummernder, aber noch nicht umgesetzter Kräfte („There is no particle in human being that is not a slumbering dynamo"[12]), ist sehr schnell die Rede von energetischen Kraftfeldern sowie von Dynamiken, die einer direkten Wahrnehmung unzugänglich sind. Diese betreffen nicht mehr nur ein personales oder interpersonales Geschehen – also Selbstaffizierungstechniken wie die Stärkung des eigenen Willens oder suggestive Techniken dort, wo das eigene Auftreten und die Steigerung der persönlichen Aura zur Disposition steht.[13] Stattdessen, aber auf intrikate Weise mit Techniken der Selbstaffizierung verbunden, geht es schnell um ein großes Ganzes, um ein nicht mehr mit Personallogiken erfassbares universales Geschehen und seinen Ort, den Kosmos. Im Namen und in der Beleihung des Kosmos als eines gleichermaßen phantasmatisch wie auch energetisch besetzten Raumes und in der Verfolgung eines kosmischen Geschehens als Größe, die für die individuelle Lebensführung relevant sein soll, kommt es zu einer auffälligen Esoterisierung

12 The Psychic Research Company: *The Perfect Course of Instruction in Hypnotism, Mesmerism, Clairvoyance, Suggestive Therapeutics, and the Sleep Cure.* Chicago: Psychic Research Company 1900, S. 50.

13 Beispiele dafür wären etwa der Couéismus. Vgl. dazu Otto Seeling: *Der Couéismus in seiner psychologischen und pädagogischen Bedeutung.* Halle an der Saale: Marhold 1926.

der Expertise. Nicht mehr die Biographie eines sich obsessiv selbstdarstellenden Weltkriegsversehrten wie Grossmann, sondern die Erschließung kosmischer Energieströme sind es, die das Rad der Ratgebung am Laufen halten.

Ein gutes Beispiel für diese Zusammenhänge ist der als Astrologe, als Ratgeber, als Entfesselungskünstler eigener Kräfte tätige Georg Lomer (1877–1957) – nicht zuletzt deswegen, weil er selbst spät eine entsprechende Würdigung erfahren sollte, die in einer eigenwilligen Wortfügung all die genannten Aspekte und namentlich den Bezug zur Physik deutlich macht. Lomer, der eine Ausbildung als Arzt genoss und als Psychiater in leitender Funktion arbeitete, der aber auch mit Verfahren der Heilsuggestion befasst war, wurde 1954 „zum Professor der Kosmopsychophysik der unter dem Patronat der UNESCO stehenden ‚Accademia Universale del Governo Cosmo Astrosofico' im italienischen Triest ernannt" – so jedenfalls berichtet es ein ihm geltender Eintrag des in diesen Dingen bestens informierten AstroWiki.[14] Damit ist das Zielgebiet des Titels, nämlich die *Physik des Glücks* erreicht. Michael Hampe, der Zürcher Philosoph, hat in einem Interview gesagt, dass Physik und Glück einfach nichts miteinander zu tun hätten. Glück, so Hampe, sei kein Begriff der Physik und die Frage seines Gesprächspartners nach einfachen Reaktionsverhältnissen, wonach auf eine große Menge Glücks ein entsprechender Entzug folgen müsse, sei mit der unterstellten Analogie zur Physik nicht zu beantworten.[15] Natürlich hat Hampe mit seinem Befund recht und gerade deswegen sticht besonders ins Auge, dass in einem bestimmten historischen Segment die Glücksversprechen so sehr im Zeichen der Physik stehen. Mit einer nachgerade naturwissenschaftlich angelegten Performanz sollen sich Expertisen und Beglaubigungen einstellen, die den pseudowissenschaftlichen Nimbus zugunsten naturwissenschaftlicher Objektivierung zurückdrängen – ein Vorgang, der ähnlich im Bereich der Esoterik und vor allem in ihrer Annäherung an die Quantenphysik zu beobachten ist.[16]

14 AstroWiki. http://wiki.astro.com/astrowiki/de/Hauptseite (Zugriff am 17.02.2014).

15 Interview. „Glück ist ganz individuell". http://www.ava-magazin.de/Psychologie/interview-prof-michael-hampe-glueck-ist-ganz-individuell (Zugriff am 17.02.2014).

16 Stellvertretend zu den vielfältigen Diskussionen um Hegemonialkämpfe in den Wissenschaften vgl. Dirk Rupnow / Veronika Lipphardt / Jens Thiel / Christina Wessely (Hrsg.): *Pseudowissenschaft. Konzeptionen von Nichtwissenschaftlichkeit in der Wissenschaftsgeschichte*. Frankfurt am Main: Suhrkamp 2008.

Über die Physikalisierung des Glücks und damit über die Person Georg Lomer gäbe es viel zu sagen. Um sich nicht in der Kasuistik biographischer Details zu verlieren, sollen nur ein paar Punkte benannt werden, die allerdings einer bestimmten, deutlich weiter verbreiteten Diskursform zugehören. Damit haben sie über den Einzelfall Lomers hinaus Gültigkeit für das gesamte Setting der sogenannten Kosmobiologie und Parapsychophysik. Zur Disposition steht so eine Epistemologie des Kosmischen, die unbeschadet vom jeweiligen Anlass und der jeweiligen Ausprägung in einer bestimmten Vorstellung der kommunikativ-medialen Verhältnisse gründet und dazu auf unterschiedliche Weise die Naturwissenschaften und vor allem die Physik mit ihren wie metaphorisch auch immer bemühten Kräftespielen beleiht. Für deren kleinsten gemeinsamen Nenner gibt es ein formales Kriterium – die Kopplung unterschiedlicher vermeintlich ausdifferenzierter Teilbereiche. Wortfügungen wie ‚Kosmobiologie' oder ‚Parapsychophysik' sind als sprachliche Resultate einer entsprechenden Entdifferenzierung dafür symptomatisch.

Wie bereits erwähnt, ist einer der verbindenden Aspekte die Veröffentlichungspolitik und das Kalkül ihrer Textsorten: Teil I. bis VII. von Dr. Lomers *Lehrbriefen* sind etwa *Briefe zur Entwicklung höherer Seelenkräfte*. Es gibt ferner *Lehrbriefe zur geistigen Selbstschulung* und sogar *Lehrbriefe zur geheimwissenschaftlichen Selbstschulung*. Dabei ist zu erwähnen, dass diese Schriften natürlich in einem bestimmten Publikations- und Verlagsumfeld verortet sind, dass sie zahlreiche Neuauflagen erfahren – und dass sie eine Kontinuität begründen, die bis in die Gegenwart reicht. Ohne das karikieren zu wollen, seien einige Texte genannt, um die Bandbreite anzudeuten: Es gibt Grundlagenschriften über *Seele und Kosmos. Betrachtungen und Vergleiche* (1920), eine *Mystik des Traumes* (1921) und eine *Sprache der Hand. Ein chirosophisches Lehrbuch* (1925). Zu finden ist aber eben auch hochgradig Detaillistisches wie die Schrift *Bismarck's Stern und Unstern. Ein Fern-Sonnengemälde. Mit Fixstern-Tabelle (130 Fixsterne)* (1953) sowie Artikel über „Lebens- u. Gesundheitspflege des Löwe-Menschen", „Lebens- u. Gesundheitsregeln für Skorpion-Geborene", „Astrologie als Weltreligion und als Volksreligion". Und es gibt – wie gesagt – Begriff und Sache der *Kosmobiologie*, die zum Namen einer eigenen Zeitschrift wird, in der Lomer wiederum eigene Artikel wie den über „Gotthold Ephraim Lessing als Zeuge für die Astrologie" veröffentlicht. Aber Lomer nimmt auch zu programmatischen Dingen Stellung und erklärt, „Wie ich zur Astrologie kam" oder fordert ganz dezidiert, „Ärzte: lernt Astrologie" (aus Lomers Nachlass). Darüber hinaus finden sich konkrete Anweisungen, also Ratgeber im engeren Sinn wie Lomers *Geheime Kräfte im Menschen und die Technik des Selbstbefehls. Wege zur Erziehung des Unterbewusstseins.*[17]

Den kommunikativen wie ökonomischen Rahmen dafür setzt eine bestimmte Szene, für die sich folgende Merkmale festhalten lassen: Die Beteiligten sind umtriebig, sie kennen sich, verweisen aufeinander und viele pflegen gemeinsame Anliegen: Die Zeitschrift *Kosmobiologie* etwa erscheint in einem Verlag, der nach der Dynastie der Ebertins benannt ist – einer Familie, die im Anschluss an die legendäre Astrologin und Graphologin Elsbeth Ebertin heute das Programm der Elterngeneration mit großer Mühelosigkeit über drei Generationen ins Internetzeitalter transponiert hat. Lomer selbst kam nach eigener Aussage über Albert Kniepf zur Astrologie. Kniepf wiederum ist zusammen mit anderen Astrologen wie Alfred Witte, dem Begründer der sogenannten Hamburger Schule, darum bemüht, die Astrologie zu verwissenschaftlichen. Und diese Verwissenschaftlichung erfolgt (auch) auf dem Weg über die Physik. Kniepf selbst ist dabei an vorderster Schreibfront tätig – mit Büchern wie *Die psychischen Wirkungen der Gestirne. Physikalische Begründung der Horoskopie und Astrologie im Umriss* (1898). Die Bemühungen um eine wissenschaftliche Fundierung der Astrologie gehen so weit, dass Spezialstudien sogar den Radiumgehalt im Kosmos als zu berücksichtigenden Faktor für die Erklärung kosmischer Konstellationen und ihrer Folgen für die um Rat bemühte Lebenspraxis heranziehen. Was sich bei all dem beobachten lässt, sind Strategien der Selbstimmunisierung der Astrologie gegenüber Vorwürfen der Unwissenschaftlichkeit. Und dieser Gestus wissenschaftlicher Objektivität wird mit Vehemenz ausgestellt: durch eine massiv betriebene Mathematisierung, durch eigene Medien der Erstellung von Horoskopen (die aus dem Umfeld der Landvermessungskunde und der Versicherungsmathematik stammen), durch Binnendifferenzierungen wie die Abgrenzung von der sogenannten Jahrmarktsastrologie, durch eine regulierte Institutionalisierung bis hin zur Gründung einer *Astrologischen Zentralstelle* (Hubert Korsch), die

17 Georg Lomer: *Geheime Kräfte im Menschen und die Technik des Selbstbefehls. Wege zur Erziehung des Unterbewusstseins.* Pfullingen: Baum 1925.

eine Zertifizierung für Astrologen einführt (mit keinem Geringeren als dem umtriebigen Karl Brandler-Pracht in der Prüfungskommission) – und nicht zuletzt durch ein Updating der kosmotheoretischen Grundannahmen, das etwa darin besteht, an aktuelle Diskussionen anzuschließen oder sich zumindest für einen bestimmten Zeitraum anschlussfähig zu halten.

So haben es Vertreter der Kosmobiologie geschafft, die Lehre von den sogenannten morphogenetischen Feldern, also eine für die *new age*-Bewegung zentrale Theorie des amerikanischen Physikers Rupert Sheldrake, zu beleihen.[18] Zig Jahre nach Begründung dieser kosmobiologischen Theorie erweist sie sich heute als kompatibel zum Sachstand einer holistischen Universaltheorie, die sich ihrerseits aus einem bestimmten Verhältnis zur Naturwissenschaft definiert – die weitgehend entpersonalisiert abläuft und alle Geschehnisse auf das Konto eines holistisch verstandenen Universums bucht. So informiert die Website der Kosmobiologischen Akademie[19] über die Publikation eines Dr. Hans-Jörg Walter, der unter dem Titel *Kosmobiologische Aspekte & Perspektiven* gleich zwei Schwerpunktfelder eröffnet: 1. *Die Theorie des morphogenetischen Feldes: Ein neuartiger Ansatz zum Verständnis der Astrologie und der kosmobiologischen Forschung.* Und 2.: *Die Theorie der Fraktale und gebrochenen Zeitdimensionen: Die Antinomie von Determinismus und Freiheit in der Astrologie aus neuer erkenntnistheoretischer Sicht.* Die Physik Sheldrakes und die Mathematik Mandelbrots bringen auch die Kosmobiologie auf den neusten Stand der Dinge.[20]

18 Vgl. dazu Stefan Rieger: Weltgedächtnis. Zur Universalisierung von Übertragungsräumen. In: Eva Johach / Diethard Sawicki (Hrsg.): *Übertragungsräume. Medialität und Raum in der Moderne.* Wiesbaden: Reichert 2013, S. 167–180.

19 Kosmobiologische Akademie. http://www.kosmobiologische-akademie.de (Zugriff am 16.06.2015).

20 Wie stark entsprechende Überlegungen auch politische Programme aussteuern, wird eindrucksvoll in biopolitischen Utopien zu Beginn des 20. Jahrhunderts in Russland deutlich. Eine Gruppe von Biokosmisten (Nikolaj Fedorov, Konstantin Ciolkovskij, Aleksandr Svjatogor u. a.) macht dort den Kosmos etwa unter Titeln wie *Das lebende Universum* (Ciolkovskij) stark. Vgl. dazu übergreifend *Die Neue Menschheit. Biopolitische Utopien in Russland zu Beginn des 20. Jahrhunderts*, hrsg. v. Boris Groys / Michael Hagemeister, unter Mitarb. v. Anne von der Heiden. Frankfurt am Main: Suhrkamp 2005.

## Der Körper im Feld der Kräfte

Hinter der Kosmobiologie steckt die Grundannahme, dass Nativität und Sternenkonstellation eine Basis für belastbare Aussagen aller Art beinhalten – die nicht nur retrospektiv erfolgen, sondern die bei entsprechender Anwendung eben auch regulierend und planend in die individuelle Lebensgestaltung eingreifen können. Lomer betreibt das in Texten wie *Kosmo-Biologie als Hilfswissenschaft der Erblehre* und veröffentlicht in der Zeitschrift des Ebertin-Verlags *Mensch im All. Monatsschrift für Charakter- und Schicksalsforschung.* Das ist der Fall einer Astrologie, wie man sie weitgehend kennt oder zu kennen glaubt. Deren Determinismen gehen über die Vorherbestimmung erfolgreicher Partner- und Berufswahl so weit, dass selbst die Einschlagswahrscheinlichkeit von Weltkriegsgranaten oder Völkerschicksale astrologisch berechnet werden wie im Fall des Witte-Schülers Herman Lefeldt.[21]

Daneben werden Formen der Einflussnahme behauptet, die weniger unvermittelt sind. Diese können etwa der Semantik der elektromagnetischen Induktion und damit disziplinären Verbünden geschuldet sein, die sich wiederum in Wortfügungen wie ‚Kosmopsychophysik' oder ‚Parapsychophysik' niederschlagen.[22] Auf diese Weise werden andere Bezugnahmen zur gängigen Astrologie möglich, die sich einer der Physik verpflichteten Performanz bedienen. Mit Anleihen an die Radiophonie wird *Der Mensch – eine Empfangsstation kosmischer Suggestionen* – so jedenfalls lautet ein Buchtitel Alfred Wittes, unter dem posthum Artikel versammelt sind, die in den Jahren von 1913 bis 1924 in der *Astrologischen Rundschau* und in den *Astrologischen Blättern* erschienen waren. Durch den Anschluss an ein paraphysikalisches Dispositiv soll es möglich sein, durch eine zwischengeschaltete Instanz vermittelt oder gar direkt Empfänger kosmischer Ratschlüsse zu werden.[23]

21 Vgl. dazu Hermann Lefeldt: *Kosmische Waltung und erdliche Lebensgestaltung. Die kosmische Zahl Dr. Noetlings in Verbindung mit der Historionomie Friedr. v. Stromer-Reichenbachs als Grundlage einer wissenschaftlichen Astrologie.* Hamburg: Uranus-Verlag Max Duphorn 1930.

22 Eine weitere Fügung ist die ‚Paraphysik'. Vgl. dazu Friedrich Giese: *Die Lehre von den Gedankenwellen. Eine parapsychologische Erörterung.* 2./3. Aufl. Leipzig: Altmann 1924 .

23 Zur Streubreite des radiophonischen Dispositivs vgl. stellvertretend A.K. Fiala: Elektrophysiologische Zukunftsprobleme. In: Albert Kümmel / Petra Löffler (Hrsg.): *Medientheorie 1888–1933. Texte und Kommentare.* Frankfurt am Main: Suhrkamp 2002, S.177–209.

Die Wortkomposition ‚Parapsychophysik' ist dabei das Symptom einer epistemischen Lage um 1900. In ihr liegt das Anliegen verdichtet, den lebenden Körper als einen Schauplatz zu veranlagen, der ein hypertrophes Feld für alle nur denkbaren Interventionen eröffnet. Die entsprechenden Verfahren, die dabei zur Anwendung gelangen, sind unterschiedlichen theoretischen Vorannahmen, historischen Bezügen und praktischen Ausrichtungen geschuldet und sie sind zudem mit je eigenen Selbstansprüchen verbunden. Mit der ‚Psychophysik' wird dabei eine disziplinär wenig strittige Form naturwissenschaftlich ausgewiesenen Forschens am Menschen aufgerufen und diese mit dem vorangestellten Kompositum ‚Para' zugleich in ihrem Anspruch in Frage gestellt. Die Orte und Anlässe solcher Entdifferenzierungen sind so vielfältig wie die Anspruchslagen der modernen Lebenswelt und ihrer Ratsuche: Betroffen sind daher konkrete Vorschläge zur Lebenshilfe, von der Steigerung der persönlichen Aura bis hin zu Entspannungsübungen, wie sie im Umfeld der Tanz- und Gesangsausbildung ihre Rolle spielten (‚Eutonie'). Betroffen sind ferner abstrakte Konzepte wie das Körperschema und die Körperfühlsphären, Konzepte, die im Umfeld der Neurologie entwickelt werden, um dort Fragen nach der Selbstwahrnehmung und Selbstregulierung des eigenen Körpers zu verhandeln. Betroffen sind aber zudem die diversen Versuche empirischer Ästhetiken dieser Zeit, die in ihrem Objektivierungsgestus zusammen mit der Experimentalisierung und der Formalisierung verstärkt auf die psycho-physiologische Grundlage des Körpers zurückgreifen, und selbstredend sind auch Unternehmungen betroffen, die ganz dezidiert im Grenzbereich der Grenzwissenschaften spielen, also Phänomene wie Spiritismus, Mediumismus, Okkultismus oder Telepathie.

Zwei Exponenten seien hier stellvertretend und auch namentlich genannt, um die Breite der Parapsychophysik zu dokumentieren und damit die etwas vollmundig gehaltene Rede von der epistemischen Lage zu untermauern, die sich dort angeblich verdichtet. So lotet der Psychiater Johannes Bresler unter dem Titel *Keine Wissenschaft. Parapsychologie – Parapsychophysik – Spiritismus* im Jahr 1922 die Grenzen der Wissenschaftlichkeit aus, und knapp zehn Jahre später findet die Parapsychophysik etwa in einer Diskussion um den Rundfunk Verwendung, in einem Aufsatz über die „Erfordernisse des Rundfunkvortrages" aus dem Jahr 1931 und von einem Wissenschaftler namens Crux, der in diesem Zusammenhang von der „Kryptästhetik" radiophonischer Übertragung handelt.[24] Bei aller Diversität teilen die genannten Anwendungsgebiete und Verwendungsweisen dennoch Voraussetzungen und Implikationen, die einer epistemischen Lage geschuldet sind und darin über den Eindruck bloßer Beliebigkeit weit hinausgehen. Das gilt auch für Gestalten wie Lomer und sein kosmobiologisches Umfeld.

Was diesen zum Teil schillernden Bemühungen bei aller Unterschiedlichkeit gemeinsam ist, kommt in der Formel vom ‚Mensch als Medium' zusammen, um deren nichtmetaphorischen Gehalt es mir abschließend zu tun ist. Dabei zeichnen sich drei Teilaspekte ab, die, bei aller Streuung der Anliegen, doch eine gemeinsame Fluchtlinie ausbilden: Besagter Körper interessiert nämlich erstens im Modus seiner Unintentionalität, mithin in Qualitäten, die seinem Träger weitgehend unzugänglich sind, was vielfältige Spielweisen des Unbewussten, des Überbewussten, des Transrationalen oder semantisch ähnlich gelagerter Konzepte auf den Plan ruft. Er wird zweitens modelliert nach Gesetzmäßigkeiten, die, in welchem Grad der metaphorischen Vermittlung auch immer, oftmals der Physik geschuldet sind, wobei vor allem die Akustik und der Elektromagnetismus mit Resonanz und Induktion eine wichtige Rolle spielen. Im Rahmen dieser Beleihung löst der Körper drittens den Anspruch auf eine unablässige Mechanik ein, die nicht subjektgesteuert und damit energetisch exhaustiv ist. Alle drei Fluchtlinien kommen in der Verwendungsweise der elektromagnetischen Induktion zusammen oder stärker noch, sie finden dort ihren Kulminationspunkt. Anders gesagt: Im kosmischen Geschehen gibt es kein on/off – dieses Geschehen ist unablässig und auf Dauer gestellt. Dank dieser sonderbaren Energetik bleibt das System ständig in Bewegung, ohne wie Subjekte zu ermüden und auf Regenerationspausen angewiesen zu sein.

Im Rahmen der Kosmobiologie werden Resonanzräume konzeptualisiert, die nicht nur den Rundfunk, sondern im Zuge entsprechender Universalisierungen jede Form menschlichen Verhaltens betreffen und für kosmische Ratgebungen angezapft werden können sollen. Zwei Buchtitel eines der Protagonisten, des als Psychophysiognom tätigen Carl Huter, bringen das auf den Punkt: Der Titel

24 J. Crux: Erfordernisse des Rundfunkvertrages. In: *Rufer und Hörer* 1 (1931), S. 175–179.

*Individuum und Universum* verortet die Leute in einem Kosmos, der durch *Das Empfindungsvermoegen der Materie*, so der zweite Titel, neue Kanäle einer utopischen Kommunikation erschließt. Der Mensch ist in diesem Umfeld zu einem Versatzstück auf der Bühne eines energetischen Kräftespiels mutiert – oder mit einem weiteren Titel dieser Zeit gesprochen: zu einem unablässigen „Strahlenempfänger und Strahlensender".

> Die Wiederentdeckung dieser Strahlkräfte im 19. Jahrhundert geht auf Freiherrn Karl von Reichenbach (gestorben 1869) zurück, der in der Lehre vom Od ein System der okkulten Strahlungen schuf und die Polarität des menschlichen Körpers nachgewiesen zu haben glaubte. [...] Im Münchner ärztlichen Verein wurde am 20. Oktober 1920 von Dr. Aigner über einen Versuch berichtet, wo durch bloße Einwirkung der von der Hand eines Mediums ausgehenden Odstrahlen im total verdunkelten Raum ein negatives Bild der Hand auf der photographischen Platte entstanden ist. Es kann angenommen werden, wie das der Physiker Ostwald bereits vor Jahren getan hat, daß bei den okkulten, optischen, elektrischen, akustischen und sonstigen Vorgängen ein psychischer oder physiologischer Energievorrat des Menschen in eine uns bekannte Energieform transformiert wird (Wachtel).[25]

Neben solchen spektakulären Zugriffen auf die Energien des Menschen stehen andere, die sich darin bescheiden, einen Beitrag zur Menschenkenntnis zu leisten – wie etwa Carl Huters *Menschenkenntnis durch Körper-, Lebens-, Seelen- und Gesichtsausdruckskunde*. Huter erschließt dabei unter dem Begriff des Hellfühlens ein Interventionsfeld, das in seiner technischen Anwendung Ähnlichkeiten mit Lomers Heilsuggestionsverfahren aufweist.[26] Dieser telepath(olog)ische Raum uneinsehbarer Wirkweisen ist ein Raum der Komposita-Bildungen – von der ‚Parapsychophysik' über die ‚Krypästhesie' und ‚Paraphysik' bis hin zur Rede von der ‚Kosmopsychophysik' bei Georg Lomer, dem eine Professur mit genau dieser Denomination auf den Leib geschneidert wurde. Aber davon, dass Glück ohne Physik auskäme oder auch nur eine Chance hätte, ist auch hier nicht die Rede. Es ist der Kosmos selbst, der das System einer solchen Ratgebung legitimiert und nobiliert. Dass man sich bei allen kosmischen Großwetterlagen auch in der alltäglichen Lebensführung die Öffnung für das

25 Bernhard Aschner: Der Mensch als Strahlenempfänger und Strahlensender. In: *Süddeutsche Monatshefte* 27,4 (1930), S. 233–238, hier S. 237–238.

26 Carl Huter: *Menschenkenntnis durch Körper-, Lebens-, Seelen- und Gesichtsausdruckskunde auf neuen wissenschaftlichen Grundlagen. Fünf Lehrbriefe*. Zürich: Kalos 1904–1906.

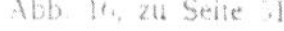

Abb. 1: Fritz Grunewald: *Physikalisch-mediumistische Untersuchungen*, Anhang Tafel 7.

große Ganze mühsam und kleinteilig erarbeiten muss, versteht sich von selbst. Lomer begibt sich in seinen *Lehrbriefen zur Weckung höherer Seelenkräfte* zu diesem Zwecke eigens in die Niederung der Diätetik und empfiehlt zweimal wöchentlich einen Suppentag einzulegen; und er hält auch nicht mit Details der Zubereitung hinterm Berg.

> Die Suppen (siehe oben!) seien gediegen und gehaltvoll. Nimm zu ihrer Bereitung Hülsenfrüchte im Wechsel mit Mehl- oder Maiserzeugnissen jeder Art, Hafer-, Gersten-, Buchweizengrütze, Griess, Graupen, Sago, Reis usw. Sehr zu empfehlen ist nach wie vor Obst aller Art.[27]

Am Rande und als Schluss: Welche Fülle von Interventionen ausgerechnet vom Prinzip der elektromagnetischen Induktion induziert wird, zeigt eine Anordnung zu Beginn des 20. Jahrhunderts, bei der Teile des menschlichen Körpers direkt in das Geschehen einbezogen werden (siehe Abb. 1). Ort dieser Überlegungen sind die *Physikalisch-mediumistischen Untersuchungen* des Ingenieurs Fritz Grunewald von 1920. Im Abschnitt „Nachweis von Handmagnetismus durch die ballistische Spule" übernimmt die Hand einer Versuchsperson die Rolle jenes Eisenkerns, der im Magnetfeld bewegt, Strom induziert.

27 Georg Lomer: *Dr. Lomer's Lehrbriefe zur Weckung und Entwicklung höherer Seelenkräfte*. Warpke-Billerbeck: Baumgartner 1950, V. Lehrbrief, S. 7.

Lässt Grunewald die Hand des Mediums sich in der ballistischen Spule bewegen, so reichen die so induzierten Ströme zwar nicht aus, um irgendeine mechanische Arbeit zu verrichten; er glaubt physikalisch abgesichert zeigen zu können, „daß ein eindeutiges Prinzip zum Nachweis wirklicher ferromagnetischer Eigenschaften die Erzeugung elektromagnetischer Induktionswirkungen der bewegten Hand in einer Drahtspule sein müßte“.[28]

Grunewalds magnetischer Willensversuch soll zeigen, dass die sprachliche Kommandogewalt des Versuchsleiters direkt zu Induktionsschwankungen im Körper des Mediums führt. Die Wirkung wirksamer Worte, die von Ästhetik bis zu den Strategen der Selbstoptimierung immer wieder neu virulent wurden, soll nun direkt bemessbar sein. Skandiert durch Kommandorufe des Versuchsleiters produziert die Anordnung Galvanometerausschläge. In diesen wird der Wille über das Prinzip der Induktion ablesbar:

> Jetzt begann ich meine Kommandos, und bei jedem Kommando erzeugte das Medium einen Willensimpuls und dadurch eine Aenderung der magnetischen Intensität. Man sieht sehr schön und deutlich die bei den einzelnen Kommandos erfolgten Willensauschläge des aperiodisch gedämpften Galvanometers.[29]

Damit schließt sich auch energetisch der Kreis. Die metaphorische Rede vom Dynamo, der in jedem Teil des menschlichen Körpers schlummert, wird durch solche Anordnungen wörtlich genommen und in Schaltanordnungen überführt. Die naturwissenschaftliche Performanz hat so das Reale technischer Anordnungen erreicht.

28 Fritz Grunewald: *Physikalisch-mediumistische Untersuchungen*. Pfullingen: Baum 1920, S. 51.

29 Ebd., S. 53.

## Walther von Hollander als Lebensberater im ‚Dritten Reich'

Lu Seegers

Der Publizist und Autor Walther von Hollander (1892–1973) galt als der wohl bekannteste Lebensberater in der frühen Bundesrepublik. In den unmittelbaren Nachkriegsjahren hatte er sich als „langjähriger Frauenberater" im Rundfunk und in verschiedenen Frauenzeitschriften, ab 1948 vor allem in der *Constanze*, für die Gleichberechtigung der Frau eingesetzt und eine Neuordnung der Geschlechterbeziehungen angeregt.[1] Ab 1949 leitete er zudem inkognito die populäre Ratgeberrubrik „Fragen Sie Frau Irene" der Rundfunk- und Familienzeitschrift *Hör Zu!* „Fragen Sie Frau Irene" erlangte bald einen solchen Bekanntheitsgrad, dass ihr Name zu einem umgangssprachlichen Synonym für die Lösung von Alltagsproblemen in Ehe und Familie avancierte.[2] Ab 1952 stieg Walther von Hollander mit der zunächst im NWDR, später im NDR ausgestrahlten Radiosendung *Was wollen Sie wissen: Fragen Sie Walther von Hollander* zum populärsten deutschen Lebens- und Eheberater auf. Telefonisch beantwortete er hier die Anfragen von Ratsuchenden. Bis in die frühen 1970er Jahre schrieb er zudem Bücher zu Fragen der Lebens- und Eheführung.[3]

1 Vgl. z. B. Walther von Hollander: Der Mann als Ballast. Mann in der Krise (V). In: *Constanze* 1,5 (1948), S. 7; ders.: Zum Thema: Frauenüberschuß (II). In: *Sie* 49 (1947), S. 4.

2 Zur Rubrik ausführlich Lu Seegers: *Hör zu! Eduard Rhein und die Rundfunkprogrammzeitschriften (1931–1965)*. Potsdam: vbb 2003, S. 363–410.

3 Walther von Hollander: Was möchten Sie wissen? Wie kann ich Ihnen helfen? Wo drückt der Schuh? Ein einziger Anruf im Hamburger Funkhaus genügt. Am Telefon: Walther von Hollander. In: *Constanze* 11,13 (1958), S. 42–47, hier S. 44. Vgl. Eberhard

Wie seinen Publikationen zu entnehmen ist, wertete Hollander die von ihm behandelten Ehekonflikte als Ausdruck der Selbständigkeit der Frauen, die sich im Zuge zunehmender Berufstätigkeit und der Bewährung in der Kriegs- und Nachkriegszeit ergeben habe.[4] Bereits seit dem Ersten, besonders aber durch den Zweiten Weltkrieg habe sich bei den Frauen ein stärkeres Selbstbewusstsein durchgesetzt, da sie sich in männlichen Berufen behauptet und das alltägliche Überleben gesichert hätten.[5] Frauen sollten deshalb nicht mehr nach ihren Beziehungen zum anderen Geschlecht, sondern in erster Linie nach ihrem Können und ihrer Leistung bewertet werden. Dementsprechend setzte sich Hollander besonders nach 1945 vehement für die Belange und Interessen sogenannter „alleinstehender" Frauen ein, die auch ohne Ehe als vollwertige Menschen anerkannt werden müssten.[6] Darüber hinaus verlangte er Erleichterungen für berufstätige Mütter in Form von Halbtagsstellen und die vermehrte Einrichtung von Kindergärten.[7] Die langfristige Aufrechterhaltung der Institution der Ehe sah Hollander nur in einer Neuordnung der Geschlechterbeziehungen gewährleistet, für die er die Gleichberechtigung der Ehefrau

von Wiese: Mit Dr. von Hollander verabschiedet sich die Vaterfigur des NDR. In: *Hamburger Abendblatt*, 26.08.1971; Walther von Hollander: *Was wollen Sie wissen? Vom täglichen Glück. Die 101 schönsten Nachworte aus der NDR-Sendung*. Gütersloh: Mohn 1960. Von Hollander verstarb im Jahr 1973. Seine Popularität in Deutschland ist vergleichbar mit der der US-amerikanischen Ratgeberkolumnistin Ann Landers, die ab 1955 Ratschläge zu Problemen rund um Familie, Moralvorstellungen und Sexualität in der *Chicago Sun-Times* veröffentlichte. Vgl. Alfred Messerli: Zur Geschichte der Medien des Rates. In: Peter-Paul Bänziger / Stefanie Duttweiler / Philipp Sarasin / Annika Wellmann (Hrsg.): *Fragen Sie Dr. Sex! Ratgeberkommunikation und die mediale Konstruktion des Sexuellen.* Berlin: Suhrkamp 2010, S. 30–57, hier S. 43.

4 Vgl. Walther von Hollander: *Psychologie der Ehefrau.* Stuttgart / Zürich: Classen 1962, S. 111; ders.: Geht die Ehe unter? Versuche über die moralische Entwicklung unseres Jahrhunderts. In: Helmut Gottschalk: *Moderne Eheprobleme. Von Ehe, Familie und Konvention. Mit einem Beitrag von Walther von Hollander.* Flensburg: Wolff 1951, S. 381–405, hier S. 405. Zum Folgenden vgl. Seegers: *Hör zu!*, S. 369–372.

5 Vgl. Walther von Hollander: Wie überwinden wir die Ehekrise? In: *Nordwestdeutsche Hefte* 1,1 (1946), S. 24–26, abgedruckt in: Charles Schüddekopf (Hrsg.): *Vor den Toren der Wirklichkeit. Deutschland 1946–47 im Spiegel der Nordwestdeutschen Hefte.* Berlin / Bonn: Dietz Nachf. 1980, S. 313–317, hier S. 315–16.

6 Vgl. Walther von Hollander: Frauenfragen – Frauensorgen. In: *Nordwestdeutsche Hefte* 1,2 (1946), S. 21–23, abgedruckt in Schüddekopf (Hrsg.): *Vor den Toren*, S. 309–313, hier S. 312; ders.: Die alleinstehende Frau von vierzig Jahren. In: *Constanze* 2,3 (1949), S. 11.

7 Vgl. Walther von Hollander: Mütter ohne Männer. In: *Constanze* 1,6 (1948), S. 6.

in rechtlicher wie beruflicher Hinsicht als zentral erachtete.[8] Weder gesetzliche Maßnahmen zum ‚Schutz der Ehe' noch die Ablehnung der weiblichen Erwerbstätigkeit oder die Tabuisierung der Sexualität[9] führten seiner Meinung nach zu einer Verbesserung der Beziehungen zwischen den Geschlechtern. Eine ‚gute' Ehe sollte weniger auf moralischen Forderungen als vielmehr auf der individuellen Selbsterkenntnis und -kritik der Ehepartner beruhen. Da bestimmte Methoden der Lebens- und Eheführung erlernbar seien, sah er die Aufgabe des Lebens- und Eheberaters darin, die „Grundgesetze" der Ehe zu vermitteln.[10] Eine wichtige Voraussetzung sei, dass sich die Frau zunächst auf sich selbst bezogen entwickeln, berufstätig sein und selbständig leben sollte, bevor sie einen zu ihr passenden Mann heiratete. Hollander war engagierter Verfechter des Konzepts der partnerschaftlichen Ehe und verband dieses Ideal mit der Berufsehe. Sein Ideal war eine Ehe, „in der beide ‚beides tun', das heißt, in der sie einander helfen".[11]

Hollanders Ehevorstellung basierte allerdings auf einer polaren Geschlechterkonzeption. So lag seiner Meinung nach die stärkere Verantwortung für das Gelingen der Ehe bei den Frauen, da Männer „von Natur aus" eher berufsbezogen und tendenziell eheungeeignet seien.[12] Bei seinem Weiblichkeitsideal berief sich Hollander häufig auf den seit der Zwischenkriegszeit und besonders in den 1950er Jahren in Deutschland vielgelesenen, spanischen Philosophen José Ortega y Gasset, nach dessen Vorbild er die wichtigsten Ziele der Frau formulierte: „die Unabhängigkeit der Frau im inneren Leben, die Verschmelzung des Leibes und der Seele sowie die warme mütterliche Bejahung des Seins".[13] Wenn Hollander vor allem nach dem Zweiten

8 Vgl. Hollander: Mann als Ballast.

9 Walther von Hollander: *Die Krise der Ehe und ihre Überwindung*, Berlin: Deutscher Verlag 1953, S. 11, 121. Hollander hielt es für den großen Verdienst der Psychoanalyse, dass sie das Sexualleben vom Sündenbewusstsein befreit habe. Das durch Sexualfeindlichkeit geprägte gesellschaftliche Klima der 1950er Jahre betrachtete er mit Besorgnis. Vgl. Walther von Hollander: *Psychologie des Ehemannes*. Stuttgart / Zürich: Classen 1961, S. 57.

10 Walther von Hollander: *Fibel für Erwachsene. Ausgewählte Aufsätze*. Hamburg: Springer 1949, S. 114, 117.

11 Hollander: *Psychologie des Ehemannes*, S. 11.

12 Ebd.; ders.: *Psychologie der Ehefrau*, S. 113. Hollander hielt Frauen für das erziehungsbegabtere und geduldigere Geschlecht.

13 Hollander: *Fibel*, S. 94. Zur Geschlechtertheorie Ortega y Gassets vgl. Maria

Weltkrieg meinte, dass Frauen abseits der Politik für das friedvolle Klima auf der Welt verantwortlich seien, ging er von der weitverbreiteten und tradierten Vorstellung einer weiblichen Kulturmission aus, die darin bestand, den zerstörerischen Auswirkungen „männlicher" Prinzipien reaktiv entgegen zu treten.[14] Das Frauenbild, welches Hollander seit den 1920er Jahren vertrat, kann als eine Amalgamierung bezeichnet werden, in der Forderungen nach Gleichberechtigung und Unabhängigkeit der Frau in Beruf, Gesellschaft und Politik mit der traditionellen Vorstellung einer „natürlichen" Geschlechterdifferenz verschmolzen.[15]

Diese Aspekte von Hollanders bundesrepublikanischer Ratgeberkarriere und seinen Idealvorstellungen sind mittlerweile in der Forschung bekannt. Bislang noch nicht untersucht ist hingegen seine Rolle als Lebensberater während der Zeit des Nationalsozialismus. Bereits in der Weimarer Republik hatte sich Hollander einen Namen als Schriftsteller und Journalist gemacht. Eine entsprechende Laufbahn hatte er 1917/18 als Offizier-Berichterstatter mit Beiträgen im *Berliner Tageblatt* begonnen.[16] Nach dem Ersten Weltkrieg gab er in München die Wochenzeitschrift *Süddeutsche Freiheit* heraus und arbeitete im Lektorat des Georg-Müller-Verlags. 1920 kam er durch Freunde zur Sozialistischen Arbeitsgemeinschaft des Malers Heinrich Vogeler in Worpswede und gründete 1921 mit der Hollander-Presse eine eigene Druckerei. 1923 ging er nach Berlin, arbeitete dort als Buchhändler und Antiquar und veröffentlichte Aufsätze und Erzählungen in der *Vossischen Zeitung* sowie einen ersten Roman. 1926 war Hollander Mitbegründer der Schriftstellergemeinschaft Gruppe 25, der

Luisa P. Cavana: *Der Konflikt zwischen dem Individuum und der Geschlechtertheorie bei Georg Simmel und José Ortega y Gasset.* Pfaffenweiler: Centaurus 1991. Zu seiner Popularität seit der Zwischenkriegszeit vgl. Axel Schildt: Auf neuem und doch scheinbar vertrautem Feld. Intellektuelle Positionen am Ende der Weimarer und am Anfang der Bonner Republik. In: Ders. / Alexander Gallus (Hrsg.): *Rückblickend in die Zukunft. Politische Öffentlichkeit und intellektuelle Positionen in Deutschland um 1950 und um 1930.* Göttingen: Wallstein 2011, S. 13–32, hier S. 24.

14 Walther von Hollander: Die Frau und der Friede. In: *Nordwestdeutsche Hefte* 2,6 (1947), S. 9–15.

15 Vgl. als Überblick Ute Gerhard: *Unerhört. Die Geschichte der deutschen Frauenbewegung*, unter Mitarb. v. Ulla Wischermann. Reinbek: Rowohlt 1990.

16 Hollander hatte zuvor in Berlin, München und Heidelberg Nationalökonomie, Germanistik und Philosophie unter anderem bei Georg Simmel studiert. Vgl. Werner Kayser: *Walther von Hollander.* Hamburg: Christians 1971, S. 72–75.

unter anderem auch Bertolt Brecht, Egon Erwin Kisch und Alfred Döblin angehörten. Von 1927 bis 1931 erschienen fünf Bände mit Romanen und Erzählungen von ihm bei Ullstein sowie in anderen Verlagen. Daneben verfasste Hollander für mehrere Zeitschriften und Zeitungen Artikel zum Thema Lebensführung und Sexualerziehung. Während des ‚Dritten Reichs‘ exponierte sich Hollander nicht als überzeugter ideologischer Anhänger und trat nicht in die NSDAP ein. Als Autor von ‚unpolitisch‘-unterhaltenden Stoffen gelang es ihm, seinen Bekanntheitsgrad zu steigern.[17] Zwischen 1933 und 1944 schrieb er elf Unterhaltungsromane sowie 15 Spielfilm-Drehbücher (zum Teil als Mitautor) für die Ufa und andere Filmgesellschaften.[18] Im Mittelpunkt standen Frauenschicksale, Liebesgeschichten oder Abenteuer. 1937 brachte die *Berliner Illustrirte Zeitung* sein Buch *Der Mensch über Vierzig* in einer Serie als Vorabdruck.[19] Nach dem Erscheinen der Serie wandten sich zahlreiche Leserinnen und Leser mit Briefen über ihre Eheprobleme an ihn, die er privat beantwortete. Ebenso erfolgreich wurde das 1939 in der gleichen Zeitschrift vorab veröffentlichte Buch *Das Leben zu Zweien. Ein Ehebuch. Geschichten und Betrachtungen*, für das die Reichsschrifttumskammer – nachdem schon 60.000 Exemplare verkauft worden waren – kein Papier mehr bewilligte.[20] Goebbels, so bemerkte Hollander später in einem Interview,

17 Als Filmtitel seien genannt *Schatten der Vergangenheit* (D 1936, R: Werner Hochbaum), *Anna Favetti* (D 1938, R: Erich Waschneck), *Mädchen im Vorzimmer* (D 1940, R: Gerhard Lamprecht) und *Der Majoratsherr* (D 1944, R. Hans Deppe). Vgl. Kayser: *Hollander*, S. 52–53.

18 Vgl. ebd., S. 28–30. Daneben schrieb Hollander psychologische, unterhaltend-belehrende Artikel wie etwa ders.: Keine Angst vor Krisen! Kleine Lebenslehre. In: *Bibliothek der Unterhaltung und des Wissens* 37,61 (1937), S. 71–85; ders.: Erkenne Dich selbst! Der Blick ins eigene Ich – eine Aufgabe und eine Gefahr. In: *Koralle. Wochenschrift für Unterhaltung, Wissen, Lebensfreude* N. F. 9 (1941), S. 304–307.

19 Walther von Hollander: *Der Mensch über Vierzig. Neuer Lebensstil im neuen Lebensalter.* Berlin: Deutscher Verlag 1938.

20 Ders.: *Das Leben zu Zweien. Ein Ehebuch. Geschichten und Betrachtungen.* Berlin: Deutscher Verlag 1940. Sein 1928 erschienenes Buch *Schicksale gebündelt* war 1937 verboten worden (ders.: *Schicksale gebündelt.* Berlin: Ullstein 1928; BA Berlin, R 58/910, Schreiben von der Gestapo an den Präsidenten der Reichsschrifttumskammer, 17.08.1937). Wie in seinem biographischen Werdegang aufgeführt, hatte Hollander von 1933 bis 1945 zudem Rundfunkverbot. Siehe dazu Walther von Hollander: Von ihm selber. In: Freie Akademie der Künste (Hrsg.): *Das Einhorn. Jahrbuch Freie Akademie der Künste.* Hamburg: Hanseatische Druckanstalt 1957, S. 164–167, hier S. 167.

habe ihn jedoch trotz mancher Bedenken geduldet, weil er den kultivierten Unterhaltungsroman brauchte.[21]
Nach einem kurzen Überblick über Ehe- und Lebensratgeber in der Zwischenkriegszeit steht Hollanders publizistische Lebensberatung während der Zeit des Nationalsozialismus am Beispiel des Buches *Das Leben zu Zweien* im Mittelpunkt des vorliegenden Beitrags. Zentral geht es um die Frage, welche Geschlechterleitbilder und Vorstellungen vom persönlichen Glück Hollander vermittelte und inwieweit sie mit NS-Ideologemen verknüpft bzw. mit ihnen kompatibel waren. Dabei wird zum einen die These entwickelt, dass Hollanders Ratschläge und Anleitungen für ein glückliches Eheleben in weiten Teilen polyvalent waren und dies ihre Popularität auch und gerade während der Zeit des Nationalsozialismus ausmachte. Denn zur Attraktivität von Ratgebern gehört, dass die Autoren ihrem Publikum verschiedene Lektüren und Handlungsanweisungen anbieten.[22] Zum anderen verweist auch und gerade das Buch *Das Leben zu Zweien* darauf, dass und wie bestimmte Spielräume von Individualität im Nationalsozialismus auf einer normativen Ebene geduldet blieben.[23] Hollander entwarf in seinem Ratgeber, so die These, ein Arsenal rhetorischer Techniken, das von Figuren inhaltlicher Polyvalenz über Euphemisierungen bis hin zu einer bewussten Anerkennung nationalsozialistischer Ideologeme reicht. Diese verschiedenartigen Weisen der ideologischen Positionierung sollen nachfolgend aufgefächert werden. Zugleich lassen sich auf diesem Weg Kontinuitäten und Brüche innerhalb der Ratgeberliteratur zwischen der Zeit der Weimarer Republik und der frühen Bundesrepublik aufzeigen.

21 Vgl. Ben Witter: Gespräch mit Walther von Hollander: „Man beschimpft keinen alten Mann". In: *Die Zeit*, 17.09.1971.

22 Vgl. Messerli: Geschichte, S. 45.

23 Dazu Moritz Föllmer: Wie kollektivistisch war der Nationalsozialismus? Zur Geschichte der Individualität zwischen Weimarer Republik und Nachkriegszeit. In: Birthe Kundrus / Sybille Steinbacher (Hrsg.): *Kontinuitäten und Diskontinuitäten. Der Nationalsozialismus in der Geschichte des 20. Jahrhunderts*. Göttingen: Wallstein 2013, S. 30–52.

## Ehe- und Lebensberatung in der Weimarer Republik und im Nationalsozialismus

Das Ratgeben stellt eine alte kulturelle Praxis dar, die mit dem Buchdruck ab 1450 nicht nur in mündlicher, sondern auch in schriftlicher Form stattfand.[24] Seit dem späten 18. Jahrhundert gab es Benimmbücher und erste Bücher zur Sexualaufklärung, im 19. Jahrhundert erweitert um die sogenannte Hausarztliteratur. Sie verband erstmals ansatzweise psychologische Beratung und therapeutische Maßnahmen. Im frühen 20. Jahrhundert kam es zu einer Verschränkung dieser beiden Praxisfelder an der Schnittstelle von Verwissenschaftlichung und Populärkultur. Zentral war dabei das „Psychowissen"[25] über das Selbst, das dadurch umfassend beratungs- und therapiefähig zu werden schien. In diesem Sinne einschlägig wurde – parallel zur Sexualreformbewegung – die Sexualratgeberliteratur, die in den 1920er Jahren hohe Auflagen erreichte. Ratschläge wurden hier anhand alltäglicher Situationen und fiktiver Gespräche plausibilisiert. Ähnliches galt für Eheratgeber, die nach dem Ersten Weltkrieg ebenfalls populär wurden. Doch nicht nur Sexualität, Ehe und Familie wurden mit auf Psychowissen basierenden Beratungsformen durchdrungen, die auf eine Optimierung des Zusammenlebens und des Alltags zielten. Gleiches galt für die Felder Pädagogik und Seelsorge sowie auch für die Organisation von Unternehmen im Zeichen von Rationalisierung, Taylorismus und Fordismus. Denn die sogenannte

24 Vgl. Messerli: Geschichte.

25 Uffa Jensen: Die Konstitution des Selbst durch Beratung und Therapeutisierung. Die Geschichte des Psychowissens im frühen 20. Jahrhundert. In: Sabine Maasen / Jens Elberfeld / Pascal Eitler / Maik Tändler (Hrsg.): *Das beratene Selbst. Zur Genealogie der Therapeutisierung in den ‚langen' Siebzigern.* Bielefeld: Transcript 2011, S. 37–56, hier S. 39. Im 20. Jahrhundert wurden gesellschaftspolitische Verheißungen an die Psychoanalyse und an die zahlreichen Formen psychologischen Wissens geknüpft. Uffa Jensen und Maik Tändler verstehen unter Psychowissen „nicht nur jenes Wissen, das […] von den akademisch institutionalisierten Fachwissenschaften der Psychologie und der Psychiatrie oder der zumindest in Deutschland eher außeruniversitär etablierten Psychoanalyse hervorgebracht wurde. Vielmehr geht es um all jene Wissensbestände, die eine säkulare Beschreibung und Erklärung des seelischen Apparates von Individuen, ihrem psychischen Innenleben und ihren Verhaltensdeterminanten bereitstellen und dies mit praktischen Anweisungen zur Erkenntnis, Behandlung, Modellierung, Regulierung oder Befreiung dieses Selbst verbinden." (Maik Tändler / Uffa Jensen: Psychowissen, Politik und das Selbst. Eine neue Forschungsperspektive auf die Geschichte des Politischen im 20. Jahrhundert. In: Dies. (Hrsg.): *Das Selbst zwischen Anpassung und Befreiung. Psychowissen und Politik im 20. Jahrhundert.* Göttingen: Wallstein 2012, S. 9–35, hier S. 10.)

Psychotechnik, die eine verbesserte Anpassung des Individuums an die modernen Lebens- und Arbeitsverhältnisse durch psychologisch fundierte Lebenslauf- und Berufsberatung versprach, erfreute sich in den 1920er Jahren weitreichender Rezeption.[26]

Anleitungen zum Sich-Selbst-Führen auf Grundlage des Psychowissens hat Michel Foucault als „Selbsttechnologien" bezeichnet. Dabei handelt es sich um Praktiken,

> die es dem Einzelnen ermöglichen, aus eigener Kraft oder mit Hilfe anderer eine Reihe von Operationen an seinem Körper oder an seiner Seele, seinem Denken, seinem Verhalten und seiner Existenzweise vorzunehmen, mit dem Ziel, sich so zu verändern, dass er einen gewissen Zustand des Glücks, der Reinheit, der Weisheit, der Vollkommenheit oder der Unsterblichkeit erlangt.[27]

Auch und gerade bei den Sexual- und Eheratgebern der Weimarer Republik spielte die Vorstellung, durch Selbstführung eine ‚gute' Ehe führen zu können, eine wichtige Rolle. Sie suggerierten Machbarkeit, Optimierbarkeit und Effizienzsteigerung auch in den privat-persönlichen Beziehungen. [28] Funktionsfähige Nahbeziehungen galten und gelten bis heute neben Beruf und Gesundheit nicht nur individuell, sondern auch gesellschaftlich als eminent relevant.[29] Dahinter stand und steht die Idee der infolge stabiler Nahbeziehungen besseren Bezwingbarkeit von krisenhaften Lagen und von schwierigen Lebenssituationen, gleich ob sie das beratende Individuum oder soziale und wirtschaftliche Problemlagen betreffen.[30] In diesem Sinne indizieren therapeutisch-beratende Diskurse, wie sie in Form der Sexual-, Ehe- und Lebensberatung verstärkt seit dem Ersten Weltkrieg kursieren, zum einen gesellschaftlichen Wandel, zum anderen tragen sie dazu bei, ihn herbeizuführen, sind also Indikator und Vehikel zugleich.[31] Darüber hinaus wirken sie einerseits, wie Sabine Maaßen betont, als individuelle Ressourcen für Sinn und Orientierung, andererseits als

26 Sabine Maasen: Psycho-Wissen. Eine genealogische Notiz. In: Dies. et al. (Hrsg.): *Das beratene Selbst*, S. 35–36, hier S. 35.

27 Sabine Maasen: Das beratene Selbst. Zur Genealogie der Therapeutisierung in den langen Siebzigern. Eine Perspektivierung. In: Dies. et al. (Hrsg.): *Das beratene Selbst*, S. 7–33, hier S. 17.

28 Rudolf Helmstetter: Der stumme Doktor als guter Hirte. Zur Genealogie der Sexualratgeber. In: Bänziger et al. (Hrsg.): *Dr. Sex*, S. 58–93, hier S. 59.

29 Maasen: Selbst, S. 20.

30 Ebd., S. 22.

31 Ebd., S. 26.

gesellschaftliche Institutionen für die kollektive Bewältigung von kulturellem Wandel.[32] Vor diesem Hintergrund ist besonders die Frage interessant, inwieweit es Brüche, aber auch Kontinuitätslinien des Psychowissens sowie Vorstellungen von Individualität in Ehe und Familie von der Weimarer Republik bis in die Zeit des Nationalsozialismus und nach 1945 gab.

Ausgangspunkt für die Autoren der Ratgeber für Ehe und Familie in der Weimarer Republik war, dass sich die traditionelle Ehe bereits seit dem späten 19. Jahrhundert, vor allem aber bedingt durch den Ersten Weltkrieg und die damit verbundenen sozioökonomischen und kulturellen Umbrüche in einer Krise befand. Frauen hatten sich im und durch den Ersten Weltkrieg als Organisatorinnen des Alltags, als Vermittlerinnen zwischen Familie und gesellschaftlichen Institutionen und mitunter auch als Ernährerinnen der Familie erfahren.[33] Die zunehmende Selbständigkeit von Frauen, so mutmaßten Zeitgenossen, habe ihren Ausdruck in steigenden Scheidungs- und sinkenden Geburtenraten gefunden.[34] Hinzu kam die stärkere Präsenz von Frauen in der Öffentlichkeit: zum einen durch die Erlangung des Wahlrechts im Jahr 1919, zum anderen durch die zunehmende Erwerbstätigkeit auch von verheirateten Frauen, zumal diese nun auch häufiger Stellen in Industrie, Handwerk und im Dienstleistungsbereich übernahmen.[35] Auch wenn die gesellschaftliche Realität weiterhin vom Leitbild der Frau als Ehefrau und Mutter bestimmt wurde, schob sich in die Medien immer mehr das Bild der selbstbewussten, erwerbstätigen, meist ledigen, jungen Frau.[36] Die Krise der Ehe wurde daher in erster Linie als Krise der Frau betrachtet. Vor diesem Hintergrund ergab sich das Erfordernis, die bürgerliche Ehe beizubehalten, sie aber zugleich zu reformieren im Sinne einer neuen

32 Maasen: Psycho-Wissen, S. 36. Vgl. Helene Mühlestein: *Hausfrau, Mutter, Gattin. Geschlechterkonstituierung in Schweizer Ratgeberliteratur 1945–1970*. Zürich: Chronos 2009, S. 21.

33 Birthe Kundrus: *Kriegerfrauen. Familienpolitik und Geschlechterverhältnisse im Ersten und Zweiten Weltkrieg*. Hamburg: Christians 1995, S. 418–419.

34 Ute Frevert: *Frauen-Geschichte. Zwischen bürgerlicher Verbesserung und neuer Weiblichkeit*. Frankfurt am Main: Suhrkamp 1986, S. 150 –152.

35 Ebd., S. 171.

36 Günther Schulz: Soziale Sicherung von Frauen und Familien. In: Hans Günter Hockerts (Hrsg.): *Drei Wege deutscher Sozialstaatlichkeit. NS-Diktatur, BRD und DDR im Vergleich*. München: Oldenbourg 1998, S. 117–149, hier S. 119.

Organisation und Binnenstruktur des ehelichen Zusammenlebens.[37] Bis 1933 kursierten neben konfessionellen Eheratgebern Bücher, die sich vor allem an das gebildete Bürgertum richteten, sowie Ratgeber, die speziell an Arbeiterinnen und Arbeiter adressiert waren. Hinzu kamen medizinisch ausgerichtete Bücher, in denen Sexualität und Körperlichkeit im Mittelpunkt standen.[38]

Die nationalsozialistische Machtübernahme stellte im Hinblick auf die Ratgeberliteratur ein spezifisches Amalgam aus Kontinuität und Bruch dar. Einige Bücher wurden verboten wie etwa die *Illustrierte Kultur- und Sittengeschichte des Proletariats* von Otto Rühle aus dem Jahr 1930, andere nicht wieder aufgelegt, wie z. B. der Ratgeber von Heinrich Schulz *Die Mutter als Erzieherin* aus dem Jahr 1926.[39] Die Mehrzahl der Ratgeber zu Ehe und Familie wurde jedoch weiterhin vertrieben und/oder neu aufgelegt. Unter den Neuerscheinungen wurden vor allem jene Bücher gefördert, die nationalsozialistischen Vorstellungen entsprachen. Daneben erschienen aber auch Bücher, deren ideologische Haltung zum Nationalsozialismus differenzierter zu beschreiben ist, vor allem weil sie, der Tradition der Ratgeberliteratur folgend, Ehe und Familie in erster Linie als Privatsache betrachteten.[40] Dies traf auch auf Walther von Hollanders Buch *Das Leben zu Zweien* zu. Es zeigt, dass und wie neben ideologischer Bejahung und Kompatibilität bestimmte Aspekte von Individualität im Nationalsozialismus normativ entfaltet wurden.[41]

## „Lebenstechnik" für die gelungene Ehe

*Das Leben zu Zweien* behandelte die für Eheratgeber gängigen Themen wie Gattenwahl, Sexualität, geschlechtsspezifische Verhaltensformen und den Umgang mit Kindern in der Familie. Walther von Hollander ging es darum, Rezepte und Anleitungen zu vermitteln, damit die

37 Regina Mahlmann: *Psychologisierung des „Alltagsbewusstseins". Die Verwissenschaftlichung des Diskurses über die Ehe.* Opladen: Westdeutscher Verlag 1991, S. 118.

38 Ebd., S. 127.

39 Vgl. Markus Höffer-Mehlmer: *Elternratgeber. Zur Geschichte eines Genres.* Baltmannsweiler: Schneider Verlag Hohengehren 2003, S. 183. Höffer-Mehlmer hat dies allerdings in erster Linie für Erziehungs- und Familienratgeber ermittelt. Eine dezidierte Untersuchung der Ratgeberliteratur zur Ehe steht noch aus.

40 Ebd., S. 184.

41 Für diesen Gedanken anregend, Föllmer: Nationalsozialismus, bes. S. 35.

Ehe „von jedem Menschen als fruchtbar empfunden, als schöpferische Möglichkeit erlebt und in ihren Schwierigkeiten und Freuden getragen werden kann".[42] Für die Ehe als öffentlich-rechtliche, staatspolitisch notwendige und für die Nachkommenschaft unentbehrliche Einrichtung sorge der Staat, auch wenn aus einer „tiefgreifenden gesetzlichen Veränderung", wie Hollander in einer euphemistischen Wendung festhielt, aktuell höhere Scheidungszahlen resultierten. In einer solchen Formulierung wird deutlich, dass und wie Hollanders Äußerungen polyvalent interpretierbar waren, einen Sachverhalt abmildernd präsentierten und damit zugleich einen erlaubten Spielraum gewahrter Individualität aufmachten. Denn Walther von Hollander bezog sich nur indirekt darauf, dass die „erbgesunde" und rassenbiologisch „artgerechte" Familie als „Keimzelle der Volksgemeinschaft" galt und unter dem besonderen Schutz des NS-Staates stand. Gleichwohl wurde aus erb- und rassenbiologischen Gründen zugleich die Ehetrennung gefördert.[43] 1938, also kurz vor Erscheinen des Ratgebers, war ein bevölkerungspolitisch motiviertes Gesetz zur Vereinheitlichung des Eheschließungs- und Ehescheidungsrechts erlassen worden. Demnach konnte eine Ehe ohne Angabe von Gründen beendet werden, wenn die Partner drei Jahre getrennt gelebt hatten. Die Wiedereinführung des Zerrüttungsprinzips sollte zudem Scheidungen erleichtern und neue Ehen ermöglichen, in denen mehr Kinder geboren werden könnten.[44]

Auch wenn Hollander die Institution der Ehe dadurch nicht als gefährdet ansah, wollte er als Ratgeber zur Beseitigung persönlicher Schwierigkeiten in der Ehe beitragen und vor allem jene Menschen von ihrem Sinn zu überzeugen, die sie eher als Last ansähen.[45] Dazu bedurfte es zum einen, wie er meinte, analog zur Psychotechnik einer „Lebenstechnik", die den Menschen helfen könne, Krisen in der Ehe zu meistern und das Zusammenleben zu verbessern. In dem Vorwort

42 Hollander: *Leben*, S. 12.

43 Michael Wildt: *Geschichte des Nationalsozialismus*. Göttingen: Vandenhoeck & Ruprecht 2008, S. 99.

44 Vgl. Frevert: *Frauen-Geschichte*, S. 229; Gabriele Czarnowski: „Der Wert der Ehe für die Volksgemeinschaft". Frauen und Männer in der nationalsozialistischen Ehepolitik. In: Kirsten Heinsohn / Barbara Vogel / Ulrike Weckel (Hrsg.): *Zwischen Karriere und Verfolgung. Handlungsräume von Frauen im nationalsozialistischen Deutschland*. Frankfurt am Main / New York: Campus 1997, S. 78–95, bes. S. 84–86.

45 Hollander: *Leben*, S. 12.

zu einem humoristischen Eheratgeber von Hans Reimann betonte er im Jahr 1940, dass entsprechende „Lebensrezepte“ gerade in einer Zeit geschrieben werden müssten, da ein „neueres, stolzeres Lebensgefühl erwacht“ sei.[46] Wichtig sei dabei die Erkenntnis, dass viele

> Malheure des Lebens nicht schicksalshaft von oben her über den Menschen herfallen, sondern von innen her ihn überkommen, ja von ihm in einem schmerzhaften langwierigen Prozess mit geradezu rührender Geduld zubereitet werden.[47]

Krankheit, Müdigkeit, Erfolglosigkeit und Liebesleere könnten allerdings durch die Beachtung der „Gesetze des Lebens“ aufgehoben werden. Mehr noch: In jedem Menschen stecke eine Erneuerungskraft, von der das Glück des Lebens und damit auch in der Ehe abhängig sei. Als „Lebenstechnik“ bezeichnete Hollander daher die „Sammlung und Sichtung der Möglichkeiten“, um „an die Erneuerungskraft heranzukommen, die meist verschüttet, versumpft, unwirksam im Menschen steckt.“[48] Als Ratgeber legitimierte Walther von Hollander demzufolge seinen Status damit, dass er aus seiner Lebens- und Welterfahrung Rezepte für die Lebensführung ableiten wollte. Die von ihm für die optimale Eheführung als elementar angesehene „Lebenstechnik“ entsprach dem thermodynamischen Paradigma der Psychotechnik des frühen 20. Jahrhunderts. Der Mensch wurde gewissermaßen als Motor verstanden – Ermüdung und Erschöpfung galten als zentrale Probleme der wirtschaftlichen wie menschlichen Produktivität. Die psychologische Forschung sollte daher zur Erschöpfungsvermeidung mobilisiert werden, sowohl in der Sphäre der Arbeit als auch in der persönlichen Lebensführung.[49]

Zum anderen bedurfte es für glückhafte Ehen nach Hollander aber auch einer „gründliche[n] Änderung der Stellung der Geschlechter zueinander, des Problems der Geschlechtlichkeit überhaupt und eine[r] Vertiefung der Einsichten der menschlichen Natur“.[50] Die

46 Walther von Hollander: Vorwort. In: Hans Reimann: *Mit 100 Jahren noch ein Kind….* Berlin: Schützen 1940, S. 2. An dieser Stelle bezog sich Hollander zwar eher indirekt auf den aktuellen politischen Kontext, doch ist die Anspielung auf ein ‚stolzeres Lebensgefühl‘ als Geste der Zustimmung zur NS-Ideologie zu interpretieren.

47 Ebd.

48 Ebd.

49 Jensen: Konstitution, S. 51.

50 Hollander: *Leben*, S. 15.

Ehe halte mit dem „Lebensgefühl der heutigen Menschen" nicht Schritt und entspreche in Teilen nicht mehr den „Gesetzmäßigkeiten heutigen Lebens und Kämpfens".[51] Indem Hollander die Ehe hier als eine Kampfgemeinschaft beschrieb, passte er sie in die Logik der NS-Ideologie ein, ließ aber auch einen Spielraum für ein auf das Individuum bezogenes Eheleben. Denn es sei wichtig zu beachten, dass der Mensch zuweilen das Gefühl haben müsse, „dass er mit den ihm eigenen Kräften einmal zu einem Frieden mit der Welt und mit sich selbst kommen kann".[52] Bemerkenswert ist, dass Hollander den Nationalsozialismus als eine nicht weiter zu spezifizierende und damit nicht hinterfragbare Umwelt eher auf euphemistische Weise andeutet als beschreibt. Der Verweis auf die notwendige und aufrechtzuerhaltende Privatsphäre der Menschen entsprach durchaus dem von Reichspropagandaminister Goebbels vorgegebenen Credo, nach dem die Menschen Ruhe und Entspannung – z. B. im Radio anhand eines leichten Unterhaltungs- und Musikprogramms – benötigten.[53] Zugleich ließ Hollander aber auch Deutungsmöglichkeiten offen, wodurch sich Menschen angesprochen fühlen konnten, die der nationalsozialistischen Ehe- und Familienpolitik skeptisch gegenüber standen.

## Frauenbewegung und Frauenemanzipation

Die Polyvalenz von Hollanders Ratgeber wird besonders bei seiner Einschätzung der Frauenbewegung deutlich, die sowohl Elemente der Frauenbewegung der Weimarer Republik aufnahm als auch kompatibel mit Vorstellungen der FNS-Frauenschaft (NSF) war. So hob Hollander die Leistungen der Frauenbewegung seit der Jahrhundertwende hervor, die gezeigt habe, dass die Frau ihr Glück nicht nur in Bezug auf Ehemann und Kinder finden, sondern eigenständig eine „allseitige Persönlichkeit" entwickeln sollte.[54] Die Frauenbewegung habe die bürgerliche Gleichstellung der Frau erwirkt und den Beweis angetreten, dass Frauen „fast alle Berufe" genauso gut ausfüllen

51 Ebd., S. 18.

52 Ebd., S. 21.

53 Monika Pater: Rundfunkangebote. In: Inge Marßolek / Adelheid von Saldern (Hrsg.): *Zuhören und Gehörtwerden*, Bd. 1: Radio im Nationalsozialismus. Zwischen Lenkung und Ablenkung. Tübingen: Edition Diskord 1998, S. 129–241, hier S. 143.

54 Hollander: *Leben*, S. 23–24.

könnten wie Männer. Frauen sei dadurch ein neues Selbstbewusstsein vermittelt worden.[55] Auch die Reichsfrauenführung nutzte den Begriff der Frauenbewegung zur Selbstbeschreibung. Übergeordnet pflegte auch sie die Vorstellung eines weiblichen Handlungskollektivs, das zwar nicht im Gegensatz zu Männern, aber doch im Unterschied zu ihnen stand.[56] In diesem Sinne lobte Walther von Hollander – ohne konkret zu werden – die „Frauenbewegung von heute", die „in der ganzen Welt" die Besonderheit weiblichen Denkens und Handelns herausarbeite. Auch im Hinblick auf die Vorstellung der Differenz der Geschlechter vertrat Hollander Überzeugungen, die mit Leitbildern der NSF und des Deutschen Frauenwerks (DFW) auf den ersten Blick übereinstimmten. Männer und Frauen, so seine Meinung, seien gleichwertig, aber nicht gleichartig.[57] Ein solches Denken war keineswegs neu, es war vielmehr auch in den bürgerlichen Frauenkreisen der Weimarer Republik vorherrschend gewesen und fand überzeugte Verfechterinnen bei den Nationalsozialistinnen.[58] Sie lehnten die Gleichheit von Mann und Frau im Sinne einer Gleichartigkeit kategorisch ab und betonten dagegen die Gleichwertigkeit von Mann und Frau. In diesem Sinne meinte auch Walther von Hollander, die Pflege der Familie entspreche mehr den weiblichen Interessen. Mehr noch: Frauen seien verantwortlich für Partnerwahl, Eheführung und die „Aufzucht" der Kinder. Entsprechende Weisheiten seien jahrhundertelang unterdrückt und vom „Staub der Intellektualität" zugedeckt gewesen, sie schlummerten aber bei den Frauen „in ihrem Blut, in ihren Instinkten".[59] Mit dem Verweis auf „Blut" und „Instinkt" rief Hollander eine Rhetorik ab, die im NS-Diskurs überaus gebräuchlich war.

Die Haltung der NSF zur Frauenemanzipation, die deren Leiterin Gertrud Scholtz-Klink ablehnte, ohne ihre Leistungen zu negieren,

55 Hollander: *Leben*, S. 26.

56 Ebd., S. 38.

57 Beide Organisationen waren unter dem Dach der Reichsfrauenführung vertreten. Die NSF verstand sich dezidiert politisch und widmete sich der Erziehung von Frauen im Sinne der NS-Weltanschauung. Das DFW hingegen vermittelte in Lehrgängen und Kursen Haushaltsführung, Kindererziehung und rassenpolitische Inhalte. Vgl. Nicole Kramer: *Volksgenossinnen an der Heimatfront. Mobilisierung, Verhalten, Erinnerung*. Göttingen: Vandenhoeck & Ruprecht 2011, S. 34–35.

58 Kramer: *Volksgenossinnen*, S. 41.

59 Hollander: *Leben*, S. 29.

übernahm Walther von Hollander hingegen nur zum Teil.[60] Die Frauenemanzipation habe einerseits die wirtschaftliche Selbständigkeit von Frauen ermöglicht, andererseits sei sie am männlichen Vorbild orientiert gewesen, was zu einer „Berufsverkümmerung" und „Vermännlichung" geführt habe, da es den Frauen nicht gelungen sei, originäre Frauenberufe auszubilden.[61] Etwas anders als bei der NSF gelagert war jedoch seine Schlussfolgerung, wenn er bedauerte, dass sich viele Frauen zurückgezogen hätten, um nur noch Ehefrau und Mutter zu sein.[62] Aus diesem Grund ermutigte Hollander Frauen, nicht um jeden Preis zu heiraten, sondern zur Not auch selbständig und allein zu leben.[63] Überhaupt war in seinem Ratgeber nicht von der Rolle der Frau in der „Volksgemeinschaft" die Rede, sondern eher von allgemeinen Zielen und Wünschen in Bezug auf Ehe und Familie.[64]

In der Ehe sollten Frauen selbständige Partner sein, sich nicht unterordnen unter ein männliches Primat, sondern vielmehr „beiordnen".[65] Hierin bestand die nach Meinung Hollanders notwendige Veränderung der Stellung der Geschlechter zueinander. Diese Aussage war mehrdeutig, entsprach sie doch sowohl dem Konzept der „geistigen Mütterlichkeit", das insbesondere der gemäßigte Flügel des Bundes Deutscher Frauenvereine (BDF) in der Weimarer Republik vertreten hatte.[66] Sie bezog sich aber auch auf die in den 1920er Jahren

60 Vgl. Kramer: *Volksgenossinnen*, S. 38.

61 Hollander: *Leben*, S. 25, 27.

62 Ebd., S. 28.

63 Ebd., S. 31. Diese Meinung hatte Hollander schon in der Weimarer Republik vertreten. 1929 beschrieb er das Ideal der selbständigen Frau. Vgl. ders.: Autonomie der Frau. In: Friedrich M. Huebner (Hrsg.): *Die Frau von Morgen, wie wir sie wünschen.* Leipzig: Seemann 1929, S. 27–37.

64 Siehe zum Bezug auf die „Volksgemeinschaft" Kramer: *Volksgenossinnen*, S. 39.

65 Hollander: *Leben*, S. 33.

66 Im BDF, der von 1894 bis 1933 existierte, gab es einen gemäßigten und einen radikalen Flügel. Der radikale Flügel um Helene Stöcker kämpfte für die Gleichheit der Geschlechter, d. h. gleiche politische Rechte, berufliche Chancen und Zugang zu Ausbildung. Außerdem plädierte er für die Vereinfachung von Scheidungen und für die Gleichstellung ehelicher und unehelicher Kinder. Der moderate Flügel unter Helene Lange ging hingegen von der wesensmäßigen Verschiedenheit der Geschlechter aus. Er konnte sich unter dem Vorsitz von Gertrud Bäumer ab 1908 durchsetzen. Ziel war es, das Prinzip der Mütterlichkeit in alle gesellschaftlichen Bereiche einzubringen. Vgl. Barbara Vinken: *Die deutsche Mutter. Der langen Schatten eines Mythos.* München / Zürich: Piper 2001, S. 208–209. Zur Bewertung der Rolle

viel diskutierte Kameradschaftsehe, die für die Nationalsozialisten vor allem während der Kriegsjahre zum anerkannten Leitbild avancierte – nunmehr allerdings unter dem Primat der Aufrechterhaltung der „Heimatfront".[67]

Bei Hollander war diese Rollenaufteilung hingegen nicht so strikt festgelegt. Ohne konkrete Nennung sowohl der disparaten Frauenbewegung der Weimarer Republik als auch der nationalsozialistischen Organisationen erschienen Hollanders Erkenntnisse vielmehr gewissermaßen aus dem Motiv des ‚gesunden Menschenverstands' heraus geschrieben und dadurch sowohl für Menschen, die dem NS-Regime distanziert gegenüberstanden, akzeptabel und zugleich in politisch-ideologischer Hinsicht mit dem Nationalsozialismus kompatibel.

## Selbsterziehung in der Ehe

Walther von Hollander ging davon aus, dass es bestimmte Fehler gab, die zu misslungenen Ehen führten, ebenso wie spezifische Selbsttechniken, die – als Gesetze formuliert – behilflich sein konnten, eine erfolgreiche Ehe zu führen.[68] Dabei sah er die Ehe als einen dynamischen Prozess an. Eine wesentliche Ursache für misslungene Ehen erblickte Hollander in einer verfrühten und überstürzten Partnerwahl. Insbesondere Frauen heirateten seiner Meinung nach aus Lebensangst und Verzweiflung häufig zu früh und würden nicht auf den passenden Partner warten: „Da man nicht weiß, ob der Richtige noch kommt, nimmt man lieber den Falschen".[69] Die „neue biologische Erziehung"[70] sollte hier Orientierung bieten. Gemeint waren damit eugenische Vorstellungen, die im „Gesetz zur Verhütung erbkranken Nachwuchses" 1933 ihren legalen Ausdruck fanden. Hier zeigt sich, wie individuelle Wünsche, nämlich den „richtigen" Partner zu finden, mit der rassistischen Neuausrichtung der Gesellschaft konform gingen oder zumindest in diesem Kontext vermittelt wurden.[71] An

Gertrud Bäumers während des Nationalsozialismus Angelika Schaser: Gertrud Bäumer – „eine der wildesten Demokratinnen" oder verhinderte Nationalsozialistin? In: Heinsohn / Vogel / Weckel (Hrsg.): *Karriere*, S. 24–43.

67 Kramer: *Volksgenossinnen*, S. 41.

68 Hollander: *Leben*, S. 35.

69 Ebd., S. 62.

70 Hollander, *Leben*, S. 64.

71 Moritz Föllmer hat diesen grundlegenden Gedanken entwickelt in ders.: Nationalsozialismus, bes. S. 42.

dieser Stelle befürwortete Hollanders Eheratgeber die rassistischen Überzeugungen der NS-Ideologie. Wurde die Frau hier indirekt als „Hüterin der Rassereinheit“ angesprochen, hatten auch Männer darauf zu achten, nicht den falschen Frauentyp zu heiraten und zugleich der ihnen ebenbürtigen Frau genügend Spielraum für die Entfaltung ihrer Persönlichkeit zu lassen. Noch suchten Männer allerdings häufig den „etwas rosa gefärbten Kleinmädchentyp von gestern, die harmlosen, zarten, liebenswerten und untüchtigen Frauen“ anstelle einer selbständigen Frau.[72] In diesem Zusammenhang kritisierte Hollander die eheliche Führungsrolle von Männern:

> Häufig meint man, der Mann müsse schon fertig sein, und die Ehe von Anfang an führen. In 999 Fällen ist der Mann, wenn er heiratet, aber noch nicht mal in der Lage, sein eigenes Leben zu führen, geschweige denn ein anderes. Es kommt nun häufig vor, dass die Männer sich in die Rolle des Eheführers, des Dreizimmergewaltigen hineindrängen lassen. [...] So kommt es, dass auch bescheidene junge Männer im eigenen Haushalt herrschsüchtig auftreten, ihre Lebensordnung als die einzig richtige ansehen, bedient und umschmeichelt werden wollen [...] Es wird gar nicht mehr gefragt, was denn die junge Ehefrau wünscht und will.[73]

Als zentrale Rezepte für eine gute Eheführung erachtete Walther von Hollander Respekt, Selbstkritik, gepflegte Umgangsformen und Selbstdisziplin – zusammengefasst in dem Begriff der Selbsterziehung. Insbesondere in den ersten Ehejahren sei der gegenseitige „Respekt vor dem Lebenskreis des anderen“ bedeutsam.[74] Für ebenso wichtig hielt Hollander ein gepflegtes Äußeres und gute Manieren.[75] Sie galten schichtenübergreifend und durften selbst zum Feierabend nicht aufgegeben werden:

> Der eiligst abgebundene Kragen, der fleckige Hausrock und die zerrissene Hose sind die äußeren Symbole eines Zustandes, der den Menschen auf die Dauer nicht glücklich macht, sondern nur ein wenig unappetitlich. Das Umherlottern, das sture Versinken in Gedankenlosigkeit oder gleichgültige Lektüre, in mechanisches Kartenklopfen oder Häkeln unter Begleitung eines kaum mehr vernommenen, laut und lauter randalierenden Radios erholt nicht, sondern macht auf die Dauer nur melancholisch und raunzig. [...] Eine unfestliche Bequemlichkeit ist nicht feierabendgemäß, sie ‚erholt‘ den Menschen nicht, holt ihn nicht aus

72 Ebd., S. 66.
73 Ebd., S. 46.
74 Ebd., S. 77.
75 Ebd., S. 82.

> seinem Alltag, sondern stampft ihn immer tiefer in den langweiligsten Alltagssumpf, bis er schließlich erstickt.[76]

Gute Manieren und Umgangsformen waren Teil eines (Selbst-)Disziplinierungsprozesses, den Hollander als „Geheimnis des erfolgreichen Lebens“ überhaupt ansah.[77] Wurden sie nicht eingehalten, drohte Überdruss, der als die größte Gefahr für zwischenmenschliche Beziehungen galt. Schon schlechte Angewohnheiten bei den Mahlzeiten könnten den Partner auf Dauer stören und zum Ehe-Aus führen.[78] Als einen weiteren großen Fehler zeitgenössischer Ehen bezeichnete Walther von Hollander die ‚Kritik‘. Manche Ehepartner ließen keine Äußerung des Anderen unkommentiert – mit fatalen Folgen:

> Die Männer stürzen sich in ihren Beruf, sie entdecken die Freuden der Überstunden, der Stammtische, der Skat- und Kegelabende. Frauen versuchen mit Kindern, Haushalt, Freundinnen, Lektüre, Kinotheater und Kaffeekochen eine kleine Oase innerhalb der Ehewüste zu schaffen.[79]

Abhilfe schaffen konnte hier nur anstelle von Kritik am Anderen eine dezidierte Selbstkritik der eigenen Person. Nur der sich selbst erziehende Mensch habe „[…] so viel an sich zu arbeiten, dass er nicht viel Zeit hat, sich mit den Schwächen und Fehlern der anderen zu beschäftigen.“[80] Die Austragung und Lösung von Konflikten blieben in *Das Leben zu Zweien* hingegen ausgeblendet. Eine solche Haltung hatte Tradition. Auch in den Ratgebern der Weimarer Republik war es in erster Linie um wechselseitigen Ausgleich und das Aushalten von Dissonanzen mit Hilfe von Selbstdisziplin gegangen.[81]

76 Föllmer: Nationalsozialismus, S. 84. Zur kulturkritischen Kritik am sogenannten „Radiotismus“, der zu unkritischer Passivität führe, vgl. Eve Rosenhaft: Lesewut, Kinosucht, Radiotismus. Zur (geschlechter-)politischen Relevanz neuer Massenmedien in den 1920er Jahren. In: Alf Lüdtke / Inge Marßolek / Adelheid von Saldern (Hrsg.): *Amerikanisierung. Traum und Alptraum im Deutschland des 20. Jahrhunderts*. Stuttgart: Steiner 1996, S. 119–143, bes. S. 128–130.

77 Hollander: *Leben*, S. 85.

78 Ebd., S. 86–87.

79 Ebd., S. 88.

80 Ebd., S. 92.

81 In diese Richtung wurde bereits in der Weimarer Republik argumentiert. Siehe H. Bergner: *Ehe. Ärztliche Ratschläge und Belehrungen*. Hamburg: Weltbund 1922. Vgl. die Analyse von Mahlmann: *Psychologisierung*, S. 130–131. In der Zeit des Nationalsozialismus blieben Ehekonflikte in der Ratgeberliteratur ebenfalls weithin unbeachtet. Streitigkeiten sollten in der Regel durch Humor, Diplomatie oder charaktervolles Schweigen gelöst werden. Vgl. ebd., S. 146, 155.

Walther von Hollander konstatierte jedoch nicht nur innere, sondern auch äußere Schwierigkeiten, die eine glückliche und erfolgreiche Eheführung erschwerten. Diese Schwierigkeiten schrieb der Ratgeber nicht nur längerfristigen Veränderungen zu, sondern auch zum Teil mehr, zum Teil weniger direkt den neuen Anforderungen und Gepflogenheiten im gesellschaftlichen Alltag des ‚Dritten Reichs'. Zu den längerfristigen Veränderungen zählte Hollander die schwindende Bedeutung religiöser Überzeugungen in der Ehe, die früher noch nicht angefochtene Führungsrolle des Mannes sowie den – anders als in ländlichen Regionen – in der Stadt fehlenden landwirtschaftlichen Besitz, der eine gemeinsame Verwaltung durch das Ehepaar obsolet werden ließ.[82] Eheschwierigkeiten resultierten allerdings auch aus Maßnahmen der nationalsozialistischen Politik, verbunden mit einem neuartigen gesellschaftlichen Umgangston, wie Hollander bemerkte. So nehme der Staat den Eltern „viele Pflichten der Erziehung" ihrer Kinder ab dem zehnten Lebensjahr ab, was einerseits zur Entlastung, andererseits aber auch zu „unverbrauchten Kräften" insbesondere bei Frauen führe. 1936 war die Hitlerjugend zur Staatsjugend ernannt worden. 1939 waren in ihr rund 8,7 Millionen Kinder und Jugendliche im Alter von zehn bis 18 Jahren organisiert und unterstanden somit neben der Schule auch in ihrer Freizeit der nationalsozialistischen Erziehung.[83] Hollander kritisierte hier zumindest implizit eine Politik, die der Familie die Verantwortung über die Erziehung der Kinder und damit einen wichtigen Teil ihrer Privatsphäre abnahm.[84] Darüber hinaus beobachtete er, „[…] wie viel unherzlicher, rauher, kräftiger und kritischer der allgemeine Verkehrston der Menschen untereinander und der Geschlechter miteinander geworden ist […]". Dies, so fürchtete der Autor, könne sich auch auf den Umgangston in der Ehe negativ niederschlagen.[85] Hochachtung und Herzlichkeit müssten allgemein in Europa wieder mehr Raum einnehmen.[86]

Eher positiv, aber durchaus mit ambivalentem Unterton bewertete Hollander hingegen eine zurückgehende Bedeutung der sozialen Herkunft und des materiellen Reichtums für die Ehe. Die Inflation

82 Hollander: *Leben*, S. 89–90.

83 Wildt: *Nationalsozialismus*, S. 103.

84 Vgl. Schulz: Sicherung, S. 120.

85 Hollander: *Leben*, S. 92.

86 Ebd., S. 93.

und die „Zeiten politischer Umwälzung" hätten gezeigt, dass es keine „sicheren Positionen" mehr gebe und „Tüchtigkeit", „Wendigkeit" und „Lebensmut" für das Gelingen der Ehe wichtiger seien, als ein bereits bei der Heirat kompletter Hausstand.[87] Ohne den Begriff der nationalsozialistischen „Volksgemeinschaft" explizit zu benutzen, vermerkte Hollander, dass die Gesellschaft nicht mehr durch Stände und Klassen getrennt und das Problem sozialer Unterschiede damit behoben sei. Gleichwohl gebe es noch Spannungen zwischen einzelnen Milieus, die nur schwer überwunden werden könnten.[88] Die Passage macht deutlich, dass Walther von Hollander Euphemismen verwendete, um weiter veröffentlichen zu können. Zugleich wurde die Verfolgung u. a. von Jüdinnen und Juden mit der Formulierung der Aufhebung der sozialen Unterschiede gewissermaßen unsichtbar gemacht.

## Haushalt und Beruf – Ordnung der Ehe

> Zu einer ordentlichen Frau gehört, dass sie listig ist und dass sie die männliche Eitelkeit nicht kränkt und dass sie den Hausherrn als Herrn im Hause ehrt. Aber der Hausherr muss dann auch die Hausfrau ehren, sonst kommt kein Gleichgewicht in den Haushalt.[89]

Das Zitat verweist vordergründig auf die geschlechtsspezifischen Arbeitsbereiche in der Ehe, auch wenn Hollander der Ehefrau eine leichte, wenngleich versteckte Überlegenheit zuschrieb. Hintergründig klopfte er jedoch die traditionell Frauen zugeschriebene Hausarbeit, auch wenn sie im ‚Dritten Reich' durch zahlreiche Schulungen des DFW eine Professionalisierung und Aufwertung erfuhr, auf ihre negativen Auswirkungen bezüglich der Ehe ab.[90] Für viele Frauen seien Hausarbeiten nämlich mitnichten anregend, sondern so eintönig und langweilig, dass sie eigentlich von dem „müde aus dem Büro kommenden Mann verwöhnt werden müssten" und nicht umgekehrt. Mehr noch: Viele Frauen scheiterten geradezu an der Hausarbeit und würden „kummervoll, dick, verhetzt und gegrämt" werden.[91]

87 Hollander: *Leben*, S. 97.
88 Ebd., S. 127.
89 Ebd., S. 110.
90 Kramer: *Volksgenossinnen*, S. 36.
91 Hollander: *Leben*, S. 174.

Erschwerend hinzu komme, dass viele Ehemänner die Welt außerhalb des Hauses als das „eigentliche Leben" hinstellten. Die „Welt des Berufs, die Welt der politischen Arbeit" erscheine in „anziehender Gloriole" – ihren Frauen würden sie den Eindruck vermitteln, sie seien „Wesen zweiten Ranges, die in der Welt ersten Ranges nicht zugelassen sind".[92] So sei es kein Wunder,

> wenn bei dieser Lage so viele Frauen zu der großen Armee der Klatschweiber und Kaffeeschwestern abmarschieren, zu den Regimentern der Einkaufshyänen und Ladentischschwätzerinnen, zu den starken Bataillonen der ständigen Sprechstundenbesucherinnen, zu den Krankenhausstammgästen und Krankheitsberichterstatterinnen? Wie sollen sie denn sonst zeigen, dass sie auch ihr ‚eigenes Leben führen'?[93]

Für diesen Zustand verantwortlich machte Hollander nicht nur männliche Überheblichkeit. Er verwies auch darauf, dass es – mit Ausnahme von Landwirtschaft und Handwerk – geteilte Berufe von Männern und Frauen im Sinne einer „Arbeitsgemeinschaft" kaum noch gebe.[94] Viele Frauen arbeiteten zwar, entweder aus materieller Not oder um der Familie einen besseren Lebensstandard zu ermöglichen. Doch litten sie dann unter der dreifachen Belastung von Beruf, Haushalt und Familie.[95] Aus diesem Grund würden viele Frauen fälschlicherweise den Beruf allenfalls als Notbehelf ansehen. Demgegenüber plädierte Walther von Hollander dafür, nicht den Beruf, sondern die Hausarbeit als Notbehelf anzusehen.[96] Eine mögliche Lösung des Problems sah er darin, den Beruf der Hausangestellten wieder aufzuwerten und die Hausarbeit in diesem Sinne zu professionalisieren, was zeigt, dass Hollander in seinem Buch vor allem Frauen bürgerlichen Schichten adressierte.[97] Noch leichter umsetzbar fand Hollander allerdings eine selbstverständliche Mithilfe des Ehemannes im Haushalt.

> Es lässt sich durchaus denken, dass ein praktisch und einfach eingerichteter Haushalt, in welchem Mann und Frau sich die Hauhaltsaufgaben teilen, leicht in höchstens zwei Stunden Arbeit für jeden tadellos geführt und instand gehalten

92 Ebd., S. 175.
93 Ebd.
94 Ebd., S. 186.
95 Ebd.
96 Ebd., S. 187.
97 Ebd., S. 189.

> werden kann. Diese zwei Stunden Arbeit würden weder einem jungen Mann noch einer jungen Frau etwas schaden. Sie würden in vielen Fällen sogar die Eheleute auf den natürlichen Standpunkt gegenseitiger Hilfe zurückführen und den Mann vom hohen Ross des Sich-bedienen-lassens hinunterbringen.[98]

Frauen empfahl Hollander, vermehrt in die Berufstätigkeit einzusteigen.[99] Damit unterlief er partiell das patriarchalisch geprägte Frauenbild der Nationalsozialisten, in dem der Mann als Organisator des Lebens und Haushaltsvorstand galt, während die Mutter den Haushalt führen und drei oder mehr Kinder haben sollte.[100] Denn der Ratgeber sprach sich dafür aus, dass verheiratete Frauen zum einen mit Hilfe von Haushaltshilfen hochqualifiziert etwa als Ärztinnen oder Lehrerinnen arbeiten können sollten. Zum anderen forderte Hollander die vermehrte Schaffung von „vierstündigen" Halbtagsstellen als ideale Lösung zur Vereinbarung von Beruf und Familie.[101] In diesem Zusammenhang kritisierte er die bestehenden Frauenorganisationen, freilich ohne die NSF und das DFW explizit zu nennen. Sie würden zu sehr im „Kielwasser des Männlichen" fahren und sich zu wenig für die Vereinbarkeit von Beruf und Familie einsetzen.[102] Eine fortgesetzte Erwerbstätigkeit der Frau hingegen biete der Familie Krisensicherheit und ermögliche den Frauen und ihren Kindern, sich auch in Notfällen „über Wasser" halten zu können.[103] Eine solche Argumentation war indessen durchaus mit der nationalsozialistischen Frauenpolitik vereinbar, bei der Frauen als Hausfrauen und Mütter funktionell gestärkt und kontrolliert, aber auch zugleich abrufbar für die außerhäusliche Arbeit sein sollten.[104]

Die Krisenfestigkeit einer Familie mit Hilfe changierender Rollen der Ehepartner in Bezug auf die Zuständigkeit für Beruf, Haushalt und Kindererziehung schilderte Walther von Hollander am Beispiel der fiktiven Geschichte einer Künstlerfamilie. Sie handelte von einem Bildhauer aus reichem Hause, der als Soldat am Ersten Weltkrieg teilnahm. Obgleich er während dieser Zeit Vater zweier Kinder wurde

98 Hollander: *Leben*, S. 190.

99 Vgl. Frevert: *Frauengeschichte*, S. 225.

100 Vgl. Schulz: Sicherung, S. 120.

101 Hollander: *Leben*, S. 191.

102 Ebd., S. 192–193.

103 Ebd., S. 195–196.

104 Siehe zu diesem Paradoxon Czarnowski: Ehe, S. 92.

(er hatte 1912 geheiratet), war er nach der Kriegsniederlage derart verbittert, dass er seine künstlerischen Aktivitäten aufgab. Versuche, sich als Verleger zu etablieren, blieben erfolglos. Schon vor der Inflation im Jahr 1923 hatte er große Teile seines Vermögens verloren. 1925 musste er sein Anwesen verkaufen und zog mit seiner Familie in das frühere Gärtnerhaus auf dem Grundstück. Seine Frau fand eine Halbtagsstelle in einer Kunstgalerie – der Mann erledigte die Hausarbeit. Allerdings litt er auf Dauer unter dieser Arbeit, nicht weil er sie als unmännlich, sondern vielmehr als monoton empfand. Er übernahm schließlich ihre Arbeit in der Galerie, sie fand eine andere Stelle, der Haushalt wurde von einer Aufwartung übernommen. Danach begann er wieder künstlerisch zu arbeiten und erhielt eine Professur. Aufgrund der flexiblen Arbeitsaufteilung scheiterte die Ehe nicht, sondern avancierte vielmehr zum Ort der Krisensicherheit und persönlichen Stabilität.[105]

Die Geschichte des Künstlerehepaars hatte Walther von Hollander nicht zufällig gewählt, um seine Vorstellung einer Neuordnung der Geschlechterrollen in der Ehe zu vermitteln. Das fiktive Künstlerpaar – als eine traditionell mit besonderen Freiheiten ausgestattete Ausnahmeerscheinung und im Nationalsozialismus weithin akzeptierte Berufsgruppe (solange es sich nicht um „entartete" Kunst handelte) – eignete sich gut, um Neuerungen sinnfällig zu vermitteln. Generell kam der Figur bildender Künstler und Künstlerinnen im nationalsozialistischen Spielfilm eine bedeutsame Rolle zu. Das Interesse an der filmischen Darstellung von Künstlern folgte der gesellschaftlichen Bedeutung der Kunst im Nationalsozialismus.[106] Zum einen diente die ‚deutsche Kunst' der staatlichen Repräsentation. Zum anderen wurde ihr das Potential zugesprochen, die Bevölkerung mit dem Nationalsozialismus zu verbinden.[107] Spezifisch für Künstler war jedoch, dass sie durch ihre Arbeit – insbesondere in der Bildhauerei – daran beteiligt waren, einen idealen nationalsozialistischen

105 Hollander: *Leben*, S. 112 ff.

106 Vgl. auch zum Folgenden Barbara Schrödl: Bilder partieller Emanzipation: Künstlerpaare im NS-Spielfilm. In: Elke Frietsch / Christina Herkommer (Hrsg.): *Nationalsozialismus und Geschlecht. Zur Politisierung und Ästhetisierung von Körper, „Rasse" und Sexualität im „Dritten Reich" und nach 1945*. Bielefeld: Transcript 2009, S. 244–258, hier S. 251.

107 Ebd., S. 244–245.

Volkskörper zu visualisieren.[108] Im Spielfilm standen dabei nicht nur männliche, sondern zunehmend auch weibliche Künstlerinnen im Mittelpunkt. Solche Filme sind auch und gerade in den späten 1930er Jahren und der Frühphase des Zweiten Weltkriegs zu finden, und Walther von Hollander konnte sich darauf in gewisser Weise intertextuell bei der Propagierung seines partnerschaftlichen Leitbilds, das die Auflösung der getrennten Sphären von Hausarbeit und Erwerbstätigkeit vorsah, beziehen.

In der Komödie *Versprich mir nichts* (D 1937, R.: Wolfgang Liebeneiner) wird beispielsweise die Geschichte eines jungen Ehepaars aus dem Künstlermilieu erzählt. Tradierten Vorstellungen folgend produziert der Mann die Kunst, während die Frau Modell steht und den Haushalt führt. Doch sein völliges Desinteresse an finanziellen Fragen nötigt das Ehepaar zu einem Rollentausch. Er malt weiterhin und führt den Haushalt, während sie sich an der Kunstproduktion beteiligt und seine Werke unter ihrem Namen verkauft. Zunächst scheint dieses Modell nicht gangbar, und die Eheleute gehen getrennte Wege. Erst im Finale kommt es zu einer Versöhnung – beide Partner nehmen infolge dessen zwar wieder die tradierten Rollen ein, doch erfährt der Tätigkeitsbereich der Frau eine Aufwertung, weil das Paar nun gemeinsam an den künstlerischen Werken arbeitet.[109] Dieser filmische Entwurf einer künstlerischen Lebens- und Arbeitsgemeinschaften geben, so die Schlussfolgerung von Barbara Schrödl, ein Emanzipationsversprechen, das Frauen den Zugang zu gesellschaftlich hoch geachteten Berufszweigen öffnete.

Die Künstlerfilme, auf die sich Hollander bezog, sind ein Beleg dafür, dass das nationalsozialistische Frauenleitbild nicht statisch, sondern flexibel war und im Hinblick auf die Akzeptanz der Erwerbstätigkeit in drei Phasen unterschieden werden kann. Während die NS-Politik nach der Weltwirtschaftskrise versucht hatte, Frauen mit einer Kombination aus Anreizen, Druck und Restriktionen dazu zu bewegen, den Beruf aufzugeben (Entlassung verheirateter Beamtinnen und Angestellter im öffentlichen Dienst, Beschränkung der weiblichen Studierenden auf zehn Prozent), änderte sich dies ab 1936 mit Erreichen der ‚Vollbeschäftigung'. Seitdem tolerierten die Nationalsozialisten

108 Hollander: *Leben*, S. 255.

109 Schrödl: Bilder, S. 248–249.

die weibliche Berufstätigkeit und förderten sie – insbesondere während des Zweiten Weltkriegs.[110]
Die fiktiven Künstlerpaare dienten also dazu, die Unterordnung unter ein männliches Primat aufrechtzuerhalten, wenngleich die spezifische Sphäre aufgewertet und damit den Wünschen vieler Frauen nach einer gewissen individuellen Autonomie entsprochen wurde.[111] Walther von Hollander wählte also weithin akzeptierte Bilder, um seine Vorstellung von einer idealen geschlechtsspezifischen Rollenaufteilung in der Ehe seinen Leserinnen und Lesern nahe zu bringen.

**Sexualität und Geburtenplanung**

Die sexuelle Aufklärung hielt Walther von Hollander für eine wesentliche Voraussetzung für nicht überstürzt geschlossene und erfolgreiche Ehen.[112] Bei der Sexualität sollten Männer die Wünsche der Frauen berücksichtigen und auch phasenweise – beispielsweise bei einer Schwangerschaft der Gattin – enthaltsam leben.[113] Kinder bezeichnete Hollander als wichtigsten Zweck und als Vollendung einer Ehe.[114] Dementsprechend begrüßte er, dass kinderreiche Familien „jetzt" finanziell gefördert würden.[115] Hollander ignorierte dabei, dass es in der Weimarer Republik durchaus Diskussionen und Initiativen zur Geburtenförderung gegeben hatte, auch wenn diese im Zeichen der Weltwirtschaftskrise nicht umgesetzt werden konnten.[116]
Außerdem versuchte er, angehenden Eltern die Angst vor der Aufgabe der Erziehung zu nehmen. Heute wisse man, dass die individuelle Erziehung Grenzen habe, da in jedem Menschen „viele Erbströme"

110 So stieg die Zahl der erwerbstätigen Frauen von 5,89 Millionen 1937 auf 8,82 Millionen 1939. Vgl. Schulz: Sicherung, S. 124.

111 Schrödl: Bilder, S. 251.

112 Hollander: *Leben*, S. 220–221.

113 Ebd., S. 243–245.

114 Ebd., S. 209.

115 Seit 1934 wurden kinderreiche Familien zu Lasten der Ledigen und Kinderlosen durch die Erhöhung der Kinderfreibeträge bei der Einkommenssteuer bevorzugt. Auch bei der Erbschafts- und Vermögenssteuer wurden Freibeträge für Kinder erhöht. Pronatalistische Maßnahmen wie das 1933 eingeführte Ehestandsdarlehen und das Kindergeld ab 1936 konnten den Trend zur Kleinfamilie mit zwei Kindern allerdings nicht rückgängig machen. Siehe Schulz: Sicherung, S. 137. Vgl. Frevert: *Frauen-Geschichte*, S. 224.

116 Hollander: *Leben*, S. 223. Vgl. Frevert: *Frauen-Geschichte*, S. 233.

mehrerer Generationen wirkten.[117] Die rassisch-eugenische Bevölkerungspolitik im Nationalsozialismus wertete Hollander – wie oben bereits erwähnt – in diesem Sinne positiv, wobei ihm klar gewesen sein dürfte, dass dies zahlreiche Zwangssterilisationen zur Folge hatte:

> Das Gesetz zur Verhütung erbkranken Nachwuchses ist der erste grundlegende Versuch, die Vernachlässigung eines Jahrtausends aufzuheben und die schlechten Erbströme zum Versiegen zu bringen.[118]

Interessanterweise ist dies die einzige Maßnahme des nationalsozialistischen Staates, die Hollander explizit benennt und begrüßt. Hier ließ Hollander ein einschlägiges NS-Ideologem einfließen und konnte davon ausgehen, dass große Teile der Bevölkerung diese Ansicht teilten. Bei dieser Einschätzung konnte er sich nicht zuletzt auf eine breite Diskussion in der Weimarer Republik beziehen, bei der eugenisches Gedankengut zum selbstverständlichen Bestandteil sexualpolitischer, sozial- und bevölkerungspolitischer Themen nicht nur in konservativen Kreisen und in der bürgerlichen Frauenbewegung, sondern etwa auch in der Sozialdemokratie avanciert war.[119] Diese Diskussion in Deutschland war eingebettet in eine internationale Debatte, die seit der Jahrhundertwende in der Schweiz, England und den skandinavischen Ländern ebenso geführt wurde wie in den USA und dort zum Teil in Gesetzen Niederschlag gefunden hatte.[120] Selbst in der katholischen Kirche, die am Leitbild einer quantitativen Bevölkerungspolitik orientiert blieb, hatte es in Deutschland ab 1927

117 Diese Meinung kam auch in Elternratgebern der Zeit zum Ausdruck. Vgl. Höffer-Mehlmer: *Elternratgeber*, S. 194.

118 Hollander: *Leben*, S. 227. Als Erbkrankheiten nannte das Gesetz explizit „angeborenen Schwachsinn, Schizophrenie, manisch-depressives Irresein, erbliche Fallsucht, Veitstanz, Blindheit, Taubheit, körperliche Mißbildung und schweren Alkoholismus". Neben den Opfern konnten deren gesetzliche Vertreter, beamtete Ärzte und Leiter von Krankenhäusern und Strafanstalten für deren Insassen Anträge zur Sterilisation stellen. Vgl. Wildt: *Nationalsozialismus*, S. 111. Inwieweit Walther von Hollander vorausahnen konnte, dass das Gesetz die Grundlage für die Euthanasiemorde ab 1939 bot, kann hier nicht nachvollzogen werden.

119 Frevert: *Frauen-Geschichte*, S. 183. Vgl. Vinken: *Die deutsche Mutter*, S. 229–230.

120 Véronique Mottier: Eugenic "Science" and the Swiss Trajectory into Modernity. In: Regina Wecker / Sabine Braunschweig / Gabriele Imboden / Bernhard Küchenhoff / Hans Jakob Ritter (Hrsg.): *Wie nationalsozialistisch ist die Eugenik? Internationale Debatten zur Geschichte der Eugenik im 20. Jahrhundert.* Wien / Köln / Weimar: Böhlau 2009, S. 139–149, hier S. 145–147.

Vorstöße einzelner Vertreter gegeben, die auf die Zwangssterilisation etwa von „erbkranken Verbrechern" zielten.[121] Im selben Jahr hatte das preußische Wohlfahrtsministerium sogenannte Eheberatungsstellen eingerichtet, die verlobte Paare ‚rassenhygienisch' informieren und untersuchen sollten. Auch die Weimarer Verfassung sprach von der „Reinhaltung" und „Gesundung" der Familie als bedeutender staatlicher und kommunaler Aufgabe. Die Meinungen, wie diese Aufgabe zu erfüllen sei, gingen jedoch weit auseinander. Das Spektrum reichte von Zwangssterilisationen von Strafgefangenen bis hin zu kompensatorischen Förderungsmaßnahmen und sozialpolitischen Investitionen zugunsten benachteiligter Bevölkerungsgruppen.[122] Leitend war dabei die Vorstellung einer anzustrebenden „Höherentwicklung" der Bevölkerung, die im Zeichen der Weltwirtschaftskrise Sozialexperten und Politikern immer drängender erschien. Dies könnte erklären, warum das nationalsozialistische „Gesetz zur Verhütung erbkranken Nachwuchses" im Juli 1933 nicht zuletzt aufgrund der Initiierung einer breiten Propagandakampagne kaum auf Protest stieß. Wenn Walther von Hollander dafür plädierte, zu akzeptieren, dass jeder Mensch auch Neues bringe und Eltern Kinder daher nicht nach ihren eigenen Erwartungen und Vorstellungen ausrichten dürften, tat er dies vor dem Hintergrund der von ihm akzeptierten nationalsozialistischen Bevölkerungspolitik.[123]

121 In diesem Sinne argumentierten z. B. Joseph Mayer und Hermann Muckermann, die zu den führenden katholischen Eugenikern in Deutschland zählten. Vgl. Ingrid Richter: *Katholizismus und Eugenik in der Weimarer Republik und im Dritten Reich. Zwischen Sittlichkeitsreform und Rassenhygiene.* Paderborn / München / Wien / Zürich: Schöningh 2001, bes. S. 514–516. Zur Rezeption der Debatte in Österreich siehe Monika Löscher: „…der gesunden Vernunft nicht zuwider…". Katholizismus und Eugenik in Österreich vor 1938. In: Heinz Eberhard Gabriel / Wolfgang Neugebauer (Hrsg.): *Vorreiter der Vernichtung? Eugenik, Rassenhygiene und Euthanasie in der österreichischen Diskussion vor 1938.* Wien / Köln / Weimar: Böhlau 2005, S. 219–240, bes. S. 226–228.

122 Frevert: *Frauen-Geschichte*, S. 183. Speziell zur Debatte innerhalb der bürgerlichen Frauenbewegung am Beispiel der Zeitschrift *Die Frau* siehe Ulrike Manz: *Bürgerliche Frauenbewegung und Eugenik in der Weimarer Republik.* Königstein i.Ts.: Helmer 2007.

123 Hollander: *Leben*, S. 232. Bis 1939 wurden etwa 320.000 Frauen beiderlei Geschlechts sterilisiert, drei Viertel davon wegen „angeborenem Schwachsinn" und „Schizophrenie". Auch Abtreibungen waren aus eugenischen Gründen ab 1933 erlaubt. Jüdische Frauen konnten ab 1939 ohne Angabe von Gründen eine Schwangerschaft unterbrechen lassen. Siehe Frevert: *Frauen-Geschichte*, S. 228.

## Fazit

Die Popularität des Ratgebers *Das Leben zu Zweien*, durch den sich viele Menschen auch in Briefen persönlich an Walther von Hollander wandten, beruhte auf seiner interpretativen Vieldeutigkeit, die ein zwischen offener Akzeptanz, vager Vieldeutigkeit, vorsichtiger Kritik und euphemistischer Beschönigung changierendes Spektrum bediente und somit Spielräume der Positionierung gegenüber NS-Ideologemen auslotete. Hollanders Ratgeber entsprach in gewisser Weise den Vorstellungen der NSF und des DWF, nahm aber auch Argumente und Ziele aus dem Spektrum der sozialdemokratischen und bürgerlichen Frauenbewegung der Weimarer Republik auf. Vor diesem Hintergrund plädierte Walther von Hollander für eine partnerschaftliche Ehe auf der Basis der Gleichwertigkeit, aber Andersartigkeit der Geschlechter und trat nachdrücklich für die Erwerbstätigkeit verheirateter Frauen ein. Dieses Anliegen korrespondierte mit der nationalsozialistischen Politik, die die Erwerbstätigkeit verheirateter Frauen insbesondere während des Zweiten Weltkriegs im Sinne der Rüstungsindustrie fördern sollte. Eindeutige Überschneidungen und zustimmende Befürwortung gab es nicht zuletzt im Hinblick auf die eugenische Bevölkerungspolitik der Nationalsozialisten, die Hollander als menschlichen Fortschritt legitimierte. Während der Schutz der Ehe im Nationalsozialismus jedoch einem strikt rassistischen Zweckmäßigkeitsdenken im Sinne der Schaffung eines „gesunden Volkskörpers" unterlag, betonte Hollander die privat-persönlichen Aspekte im Zusammenleben der Ehepartner. Auch vermied er es, Begriffe wie ‚Volksgemeinschaft' zu verwenden, auch wenn dieser während der Weimarer Republik von allen politischen Parteien genutzt worden und ein zentraler Topoi für die Selbstdarstellung konservativer Frauen gewesen war.[124] Damit erhielt das Buch *Das Leben zu Zweien* eine Signatur des Überzeitlichen in Kontinuität zu den Ratgebern der Weimarer Republik. Dabei waren auch gerade Selbstdisziplin, Leistungssteigerung und die Erlangung persönlichen Glücks essentiell – sie mussten

124 Michael Wildt: Volksgemeinschaft und Führererwartung in der Weimarer Republik. In: Ute Daniel / Inge Marszolek / Wolfram Pyta / Thomas Welskopp (Hrsg.): *Politische Kultur und Medienwirklichkeiten in den 1920er Jahren.* München: Oldenbourg 2010, S. 181–204; Kirsten Heinsohn: Kampf um die Wählerinnen. Die Idee von der „Volksgemeinschaft" am Ende der Weimarer Republik. In: Sybille Steinbacher (Hrsg.): *Volksgenossinnen. Frauen in der NS-Volksgemeinschaft.* Göttingen: Wallstein 2007, S. 29–47, bes. S. 37.

aber im Kontext einer rassistischen und imperial ausgreifenden nationalsozialistischen „Volksgemeinschaft" erzielt werden.[125]
Nach 1945 spielte die Eugenik keine Rolle mehr in den Ratschlägen für Ehe und Familie. Kontinuitäten gab es allerdings hinsichtlich größerer Verantwortlichkeit der Frau für Ehe und Familie bei gleichzeitiger Betonung der Bedeutung weiblicher Selbständigkeit und Erwerbstätigkeit. Zentral für das Eheglück im Speziellen und ein erfolgreiches Leben im Allgemeinen blieb die „Lebenstechnik", bestehend aus Selbstdisziplin und Selbsterziehung.[126] Hier zeigt sich, wie das Individualitätsverständnis auf der Zeit seit den 1920er Jahren aufbaute.[127] Walther von Hollander richtete sich nach wie vor am „Durchschnittsmenschen" und seinen individuellen Wünschen nach persönlichem und gewissermaßen überzeitlichem Glück aus, wobei der Nationalsozialismus als solche Vorstellungen prägendes Umfeld allerdings kaum einbezogen bzw. strategisch ausgeblendet wurde.[128]
Nicht umsonst bezog sich Walther von Hollander nach 1945 gern auf Ortega y Gasset und seine diffuse, aber in den frühen 1950er Jahren gerade in bildungsbürgerlichen Kreisen populäre Betonung des Individualismus im Zeitalter seiner totalitären Gefährdung.[129] Schließlich belegt Hollanders beratende Tätigkeit für die individuelle Lebensgestaltung, dass Individualität ein integraler Bestandteil der Moderne zwischen der Jahrhundertwende und den 1950er Jahren war und dies auch – rassistisch umgedeutet – während des Nationalsozialismus blieb.

125 Föllmer: Nationalsozialismus, bes. S. 33.

126 Dazu und zum Folgenden vgl. Hollander: *Fibel.*

127 Föllmer: Nationalsozialismus, S. 51.

128 Ebd.

129 Axel Schildt: *Annäherungen an die Westdeutschen. Sozial- und kulturgeschichtliche Perspektiven auf die Bundesrepublik*, hrsg. v. der FZH. Göttingen: Wallstein 2011, S. 82.

## Abbildungsverzeichnis